Introduction to
Feminist
Therapy

여성주의상담 개론

사회적·개인적 변화를 위한 전략

캐시 M. 에번스 Kathy M. Evans

엘리자베스 앤 킨케이드 Elizabeth Ann Kincade

수전 레이철 심 Susan Rachael Seem 지음

김민예숙 옮김

Strategies for Social
and Individual Change

Introduction to Feminist Therapy

by Kathy M. Evans, Elizabeth A. Kincade and Susan Rachael Seem

Copyright ⓒ 2011 by SAGE Publications, Inc.
Korean translation copyright ⓒ 2020 by HanulMPlus Inc.

이 도서의 국립중앙도서관 출판예정도서목록(CIP)은 서지정보유통지원시스템 홈페이지(http://seoji.nl.go.kr)와 국가자료종합목록 구축시스템(http://kolis-net.nl.go.kr)에서 이용하실 수 있습니다.
CIP제어번호: CIP2020014175(양장), CIP2020014196(무선)

옮긴이 서문 ••

　한울엠플러스에서 여성주의상담 관련 책을 다섯 권 출판했다. 2세대의 여성주의상담자로서 여성주의상담을 연구하고 전파하려는 노력의 산물들인데, 2020년에 출판하는 이 번역서는 여섯 번째 책이며 마지막이 될 가능성이 크다. 그동안 출판되었던 다섯 권의 책 서문을 읽어보니, 그 자체가 우리나라 여성주의상담의 역사라는 생각이 든다.

　2004년 『여성주의상담의 이론과 실제』(공역) 서문에는 "10년간 '여성주의상담을 공부할 책이 없다'라는 말을 많이 들어왔는데, 중요한 책을 번역하여 감격스럽다"라고 적혀 있다. 그 책은 다우닝(Downing)과 라우시(Roush)의 여성주의자 정체성 발달 단계를 소개하고 있는데, 이제는 그것을 토대로 내 나름으로 '모름-눈뜸-빠져듦-통합'이라고 정리한 단계를 사용하고 있다.

　2009년 『여성주의와 상담』(공역) 서문에는 "여성주의상담의 3세대가 나오기 바란다"라는 소망을 언급했는데, 그 소망은 3년 뒤에 이루어졌다. 2012년에 한국여성심리학회 산하 여성주의상담연구회를 창립하여 창립회장을 역임했고, 12명으로 시작한 회원이 2020년 현재 100명이 넘었으며, 지금은 3세대가 회장으로 활동하고 있다.

　2012년 『여성주의상담의 전복적 대화』(공역) 서문에서는 세 권의 번역서를 "『여성주의와 상담』, 『여성주의상담의 이론과 실제』, 『여성주의상담의 전복적 대화』의 순서로 읽으면 좋다"라고 했다. 이제는 맨 처음에 『여성주의 상담 개론』을 읽으라고 권하고 싶다.

2013년 『여성주의상담: 구조화 모델 워크북』(저) 서문에는 "구조화 모델은 여성주의상담의 지도와 같다"라는 말이 있다. 여성주의상담자로서 활동한 지 26년이 되는 지금도 내가 만든 모델이 지도가 된다고 생각한다. 『여성주의상담 개론』을 비롯해 서양에서 출판된 여성주의상담 이론과 나의 이론이 크게 다른 부분은 권력분석과 사례 개념화이다. 권력을 분류하는 방식이 다르고, 사례 개념화하는 방식이 다르다. (나는 권력을 자아와 연결시켜 분류하고, '조건화의 모델'이라는 그림을 사용하여 사례 개념화를 하고 있다.)

이번에 소개하는 『여성주의상담 개론』은 캐시 M. 에번스(Kathy M. Evans), 엘리자베스 앤 킨케이드(Elizabeth Ann Kincade), 수전 레이철 심(Susan Rachael Seem)이 2011년에 출판한 *Introduction to Feminist Therapy: Strategies for Social and Individual Change*를 번역한 것이다. 여성주의상담에 입문하려는 사람들에게 읽으라고 권할 만한 쉬운 책이 없어 고민이었는데, 적합한 책을 출판하게 되어 기쁘다.

이 책에는 몇 가지 특징이 있다. 첫째, 교과서 같은 형식으로 만들어져 공부하기 좋다는 점이다. 저자들의 목적은 "여성주의상담의 과정을 탈신비화하고 학생, 숙련된 상담자, 치료자에게 여성주의상담을 실천하는 데 필요한 기술을 교육하는 것"으로서, 저자들은 이 책을 여성주의상담을 어떻게 하는지 가르치는 실천적 매뉴얼이라고 부르고 있다. 이론에 대한 설명과 실제를 보여주는 사례들이 있고, 토론거리나 연습사례도 있다. 책의 구성은 지은이 서문에 잘 설명되어 있다.

둘째, 저자들은 모두 펜실베이니아주립대학교에서 5년 정도의 기간 내에 박사 학위를 받은 동창이라는 점이다. 보통 저자들은 같은 대학에 재직하는 동료 교수인 경우가 많은데, 그들은 학생 때의 경험을 나눈 사이인 것이다. 대학원생으로서 여성주의상담에 대해 배우고 자유롭게 토론하는 저자들을 상상만 해도 즐거워지지 않을 수 없다. 그들은 저술에 동등하게 기여하려고 했고, 저자 이름도 권력과 상관없이 알파벳 순서로 썼다.

오랫동안 혼자 여성주의상담자의 길을 걸어온 나로서는 그런 동료들과 작업해 본 경험이 있는 저자들이 부럽다. 이제 우리나라에서도 3세대들은 연구, 교육, 상담에 대한 토론 등을 함께 할 수 있는 동료가 있으니, 2세대인 나는 그런 맥락을 만든 것에 자부심을 느끼고 만족해야 할 듯하다. 26년간 여성주의상담을 개척해 오면서 꿈꾼 것들이 이루어짐을 경험했으니 마지막으로 여성주의상담을 공부하는 학교를 꿈꾸어 본다. 혼자 개척하는 기간에 마음의 의지가 되어준 제자들인 혜송, 꽃섬, 힐데와 나의 역사와 꿈을 나누고 싶다.

끝으로 원고가 책으로 만들어지는 과정에서 필요한 작업을 꼼꼼하게 해준 한울엠플러스의 모든 관계자 여러분께 감사드린다. 오랜만에 혼자 번역하면서 1년에 걸쳐 매일 한 문단씩 주의를 기울이며 번역하려 했는데도 교정본을 받아보니 교정할 부분이 너무 많아 부끄러웠다. 몇 달에 걸쳐 애정을 담아 교정과 윤문 작업을 해준 이진경 선생님께 감사의 말을 전하고 싶다.

지은이 서문 ••

비록 여성주의상담이 치료 양식 분야에서 신참처럼 여겨지기도 하지만, 그 역사는 길다. 여성주의상담은 그 시작부터 여성 심리, 발달 연구, 인지행동 테크닉, 다문화적 자각, 사회적 행동을 일관되고 이론적이며 치료적인 구성 안에 결합했다. 비록 처음에는 여성만을 위한 양식으로 개념화되었으나 여성주의상담은 여성, 아동, 남성을 위한 효과적인 개입을 포함하는 것으로 진화했다. 사실상, 최근에 코리(Corey), 코르시니(Corsini), 샤프(Sharf) 등이 집필한 상담·심리학의 표준 교재들은 여성주의상담을 중요한 치료적 지향으로 추가했다.

여성주의상담에 대한 대부분의 교재는 여성이 삶에서 만나는 이론적 이슈와 강간, 성적 학대와 같은 구체적인 임상적 이슈에 초점을 맞춘다. 이런 교재의 정보들은 대체로 이론에 관한 것인데 일련의 기술과 테크닉을 장 말미나 부록에 따로 떼어놓고 있다. 그래서 여성주의상담 문헌에는 기술과 적용에 대한 분명한 공백이 있다. 이 책은 구체적 기술과 테크닉에 대한 논의를 제공하며 이 차이를 메우고 있다. 부가적으로, 기술과 테크닉은 사례와 중요한 사례 연구에서 설명되고 있다.

여성주의상담자가 된다는 것은 내담자와 작업하면서 여성주의상담 개념과 젠더 평등에 대해 생각하는 것 이상을 의미한다. 여성주의상담자의 일은 젠더 역할 분석 같은 구체적인 여성주의 전략을 내담자에게 사용하는 것 이상이며, 여성 상담가가 여성 내담자하고만 작업하는 것도 아니며, 남성과 여성에게 젠더에서 자유로운 행동을 하도록 지지하는 것도 넘어선다. 여성주의상담은 조력하는 일에서 여성주의 이론을 행동화하는 것이다. 내담자와 작업하며, 내담자가 개인으로서, 세계 속 사회의 구성원으로서 잠재력을 최대한 실현할 수 있게 해준다.

더 관습적인 상담과 치료 접근들은 특정한 사회정치적 맥락, 특정한 시간, 특정한 문화의 구성원인 개인이 아니라 그냥 개인에 일차적으로 초점을 맞춘다. 그런 관습적인 접근들은 치료적 작업이 더 큰 사회정치적 맥락의 한 부분이라고 좀처럼 생각하지 않으며, 내담자들을 사회와 그 구조로부터 분리해, 고립된 개인들로 개념화하여 다룬다. 결과적으로 사회정치적 맥락이 고려되지 않을 때, 치료적 접근은 세상이 돌아가야 되는 방식과 남성과 여성이 어떠해야 하고 어떻게 행동해야 하는지에 대한 방식에 대해 지배적 문화의 믿음을 무의식적으로 복제하게 된다. 여성주의상담은 그런 믿음에서 나올 수 있는 이런 오류와 잘못된 생각, 행동, 느낌을 피하려고 한다. 여성주의상담자는 문화의 믿음 체계를 치밀하게 검토하고, 이렇게 깊이 새겨진 믿음이 자신을 위해서나 사회를 위해서 최선의 것을 성취하려는 내담자에게 어떻게 도움이 될 수 있을지 그리고 해로울 수 있는지도 묻는다.

여성주의상담은 특히 다른 어떤 치료적 접근보다 더 젠더와 권력에 관련된 지배적인 치료적 패러다임에 의문을 제기하고 도전한다. 우리는 이것이 쉽지 않음을 인식하고 있다. 이런 패러다임은 상담실 안과 밖 모두에서 상담자들의 상호작용에 깊이 뿌리박혀 있다. 예를 들어, 대부분의 치료적 양식은 치료적 작업을 전문가(상담가)와 비전문가(내담자)가 하는 것으로 본다. 이것은 특정한 치료적 작업의 가정이 아니라 서구 문화에 새겨진 믿음이다. 정신건강 임상가는 도움을 주는 사람이고, 내담자는 도움을 받는 사람이다. 내담자는 좀 더 '온전하다고' 여겨지는 상담자보다 아래에 위치한다. 상담은 대개 부모와 자녀 관계나 교사와 학생 관계와 비슷하다.

여성주의상담은 어디서, 어떻게 이런 치료적 조력의 전문가 모델이나 상하 모델이 우리의 작업에 파고들었는지를 묻는다. 그리고 이를 포함한 여러 무의식적이고 억압적인 믿음이 우리 자신의 신념 체계의 일부인지, 지배적인 가치와 신념(예를 들어, 정신건강과 병리의 정의)의 일부인지를 묻는다. 상담자는 내담자의 삶과 믿음뿐만 아니라 자신의 삶과 믿음도 살펴본다. 자신과 지배적인 문화와 구조를 지속적으로 점검하는 것은 효과적인 여성주의상담의 본질적인 부분이다. 여성주의상담자로 있거나 여성주의상담자가 되는 것은 내담자와 하는 당신의 작업은 물론, 상담실 밖의 당신의 삶을 완전히 바꿔놓는다. 여성주의상담은 세상에서 존재하는 다른 방식을 상상하고, 이런 관점을 통해 개인적인 변화뿐만 아니라 사회적 변화를 상상한다.

여성주의상담자 되기

여성주의상담자가 된다는 것은 당신의 작업을 안내하는 일련의 여성주의 가치와 가정(assumption)을 선택하는 것이다. 필자들은 여성주의자가 아니면서 여성주의상담을 실천하는 것이 가능하다고 믿지 않는다. 그러나 여성주의 가치에 동의하지 않는 사람들이나 여성주의자가 된다는 것의 의미를 탐색해 보지 않은 사람들도 여성주의상담 기술을 사용하고 비성차별적 상담이나 젠더 고정관념에서 자유로운 효과적인 상담을 제공할 수 있다. 우리는 여성주의상담을 배우는 것이 여성주의상담자가 되는 길로 이끈다고 믿는다.

여성주의상담에 대해 탐색할수록 억압의 존재를 자각하게 될 것이다. 문화의 권력과 특권을 이해하게 될 것이고, 특히 지배 문화는 자신과 같은 사람들을 지지하고 돕는 데 그 권력을 쓰지만 자신과 다른 사람들에게 해를 입히는 데도 자주 그 권력을 사용함을 이해하게 될 것이다. 지배 문화와 결이 다른 사람들은 자주 정신건강과 정서적 성장에 해로운 억압적 상황에 살게 된다는 것을 배울 것이다.

여성주의상담자가 된다는 것은 정신건강 임상가로 존재하는 방식뿐만 아니라 세상에서 존재하는 방식 또한 달라짐을 의미한다. 당신이 내담자를 옹호하면서 겪게 되는 삶의 변화를 살아내는 데 필요한 연결을 만들게 해주는 일련의 믿음을 갖는 것이다. 이는 사회적 변화의 매개인으로 존재함을 의미한다. 여성주의상담자가 된다는 것은 한편으로 임상가로 활동하다가 상담실 문을 닫고 나옴과 동시에 다른 사람이 될 수 없음을 의미한다. 당신의 삶의 모든 면에서 믿음을 일관되게 하려고 노력함을 의미한다. 여성주의상담을 배우는 것, 여성주의상담자가 된다는 것은 내담자와 정신건강 임상가 모두에게 큰 변화를 가져오는 경험이다.

이 책에 대해

이 책은 여성주의상담에 대한 실천적 매뉴얼이다. 이론에 대한 정보와 논의가 있고 테크닉을 가르치고 제시하지만, 여성주의상담 기술이 이 책의 주요 초점이다. 여성주의상담에 대한 대부분의 책은 이론적 딜레마를 기술하거나, 여성의 이슈 다루기와 여성주의상담을 논하거나, 상담자의 경험과 내담자의 경험을 이야기한다. 이 책은 여성주의상담을 '어떻게' 하는지를 가르치는 책이다. 상담과 심리학을 공부하는 학생들과 우리 워크숍에 온 참가자들은 여성주의상담에 흥미는 있지만 이론을 실제로 적용하는 법에 대한 지식은 없이 워크숍에 온다. 이 책은 "네, 하지만 제가 어떻게 여성주의상담을 하지요?"라는 질문에 대한 답을 제공한다.

처음 네 장은 이론, 역사, 여성주의상담의 기본 원리, 여성주의상담에서의 윤리적 이슈, 젠더 역할 이론과 연구를 다룬다.

1장은 풀뿌리 여성주의 운동에서 시작된 여성주의상담의 기원부터 유색 여성과 다른 억압된 집단을 포함하려는 최근의 노력까지를 다룬다.

2장은 여성주의상담의 기본 원리와 오늘날의 여성주의 실천의 초점을 제시한다. 또한 주류 심리학과 상담에 대한 여성주의상담의 도전을 탐색한다. 여성주의 기술을 사용하거나 젠더 편견에서 자유로운 상담을 하는 사람들과 대조되는 여성주의상담자가 되는 것이 무엇을 의미하는지 그 개념을 다룬다.

3장은 정신건강 전문가를 위한 다양한 윤리적 원리와 여성주의상담자가 직면하는 구체적인 이슈들을 검토한다. 여성주의상담 연구소 윤리 지침을 소개하고 논의하며, 검토와 논의를 위해 몇 가지 윤리적 딜레마를 포함했다. 3장은 이 책에서 중요한 장인데, 여성주의상담의 실천과 좀 더 확립된 치료적 지향의 실천 사이의 차이를 소개하기 때문이다. 사회적 선, 개인적 선, 그리고 둘 사이의 교차에 대한 개념을 소개한다.

4장은 젠더의 사회적 구성을 인간 발달의 주요 요인으로 검토한다. 젠더 역할은 사회문화적으로 학습된 구성물로 정의하며, 그런 견해를 지지하는 연구를 소개한다. 5~9장에서 확인된 여성주의상담 기술을 효과적으로 사용하기 위해서는 어떻게 우리가 '젠더를 수행하는지'를 이해하는 것과 여성이나 남성으로 존재하는 것이 무엇을 의미하는지를 반드시 배워야 한다.

5장부터는 여성주의상담을 다른 치료적 양식과 구별하는 다섯 가지 본질적 기술에 초점을 맞춘다. 다섯 개의 장에는 사례, 축어록, 특정한 기술에 필요한 연습과 그 기술을 적용해 볼 사례 등을 실었다.

5장은 여성주의 관점에서 정신건강을 진단하는 기술을 제시한다. DSM-IV-TR의 사용과 그 이전 판들, 그리고 정신 의학적 진단의 역사를 젠더 편견, 권력과 연관시켜 논의한다. 여성주의 관점의 총평을 보여주고, 일반적인 진단 체계의 젠더/인종적 편견을 논의한다. 내담자에게 되도록 해가 안 되도록(예를 들어, 권력의 오용이 없도록) 하면서 진단하고 진단명을 붙이는 전통적 방법을 사례와 사례 연구를 통해 논의한다.

6장은 독자에게 여성주의 개념화 기술을 코치한다. 여성과 심리적 질병에 대한 통계는 젠더 역할과 관련해 사회적 관점으로 해석되며, 기술을 보여주는 내담자와 상담자 간의 대화가 제시된다. 마지막으로 필자 중 한 명이 내담자를 총평할 때 경험했던 도전을 보여주는 사례 연구를 실었다.

7장은 평등한 관계를 수립하고 유지하는 기술을 소개한다. 관계 수립의 중요성과 그것이 임상적 노력의 성공에 미치는 영향을 제시한다. 내담자와의 평등한 관계를 정의하고 수립하는 데 필요한 구체적인 단계들을 보여주며, 상담자의 내재적인 권력과 권력에 영향을 끼치는 인종적이고 문화적인 이슈들을 포함하여 이런 유형의 관계에 대한 도전을 소개한다. 내담자-상담자 상호작용과 이런 상호작용이 평등 관계를 돕거나 방해하는지에 대해서도 다룬다. 평등 관계를 수립하면서 경험하는 도전에 대한 상담자의 견해와 그런 도전이 어떻게 다루어지는지가 제시된다.

8장은 젠더 역할과 권력 분석이라는 두 가지 기술을 제시한다. 이런 두 유형의 분석은 여성주의상담의 실천에서 본질적이다. 이런 개입이 일차적으로 여성주의상담을 다른 이론 모델과 구별한다. 정신건강 임상가들이 이 분석들을 정신건강 발달을 방해하는 사회적 요인과 젠더 관련 믿음에 대한 내담자의 자각을 확장시키기 위해 어떻게 사용하는지 그 예들을 제시하고 탐색한다. 내담자와 상담자 사이의 대화는 임상적 환경에서 이런 기술들의 사용을 보여준다.

9장은 내담자 변화를 위한 강력한 개입인 두 개의 연관된 개념, 즉 사회적으로 행동하기와 내담자 권력강화를 제시한다. 정신건강을 증진하고 미래의 문제를 예방하는 테크닉으로 사회적 행동을 옹호하는 것이 먼저 논의된다. 이 장은 사회적 행동을 치료적 테크닉(권력강화/자기 효능감)으로 여기는 이론적 근거를 짧게 설명한다. 사회적 행동과 사회 정의가 상담과 심리학의 새 방향의 초점이기 때문에, 우리는 어떻게 여성주의상담이 상담 영역에서 전문가의 길을 이끌었으며 어떻게 여성주의상담이 상담과 심리치료에 대한 사회 정의적 접근의 지침과 기준을 충족시키는지를 언급한다. 정신건강 전문가가 내담자의 자긍심/자기 효능감을 증진시키고 증가된 자긍심/자기 효능감을 유지시키기 위해 어떻게 이 기술들을 사용하는지 그 예들을 함께 보여준다. 보완적 성질을 가진 사회적 변화 옹호와 내담자의 권력강화를 보여주는 내담자와 상담자의 대화도 예로 든다.

10장과 11장은 독자가 자신만의 상담 및 치료의 실천에 초점을 맞추도록 돕는다. 10장에서 우리는 이론 모델의 공통 요인들을 인식하고 여성주의 이론과 테크닉을 다른 치료 모델과 통합하는 전략을 논의한다. 여성주의 이론과 상담의 융통성에 대해 논의하고, 여성주의상담 테크닉과 다른 치료적 양식의 관점을 혼용하여 제시한다(다른 관점들에 근거한 여성주의상담의 변형: 정신역동적 여성주의 작업, 여성주의 가족치료 작업 등). 나아가 여성주의상담 이론 및 실제와 양립하는 다른 양식의 테크닉에 대해서도 논의한다. 우리는 정신건강 임상가들이 여성주의상담과 다른 상담을 결합하려 할 때 고려할 지침을 제공한다.

11장에서는 서로 다른 이슈를 가진 내담자의 중요한 사례들을 제시하고 어떻게 여성주의상담의 원리와 기술이 그런 사례에 적용되는지를 보여준다. 덧붙여 이 장은 독자가 여성주의상담에 대한 지식을 견고하게 하는 데 도움이 될 만한 일련의 사례와 생각을 자극하는 연습 문제와 질문을 제공한다.

전반적으로, 이 책을 쓰는 우리의 목적은 여성주의상담의 과정을 탈신비화하고 학생과 숙련된 상담자, 치료자에게 여성주의상담을 실천하는 데 필요한 기술을 교육하는 것이다. 여성주의상담자가 될지 말지는 당신이 선택하는 것이지만, 젠더와 상관없이 다양한 내담자와 작업하는 데 유용한 정보를 이 책에서 찾기를 바란다.

독자들이 주목해 주기 바라는 것이 있다. 여성주의상담의 평등한 입장을 유지하기 위해, 우리 모든 필자는 이 책에 동등하게 기여를 했다. 그에 따라 필자의 이름은 알파벳 순서를 따라 표기했다.

감사의 글 ●●

캐시 M. 에번스(Kathy M. Evans)　내가 맡은 부분은 공저자인 엘리자베스와 수전의 도움과 지지, 이해 없이는 완성될 수 없었다. 우리 모두는 이 사회에서 여성으로 산다는 것이 무엇을 의미하는지를 경험하는 헌신적인 전문가이다. 몇 년간 대학원 조교로 나를 도운 매슈 램버거(Matthew Lemberger), 알렉산드라 스미스(Alexandra Smith), 토냐 재신스키(Tonya Jasinski)는 매우 소중한 사람들이다. 나는 또한 이 저술 프로젝트를 위해 조교들에게 과외 시간 장학금을 준 사우스캐롤라이나대학교(University of South Carolina) 교육학과에도 감사하고 싶다. 마지막으로 이 프로젝트가 끝났다는 것을 나보다 더 행복하게 느낄 나의 모든 친구들에게 감사하고 싶다. 우리 프로젝트를 매우 지지하며 엄청난 참을성을 가지고 지켜봐 준 캐시 그레이브스(Kassie Graves)에게 진심으로 감사를 전한다.

엘리자베스 앤 킨케이드(Elizabeth Ann Kincade)　나의 인생 파트너인 게리의 지지와 격려가 있어, 난 힘을 내어 맡은 부분을 쓸 수 있었다. 저술 파트너인 캐시와 수전은 저술 과정 내내 여성주의 지지의 모델이 되었다. 나는 또한 이 주제의 가치를 인정하여 프로젝트를 위해 안식년을 허락해 준 펜실베이니아 인디애나대학교(Indiana University of Pennsylvania)에 감사하고 싶다.

세이지 출판사(SAGE)의 직원인 캐시 그레이브스와 베로니카 노박(Veronica Novak)은 생활, 일, 정치적 사건이 우리의 시간을 뺏어갈 때 우리 모두의 옆에 있어주었다. 우리의 프로젝트를 믿고 그것이 책이 되도록 도와준 그들에게 감사한다.

수전 레이철 심(Susan Rachel Seem)　엘리자베스 킨케이드와 캐시 에번스와의 오랜 우정은 내게 여성주의 목소리를 표현하는 방법을 알려주었고 난 그것을 영원히 감사할 것이다. 이 책에 대한 그들의 믿음과 여성주의 과정에 대한 신뢰는 저술하는 내내 내게 헤아릴 수 없이 가치 있는 것이었다. 이 과정 내내 나를 지지해 준 뉴욕주립대학교 브록포트대학(The College at Brockport)과 상담교육학과에도 감사하고 싶다. 특히 동료인 톰 허낸데즈(Tom Hernandez) 박사와 무히 세코(Muhyi Shakoor) 박사에게 감사하고 싶은데, 내가 어떤 사람인지와 내가 하는 일에 대한 그들의 완전한 믿음은 때로는 호의적이지 않은 세상에서 안전한 피난처가 되어주었다. 마지막으로 이 프로젝트를 믿고 참을성 있게 기다려준 세이지 출판사의 캐시 그레이브스와 직원들에게 감사한다.

차례 ●●

1장

여성주의상담

뿌리와 가지

●●●●

여성주의상담은 사회의 변화에 초점을 맞춘 많은 사회 운동과 관심들처럼 역사와 이론에 토대를 두고 있다. 경험적으로 정당화된 치료와 근거에 기반을 둔 임상이라는 최근의 치료 환경에서 우리는 여성주의상담 이론과 실제의 뿌리, 이론과 실제가 발달해 온 맥락과 여성주의상담을 지속적으로 꽃피울 수 있는 방식을 이해할 필요가 있다.

현대 여성주의상담은 1960년대의 여성 운동에서 발전했다. 여성 운동은 풀뿌리 운동으로 시작했고, 보통 여성들이 일상생활에서 느끼는 불만에서 시작되었다. 오늘날까지 여성주의상담은 이 뿌리에 진실하고, 넓은 영역의 관심사와 다양한 내담자 집단에 적합한 이론이 되려고 한다.

현대 여성 운동은 여성주의의 기초가 되는 철학적 신념 체계, 즉 여성주의 이론에 토대를 두고 있음을 이해하는 것이 중요하다. 여성주의 이론은 150년 이상을 거슬러 올라가는 역사를 지닌 철학적 관점이다. 여성주의는 여성들의 경험과 사랑, 일과 같은 그들의 일상적인 삶의 경험에서 발전된 정치적·

활동적 운동이다. 사회적·정치적·경제적 요인 때문에 여성주의 운동이 처음에 중산층, 다수 문화(백인) 여성의 경험에 기반을 두었음을 인정한다. 이것은 지배적인 문화 패러다임의 산물이다. 낮은 사회경제적 배경을 가진 여성들과 억압받는 인종적·문화적 배경을 가진 여성들은 자신의 사회경제적 지위를 변화시키기 위해 숙고하고 이를 추구할 시간과 자원이 없었다. 그들은 자신과 가족을 위한 매일의 생존에 초점을 맞추었다. 역설적이게도 중산층, 다수 문화(백인) 여성에게 여성주의 의식을 성장시키는 '특권'을 허용한 것은 사회정치적 영역에서의 남성 중산층의 지배였다. 유감스럽게도 중산층, 다수 문화(백인) 여성은 억압에 대한 여성주의 의식을 다중의 억압을 경험하는 자매들에게 즉각 적용하지 않았다. 우리는 이 내용을 여성주의상담의 역사(history) 또는 허스토리(her-story)에서 좀 더 상세히 다룰 것이다.

필자들은 여성주의상담을 여성만이 아니라 모든 인간에 대한 내적 억압과 외적 억압을 없애는 데 초점을 맞추는 상담으로 여긴다. 이 책 전반에 걸쳐 우리는 개인적 수준과 문화적 수준 모두에 대한 변화로서 여성주의상담을 제시한다. 그러나 여성주의상담은 여성의 경험을 존중하는, 여성을 위한 치료적 입장에서 시작했다. 이 입장은 남성의 경험을 가치 있게 여기며 여성의 경험을 그 틀에 맞추려는 이전의 치료적 프레임과는 정반대되는 것이다. 여성주의상담의 역사와 맥락을 이해하는 데 있어서 여성주의 철학과 여성주의를 여성의 경험을 가치 있게 여기는 것으로 이해하는 것이 중요하다.

여성주의와 여성주의 철학

첫째, 여성주의와 여성주의 철학의 개념을 이해하는 것이 중요한데, 보통 여성주의에 대한 오해가 무척 많기 때문이다. 아주 단순하게 말하면, 여성주의는 성차별주의와 성차별적 억압을 끝내려는 사회 운동이다(Hooks, 1984). 사전은 "사회적, 정치적, 경제적 성 평등에 대한 신념"이라는 꽤 단순한 정의에 합의하고 있다(The American Heritage Dictionary, 2006). 여성주의, 심리, 치료에 대한 초기의 저술이지만 여전히 중요한 책(Mander and Rush, 1974)은 여성주의란 연결하기라고 말하고 있다. 느낌 및 경험과 정치적 맥락, 개인적 권력과 경제적 권력, 느낌과 이론, 가정 내 억압과 노동 착취, 내면의 심리적 세계와 외부 세상 사이를 연결한다는 것이다. 여성주의는 그것을 통해 여성이 자신의 경험을 이해할 수 있는 렌즈를 제공한다. 그 렌즈는 여성이 자신의 개인적 상황과 고통이라고 믿는 것과 그 여성이 살고 있는 더 큰 세상을 연결하도록 허용한다. 여성이 살고 있는 세상은 그 여성의 필요, 원함, 기술, 능력과 상관없이 특정 방식으로 행동할 것을 기대하는 곳이다.

여성주의 철학과 이론은 사회의 권력 구조를 면밀하게 살펴본다. 예를 들어, 모든 불평등은 제도화된 권력에 근거를 둔다고 가정한다. 미국의 권력자들은 일반적으로 백인, 중산층과 상류층, 이성애자, 개신교도, 신체적 장애가 없는 남성이다. 차별과 억압은 권력 없는 무력자들에게 행해진다. 예를 들어, 여성, 인종적·민족적 소수 집단, 하류층과 빈곤층, 성적 소수 집단, 비개신교도, 신체적 장애를 가진 사람들이다. 여성주의에 흐르는 공통 주제는 사회 변화에 대한 요구와 이 변화를 가져오는 데 필요한 것을 이해하기 위한 지배 문화에 대한 권력 분석이다.

여성 해방과 여성주의 운동

여성 해방 운동은 정치적으로 달아올랐던 1960년대에 발생했고 그 시대의 기존 젠더 질서에 확실하게 도전했다. 그러나 미국 여성주의의 제2의 물결이라고 불리는 것의 씨앗은 1940년대와 1950년대에 있었다(Sturdivant, 1980). 첫째, 제2차 세계대전으로 인해 모든 영역에서 남성 일꾼이 부족해졌다. 여성들은 공장 노동자, 야구 선수, 은행 행정가 등의 자리를 채웠다. 둘째, 1950년대에 중산층 백인 여성들은 여성의 삶은 결혼과 자녀 양육에서만 충족될 수 있다고 여기는 그 시대의 문화적 신화가 만든 환상에서 깨어났다. 그들 중 다수는 15년 전쯤에 전문직에 고용된 적이 있었고, 그 시대의 역할 모델을 가지고 있었던 것이다. 전형적인 예가 베티 프리단(Betty Friedan)의 『여성성의 신화(The Feminine Mystique)』(Friedan, 1963)에 잘 그려져 있다. 마지막으로, 1960년대의 시민권 운동은 사람들로 하여금 미국의 가치 체계에 의문을 가지게 했다. 사회적 불평등에 대한 사회적 저항은 인종과 계층의 선을 넘기 시작했다. 시민권 운동은 백인 중산층에 근거를 둔 하나의 가치 체계를 지지하는 미국에 의문을 가지도록 했다(Boyd, 1990). 이 가치 체계는 민족적 다양성을 인정하거나 지지하지 않았다. 그래서 시민권 운동은 지배 사회의 의식을 향상시켰다. 여성은 시민권 운동의 강한 지지자였고 참여자였다. 이러한 참여로 여성들은 자신의 억압을 자각하고 기존 젠더 질서에 의문을 가지게 되었다. 여성의 법적·경제적 불평등에 관한 사회적 발언을 하기 위해 1966년 전국여성조직(National Organization for Women: NOW)이 형성되었다. 이런 사회 요인들 때문에 여성주의의 제2의 물결이 시작되었다. 여성주의의 제2의 물결이 바로 대부분 여성 해방 운동으로 알고 있는 것이다.

여성주의는 타인에게 해를 끼칠 수 있는 지배 문화의 가정(assumption)을 고수하지 않고 집착을 검토하도록 개인들에게 요구한다. 1980년대 초기를 지나며 현대 여성주의자들은 여성주의 자체를 검토했고 "여성주의 이론과 실제에 지배 문화의 어떤 가정들이 똬리를 틀고 있는가?"라는 질문을 했다. 이러한 자기 성찰에서 여성주의는 단일한 운동이 아니며 단일할 필요가 없다는 자각이 생겼다. 사회적·개인적 변화 기제로서 효과적이려면 여성주의는 포괄적이어야 한다. 여성주의는 다양성이란 약점이라기보다는 강점임을 인식해야 한다. 최근의 여성주의 이론가들은 '여성주의자'라는 우산 아래 다양한 관점을 수용하며 여성주의보다는 여성주의들에 대해 이야기한다. 이러한 여성주의들은 모든 젠더를 위한 더 평등한 사회로 이끄는 다양한 경로를 살펴본다. 또한 여성들은 단일한 집단이 아니며, 사회적 지위가 다른 여성들 사이에 권력과 지위의 불평등이 존재함을 인정한다(Brown, 1994; Enns, 1992; Worell and Remer, 2003). 현대 여성주의는 여성 경험의 다양성뿐만 아니라 인간 경험의 다양성도 고려한다. 이런 다양성은 여성주의자들이 억압의 원인과 해결책을 보는 다양한 방법을 검토함으로써 가장 잘 이해될 수 있다.

여성주의: 입장의 다양성

여성주의 안에서 보통 용인되는 입장들은 (a) 자유주의적 또는 개혁주의적 여성주의, (b) 급진적 여성주의, (c) 사회주의적 여성주의, (d) 유색 여성의 여성주의 또는 우머니즘, (e) 문화적 여성주의이다. 각 입장을 간단하게 요약할 것이다. 주석을 단 참고문헌으로 각 영역의 이론가와 저자에 대한 정보를 더 얻을 수 있을 것이다.

자유주의적 또는 개혁주의적 여성주의(liberal or reformist feminism)(Brown,

1994; Crawford and Unger, 2000; Enns, 1992, 1993; Evans, Kincade and Seem, 2005; Sturdivant, 1980; Worell and Remer, 2003)는 여성의 억압을 성차별주의의 결과로 본다. 성차별주의는 젠더 역할 사회화, 문화, 법, 경제와 관련해 개인에게 제한을 가하는 것과 관련 있다. 이러한 제한은 일차적으로 여성에게 초점이 맞추어져 있고 여성의 기회와 역할을 제한한다. 자유주의적 여성주의의 정치적 분석에서 젠더는 유일하게 중요한 범주이다. 이런 관점은 계층, 능력, 성적 지향, 인종/민족과 같은 다른 변인을 제외하는 경향이 있는데 이 모든 변인은 권력과 억압의 인간 경험에서 젠더보다 더 중요할 수도 있다 (Brown, 1994). 자유주의적 또는 개혁주의적 여성주의에서 여성의 억압에 대한 해결책은 여성에게 평등권을 보장하기 위해 법, 정치, 교육적 배치, 고용의 배치를 변화시켜 제도를 개혁하는 것이다. 이러한 관점은 미국에서 평등권 수정안을 통과시키려는 움직임을 예고했다. 이것은 스포츠에서의 젠더 평등과 직장에서의 비성차별적 고용의 실천을 뒷받침하는 철학이다.

급진적 여성주의(radical feminism)(Brown, 1994; Crawford and Unger, 2000; Enns, 1992, 1993; Evans, Kincade and Seem, 2005; Worell and Remer, 2003)는 여성의 억압이 가부장제나 우리 사회에서 권력이 불평등하게 남성에게 많이 할당된 것에 자리 잡고 있다고 본다. 젠더에 기반한 권력이 억압의 가장 기본적이고 만연한 형태이며, 그것은 모든 여성에게 공통적인 억압이라고 지각한다. 급진적 여성주의자는 권력의 불평등한 할당이 제도화된 남성 지배, 이성애, 폭력으로 이끈다고 믿는다. 급진적 여성주의자는 자유주의적 여성주의자처럼 법을 바꾸기 위해 제도 내에서 작업하기보다는, 여성 해방이란 가부장제(남성 특권의 문화)의 완전한 탈바꿈이 필요하다고 믿고 사회적 제도와 관계의 변화를 주창한다. 이러한 관점은 여성주의 분리 운동에서뿐만 아니라 상담에서(Chesler, 1972/2005)도 여성만의 운동을 이끌어냈다.

앞의 두 여성주의자와 달리 사회주의적 여성주의(socialist feminism) (Crawford and Unger, 2000; Enns, 1992, 1993; Evans, Kincade and Seem, 2005; Sturdivant, 1980)는 억압이란 젠더와 사회경제적 계급 둘 다의 산물이라고 믿는다. 인종/민족, 성적 지향, 능력, 다른 소수 집단 지위 같은 불평등의 다른 범주들도 중요하다고 여기는데 그것들이 자주 계급 구조에 뒤섞이기 때문이다. 사실상 다양한 억압이란 분리하기 어려우며, 젠더 역할 사회화, 재생산과 섹슈얼리티의 제도화된 통제(피임약 처방에 대한 보험료 지급 거부), 생산의 구조(유급과 무급 고용에서의 젠더 역할), 자본주의 사회경제적 패러다임의 영향으로 야기된다. 사회주의적 여성주의자는 지배적인 사회경제적 패러다임인 자본주의가 가부장적 제도를 유지하고 영속적인 변화를 불가능하게 한다고 믿는다. 공적으로, 사적으로 삶을 재구조화하는 것이 해방의 원천이다. 그래서 사회주의적 여성주의자는 다중의 억압과 그것의 혜택을 받는 가부장적 제도를 종식하기 위해 지배적인 사회경제적 패러다임(자본주의)에 대한 극적인 변화를 요구한다.

유색 여성의 여성주의 또는 우머니즘(women of color feminism or womanism) (Brown, 1994; Crawford and Unger, 2000; Evans, Kincade and Seem, 2005; Worell and Remer, 2003)은 젠더가 억압의 유일하게 두드러진 범주라는 다른 여성주의자의 신념에 도전하며 백인 여성의 경험이 유색 여성의 경험으로 일반화될 수 없음을 주장한다. 우머니즘은 제도화된 인종 차별주의를 여성 억압의 주 원천으로 여기며, 일반적으로 유색 남성을 성차별주의의 억압자로 보지 않고 인종 차별주의의 공동의 피해자로 여긴다. 우머니즘은 인종/민족과 젠더 차별의 결합이 여성과 남성의 경험뿐만 아니라 전체 문화에 미치는 영향에 주의를 기울인다. 해방은 유색인의 가치와 문화와 관련해 백인 특권과, 제도화된 인종 차별주의와 성차별주의의 제거를 통해 이루어진다.

문화적 여성주의(cultural feminism)(Enns, 1992, 1993; Evans, Kincade and Seem,

2005; Sturdivant, 1980; Worell and Remer, 2003)는 남성과 여성 사이의 차이를 인정하고 여성의 독특한 강점에 주의를 기울인다. 여성의 억압은 여성의 관계적 강점을 가치 절하하는 데 그 뿌리를 두고 있기 때문에 이 관점은 정서적으로 직관적이고, 협력적이고, 이타적이고, 공동체적인 여성의 능력을 명예로운 것으로 여기기를 추구한다. 여성 억압의 해결책은 남성의 존재 방식과 여성의 존재 방식 모두를 가치 있게 여기는 문화의 여성화에 있다.

여성주의의 다양성에도 불구하고 두 가지의 공통 주제가 모든 여성주의를 연대하게 한다(Crawford and Unger, 2000). 모든 여성주의는 여성의 경험과 여성을 가치 있게 여긴다. 또한 사회 변화의 필요를 인식한다. 여성주의는 여성들이 살아가는 사회적 맥락에 초점을 맞추기 때문에 사회 제도 변화와 권력 균등화는 가부장제 사회에서 모든 형태의 지배와 예속, 억압을 종식하는 데 필요한 것으로 여겨진다. 요약하면 여성주의 철학은 삶과 정신건강을 개선하는 길로서 기존 질서에 개인적으로 적응하는 것이 아니라 여성이 사는 사회적이고 정치적인 맥락에 초점을 맞추고 사회 변화를 고취한다.

앞서 설명한 다양한 형태의 여성주의는 여성주의상담과 밀접하게 연결된다. 여성주의상담은 두 가지 신념에 그 근거를 둔다. 첫째, 여성의 삶의 경험과 그 경험의 맥락은 여성과 상담자들에게 중요한 것이어서 상담에서 우선성을 가진다는 믿음이고, 둘째, 사회의 변화는 지속적인 개인적 변화와 성장에 필수라는 믿음이다. 현대의 여성주의상담자는 젠더와 젠더 역할이 모든 개인의 삶의 중요한 양상이며 많은 현대 제도의 기초를 이루고 있음을 인식한다. 영향을 받는 사람은 여성들이 아니다. 이 시대의 여성주의상담자로서, 우리는 불변하고 때로 무의식적인 젠더 역할이 있는 사회에서 인간의 삶의 경험에 초점을 맞추는 것과 개인과 문화 모두의 정신건강에 영향을 주는 사회 변화의 필요에 대해 말하고자 한다. 그다음으로는 현대 여성주의상담의 발달을 살펴보고자 한다.

여성주의상담의 선구자들

아마도 1960년대와 1970년대의 여성주의 제2의 물결에서 가장 오래 지속
된 명제는 '개인적인 것은 정치적인 것'이라는 구호일 것이다. 이 명제는 여성
과 남성에게 그들의 개인적 삶이 문화의 가치와 정치를 반영하고, 문화의 가
치와 정치가 개인의 삶에 영향을 미친다는 것을 생각하게 하는 도전이 되었
다. 개인의 삶에서 여성과 남성에 대한 전통적인 사고방식과 결별하는 것은
개인적인 행위일 뿐만 아니라 정치적인 행위이다. 이러한 사고에서 의식향
상집단[consciousness-raising (CR) group]이 생겨났다.

여성 해방 운동은 (a) 여성의 사회경제적 조건을 변화시키기, (b) 개인을
변화시키기라는 두 가지 큰 목표를 가졌다(Rosenthal, 1984). 의식향상집단은
이 두 가지 목표를 연결시켰다. 여성들은 개인적 경험에 대해 토론하고자 작
고, 인도자 없는 집단에 모였다. 즉, 개인적 맥락뿐만 아니라 정치적 맥락을
가진 문제와 이슈들을 의식적으로 자각하기 위해 모였다. 집단 내에서 여성
들은 각자의 경험과 관심사가 유사하다는 것을 발견하고, 개인적 경험이 개
인적 실패의 결과가 아니라 여성의 사회적 조건의 결과임을 이해하기 시작
했다. 개인적 경험들은 정치적 개념으로 분석되었다(Sturdivant, 1980). 의식
향상집단의 목적은 사회적 행동을 취할 수 있도록 권력을 강화하는 것이었
다. 심리적 치유는 집단원의 사회적 고립감이 감소함으로써 생겨난 의도하
지 않은 부산물이었는데, 그들은 자신의 억압과 내면화시킨 여성의 열등성
에 대한 성차별적 믿음을 자각하게 되었다. 치유는 자신의 능력과 가치에 대

해 다르게 생각하도록 여성들을 권력강화시켰다(Sturdivant, 1980).

정치적인 수준에서 의식향상집단은 여자(female) 경험에 기반한 사회 분석을 발달시켜서 여성의 이야기 나눔을 통해 개인적인 것을 정치적인 것에 연결시켰다(Sturdivant, 1980). 풀뿌리 조직으로서, 여성 해방 운동은 의식향상집단이 대중적인 사회 행동에 필요한 혁명적 정치를 창조할 것이라고 믿었다(Rosenthal, 1984; Sturdivant, 1980). 여성들은 그들의 공통 문제인 억압에 대한 해결책을 찾기 위해 함께 작업할 것이라고 믿었다.

의식향상집단의 규범은 여성주의로서, 공동체적 구조를 가졌고, 권력과 책임감, 자원을 평등하게 나누었고, 여성 스트레스의 뿌리인 사회적 조건화와 사회 문제에 초점을 맞추었고, 여성이라는 공통점을 가졌다(Enns, 1993). 집단에는 지도자가 없었고, 여성 각각은 자신에 대한 전문가로 여겨졌으며, 타인의 도움을 받는 만큼 타인을 도울 수 있는 사람으로 여겨졌다. 여성의 경험과 진실은 가치 있게 여겨졌고 존중되었다. 여성주의자들은 의식향상집단 참여자가 치료될 수 있다고 인정했지만 그들은 의식향상집단을 치료 집단으로 생각하지는 않았다(Sturdivant, 1980). 치료란 개인이 환자이고 병들었음을 의미했다. 그보다 여성주의는 사회가 병든 환자이고 사회 변화가 치료책이라고 여겼다. 요약하면 여성주의와 의식향상집단은 상담, 심리학, 임상의 전통적 가정들에 도전하며 여성주의상담의 선구자가 되었다. 의식향상집단과 여성주의상담 모두 여성 문제는 맥락적이어서 개인적인 것이 아니라 정치적인 것이며 개인 병리가 아니라는 믿음에서 전개되었다(Brown, 1994; Collins, 2002; Sturdivant, 1980; Enns, 1992, 1993; Evans et al., 2005; Worell and Remer, 2003).

전통적인 상담과 심리치료에 대한 여성주의의 도전

프로이트 이론은 20세기의 처음 70년 동안 심리치료의 실제에 큰 영향을 미쳤다. 여성주의자는 세 가지 주요 영역에서 프로이트 이론을 비판했다 (Sturdivant, 1980). (a) 문제의 원인은 심리 내적이라는 믿음, (b) 심리 발달에서 사회문화적 요인의 인식 실패, (c) 건강을 위한 규범으로서 남성 기준을 사용한 성편견이 그것이다. 심리치료의 실제를 비판한 여성주의 비평가들은 다음과 같이 주장했다. 사회적 역할과 젠더 역할에서의 차이는 생물학이 아니라 젠더 편견의 사회와 제도화의 결과라고 주장했으며, 심리 내적 갈등과 고통은 개인 병리가 아니라 성차별주의의 결과이거나 사회적으로 처방된 젠더 역할과의 부조화나 역할 갈등의 결과라고 주장했다. 프로이트 이론에 대한 여성주의 비판은 심리 내적 원인 찾기, 사회경제적 맥락 인식 실패, 정신 건강에 대한 남성 중심적 규범에 초점을 맞춘다.

상담과 심리치료에 대한 초기 여성주의 비평가들이 그 시대의 상담 기술과 이론을 주의 깊게 살펴보았을 때, 그들은 다음 세 가지 영역에 초점을 맞추었다. (a) 통제의 기제, (b) 개인적 삶에 대한 맥락의 영향 인정하기 실패, (c) 심리치료의 전제가 되는 심리학 이론의 남성중심성이 그것이다. 많은 연구들이 맥락 보기의 실패와 남성중심성 보기의 실패가 여성의 정신건강에 대해 이중 기준을 가지게 했음을 보여준다. 이러한 연구에 대한 탁월한 리뷰를 보려면 스터디반트의 글(Sturdivant, 1980)을 읽으면 된다. 우리의 목적을 위해서는 두 개의 중요한 연구 논문을 다루려고 한다.

1970년의 브로버맨(Broverman)과 동료들의 연구는 획기적인 연구였다 (Broverman et al., 1970). 그 이전에는 남성과 여성에게 다른 정신건강의 기준이 적용되는 것에 대한 조사가 없었다. 연구자들은 정신건강 종사자들(심리학자, 정신의학자, 사회복지사 등)에게 122개의 문항으로 남성과 여성의 정신건강을 평가하게 했다. 그들의 가설은 두 가지였다. (a) 건강하고 성숙한 개인의 특성에 대한 임상적 판단은 평가자의 성별에 따라 다를 것이다. (b) 성별이 표시되지 않은 성인에게 건강하다고 여겨지는 행동 특성은 많은 경우 건강한 여성보다는 건강한 남성의 특성이 될 것이다(사회적·전형적 젠더 역할 차이를 따라서). 성숙하고 건강한 성인(성별 없이), 건강한 남성, 건강한 여성을 특징짓는 자질에 대한 평가자 간의 합의가 큰 경우는 평가자의 성별에 따라 달랐다. 남성 정신건강에 대한 임상가의 판단은 성인에 대한 판단과 별로 다르지 않았으나, 여성 정신건강에 대한 판단은 건강한 남성과 성인에 대한 것과는 의미 있게 달랐다. 이 차이는 그 당시의 남성과 여성에 대한 사회적 젠더 역할과 일치했다. 예를 들어, 정신적으로 건강한 여성은 건강한 남성 및 성인과는 달리 더 감정적이고 복종적이며 덜 독립적이고 덜 객관적이라고 묘사되었다. 연구자들은 정신건강에 대한 이중 기준이 존재한다고 결론지었다. 남성은 정신적으로 건강한 성인으로 지각되었으나, 여성은 그렇지 않았다. 정신건강 전문가들에게 여성이 정신적으로 건강하게 보이려면 여성적이고 성인이 아닌 것처럼(즉, 남자 같지 않은 것처럼) 보일 필요가 있었다.

미국심리학회(American Psychological Association: APA)는 1970년대 중반에 여성 심리학자와 심리적 서비스 소비자에 대해 관심을 가지고 심리치료 실제에서의 '성편견과 성역할 고정관념에 대한 태스크 포스'를 구성했다. 1975년 그들은 보고서와 권고안을 보고했다. 성편견의 세 가지 주요 영역이 발견되었는데, (a) 전통적인 성역할을 조장하기, (b) 여성에 대한 기대에서의 편견과 가치 절하, (c) 여성 환자 유혹하기를 포함하여 여성을 성적 대상으로 보기가 그것이다. 태스크 포스는 심리치료적 환경에서 전통적 성역할이 조장될 때, 여성 문제에서의 사회문화적 요인들은 인정되지 않았고 치료는 사회 통제의 수단으로 작동되었음을 확실하게 발견했다. 예를 들어, 여성이 전통적인 남성 영역에서의 진로를 탐색하려고 할 때 남성과 여성의 직업적 역할에 대한 상담자의 신념 체계에 따라 영향을 받을 수 있다. 게다가 심리적 해석은 사회적 원인의 가능성으로부터 주의를 돌리는 데 이용되었다. 이 보고서는 심리학 영역에서 의미 있는 변화를 불러일으켰다. 이 보고서 이전에 여성주의자의 비판은 심리적 문화의 한 부류로 받아들여지지 않았다. 하지만 이 보고서 덕분에 비성차별적인 심리치료적 실제에 대한 가이드라인이 만들어졌고 오늘날에도 여전히 사용되고 있다(APA, 2007; Fitzgerald and Nutt, 1986).

여성주의상담에 대한 도전

여성주의상담뿐만 아니라 여성주의 이론과 철학은 언제나 지배적이지 않은 현실과 가치를 비전으로 삼았지만, 초기에 이에 대해 노력한 사람들은 대체로 백인 중산층 여성이었다(Boyd, 1990; Brown, 1991, 1994; Brown and Brodsky, 1992; Worell and Remer, 2003). 그래서 여성주의상담 초기에는 만연한 문제, 진단, 치료를 찾는 데서 문화적 다양성에 대한 고려는 전혀 찾아볼 수 없었다(Brown and Brodsky, 1992; Brown and Root, 1990; Evans et al., 2005; Greene, 1994; Sturdivant, 1980; Worell and Remer, 2003). 1970년대에 여성주의상담이 처음 만들어질 때 젠더는 가장 뚜렷한 억압의 특징으로 보였다. 젠더 억압을 중심으로 보았기에, 백인 여성도 백인 권력구조로부터 혜택을 받아 사회적 특권을 누리고 있음을 보는 것을 불가능에 가깝게 만들었고, 백인 여성들을 다중의 억압에 대해 매우 둔감하게 만들었다(Brown, 1994; Enns, 1993;

Espin and Gawelek, 1992; Greene, 1994). 역설적이게도, 남성 특권에 대해 눈 감고 있다고 남성들을 비난한 백인 여성주의자들을 향해, 유색 여성들이 백 인 여성 자신들이 백인 특권에 대해 눈감고 있다고 비난하고 나섰다. 결과적 으로 처음 20년간 여성주의상담은 유색 여성, 노동 계층, 다른 억압받는 집 단의 상담자와 이론가의 공헌을 무시했다(Brown, 1994). 사실상 백인 레즈비 언이 초기부터 여성주의상담과 이론에 일관되게 포함된 유일하게 주변화된 집단이었다(Brown and Brodsky, 1992).

주변화된 집단은 백인 여성주의상담자들이 전통적 상담과 이론에 도전했 던 방식으로 여성주의상담에 도전했다. 아프리카계 미국 여성은 백인 여성 문제가 아프리카계 미국인의 경험과 유사하다고 본 백인 여성주의자에게 맞 섰다. 또한 백인 여성주의자는 흑인 여성이 흑인 남성보다 백인 여성을 동일 시할 것이라고 가정했을 때 도전받았다(Boyd, 1990; Evans et al., 2005; Greene, 1994). 역사적으로 여성주의는 유색 여성의 역사와 공헌을 무시했기 때문에 유색 여성은 여성주의가 자신들의 삶과 관련 있다고 지각하지 않았다(Evans et al., 2005). "유색 여성은 여성주의를, 그 안에서 자신의 현실을 정의하고 정 당화해야 하는 전통적인 성차별적 가부장적 체제와 마찬가지로 억압적인 또 하나의 체제로 보았다"(Boyd, 1990: 162). 따라서 여성주의와 여성주의상담을 모든 여성의 현실을 정의하는 체제로 제시하면 억압적인 것이 된다. 진실한 대변이 되려면, 여성주의 이론은 모든 여성들의 경험 위에 세워져야 한다 (Barrett, 1990; Brown, 1994; Worell and Remer, 2003). 이것은 많은 여성의 경우 젠더가 그들의 삶에서 가장 우세한 특징이 아닐 수도 있음을 이해한다는 것 을 의미한다. "비록 성차별주의가 모든 여성에게 영향을 미치지만, 영향을 미치는 방식은 다르며 인종과 다른 척도의 렌즈에 의해 '채색될' 수도 있 다"(Greene, 1994: 337). 젠더의 우세성은 인종/민족, 계층, 성적 지향 같은 여성 삶의 다른 변인들 때문에 수정되거나, 강화되거나, 부차적이 될 수 있다 (Espin and Gawelek, 1992; Greene, 1992, 1994).

> 백인, 중산층 여성주의상담자들은 두 가지를 인정하기 위해 씨름해 왔
> 다. 하나는 문화의 이슈들(넓게 정의해서 인종, 계층, 민족, 언어, 연령, 장
> 애, 성적 지향, 영적 소속, 외모)이 여성주의 분석에서 젠더보다 덜 중요할
> 수 없다는 것이고, 다른 하나는 만일 우리 이론이 사회 변화를 가져오
> 고 가부장제를 약화시키려면 우리 분석에 모든 범주를 포함해야 한다
> 는 것이다(Brown, 1994: 70).

1990년대 여성주의상담의 과제는 모든 피지배적인 현실을 소중하게 여기는 비전을 가지는 것이었다(Evans et al., 2005). 지난 15~20년간 여성주의상담에서는 다양성 포함에 대해 많은 연구들이 이루어졌다(예를 들어, Boyd, 1990; Brown, 1991, 1994; Brown and Brodsky, 1992; Brown and Root, 1990; Chrisler and Howard, 1992; Espin, 1993; Greene, 1994; Landrine, 1995; Worell and Remer, 2003). 21세기에서의 도전은 상담 실제에서 이러한 새로운 이론을 행동화하는 것이다. 그래서 여성주의와 여성주의상담에서 더 포괄적인 형태를 창조하는 것이다(Enns, 1997). 최근의 여성주의상담의 과제는 평등주의, 사회정치적 맥락, 권력 사용에 대한 강조를 잃지 않으면서 치료적 지평에서 필수적인 분야로 자리매김하는 것이다.

요약

이 장에서는 여성주의상담이 확립된 이론으로 인식되기까지의 운동에서 받은 도전을 개관했다. 정치적 행동과 상담 사이의 구별이 거의 없었을 때부터 상담 기술에 대한 최근의 주안점까지, 여성주의상담은 사회문화적 맥락에 위치한 여성 현실의 중요성을 아울러왔다.

2장

여성주의상담

사회적·개인적 변화 모델

●●●●

1970년대 초기에 여성들은 의식향상집단에 참여하기 위해 대학교 학생 서비스센터와 교회 지하실, 지역사회 센터 그리고 서로의 집에 모였다. 집단에서는 촉진자가 젠더와 권력에 대해 준비된 질문지를 사용하거나, 어떤 집단원이 모임을 위해 특정한 질문을 준비해 올 수도 있었다. 그렇게 모인 한 모임에서 여성들은 "당신이 보내는 하루가 남편이 보내는 하루만큼 중요하다고 생각하나요?"라고 물었다(Chicago Women's Liberation Union, 1971). 여성들은 토론했고, 자주 자신이 하는 일과 자신이 누구인지를 중요하게 느끼지 않는다는 것을 깨달았다. 그들은 자신이 투명 인간처럼 느껴지는 것에 대해 이야기했다. 토론이 계속됨에 따라, 일부 여성들은 이 질문 하나에도 사회적 가정들이 함축되어 있음을 깨달았다. 그 질문은 그들 모두가 남편이 있고, 남편을 원하고, 남편이 필요하다고 가정하고 있었다. 여기에서부터 사회적 가정과 사회적 권력에 대한 대화가 흘러나왔다. 여성들은 다음 질문들을 스스로에게 묻고 또 서로에게 물었다. 당신이 무엇을 하는지에 대해 어떻게 생각하게 되었는가? 이것은 당신과 사회를 위해 생각할 수 있는 가장 건강한 방식인가? 아니라면 사회가 명령하는 것을 수용하기 위해 어떻게 우리를 변화시킬지가 아니라 어떻게 사회를 변화시킬지에 대해 생각해야 하지 않을까? 어떻게 우리 자신과 우리 사회가 좀 더 정신적으로 건강해지도록 도울 수 있을까? 이런 질문들로 말미암아 여성주의상담이 시작되었다. 지금처럼 그때도 여성주의상담에서 의식만 있고 행동하지 않는 것은 지속적인 결과를 가져오지 않는다.

여성주의상담은 개인적 의식과 정치적 의식 사이의 역동적 흐름에 초점을 맞춘다는 점에서 새롭게 등장하는 다른 상담과 달랐다. 여성주의상담이 등장하기 전에는 젠더와 문화적 차이 및 영향이 정신건강과 상담 과정에서 주요한 역할을 한다고 여겨지지 않았다. 다음의 명제들을 생각해 보고 만일 지금 이런 명제들이 사실이라고 여겨진다면 상담이 어떨지를 생각해 보라.

- 상담자들은 여성과 남성이 사회에서 특정 역할을 가지며 그들은 주어진 역할 이외의 것을 감히 하려고 해서는 안 된다는 가정을 지지한다.
- 강간을 성적 매력의 행위라고 여기지, 폭력과 통제의 행위로 여기지 않는다.
- 사회 변화를 위해 노력하는 것을 치유와 권력강화로 여기지 않는다.
- 상담의 초점은 심리 내적인 것에 두고, 내담자의 스트레스에서 환경의 역할은 무시한다.
- 내담자의 문제는 억압의 경험에 기인한 것이기보다는 그들의 약점과 부족함에 기인한 것이다.
- 자신의 젠더에게 전통적이지 않은 영역의 커리어를 선택하거나 흥미를 가지는 내담자는 심리학 이론에 따라 부적응하는 사람으로 본다.
- 부부 간 폭력은 가족의 일일 뿐이다. 여자가 폭력을 자초했고, 원한다면 남편을 떠날 수도 있었다.
- 건강한 성인의 기준은 성인 남성이다. 여성은 규범에서 벗어나 있다.
- 가족과 커플에 대한 개념화는 전통적인 젠더 역할과 기대 그리고 이성애적 짝짓기에 기반한다.
- 상담자의 책임은 내담자에게만 있지, 사회에 있지는 않다.
- 상담자란 내담자의 문제 및 치료와 관련된 전문가이다.

만일 당신이 이 중 일부에 대해서라도 동의하지 않는다면, 당신은 내담자를 비성차별적이고, 맥락적이고, 여성주의적 관점에서 개념화하고 있는 것이다. 당신은 여성주의상담자가 되어가는 길에 있다.

이론적 지향으로서의 여성주의상담

여성주의상담의 발달은 20세기 중반의 여성 운동이 원동력이 되었다. 즉, 개인적인 것이 정치적인 것이라는 인식, 심리학 이론과 실제 영역에서의 남성 지배에 대한 여성주의 비판, 사회적 역할과 사회적 통제에 대한 자각이 동력이 되었다. 전통적인 상담과는 대조적으로 여성주의상담에서는 어느 한 사람이 창시자로 지목될 수 없다. 오히려 여성주의상담은 1960년대와 1970년대 여성 운동의 철학과 원리에서 발달했다. 여성 운동에서도 집단성과 평등주의를 가치 있게 여기고, 지도자나 창시자를 지목하지 않았다. 최초의 여성주의상담 개념화와 기술에 대한 지침은 의식향상집단과, 여성 상담자·치료자들이 여성주의 정치적 원리를 임상에 적용하려 시도하면서 기술, 스타일, 경험에 대해 비공식적으로 토론하는 자리에서 만들어졌다(Brown, 1994; Brown and Brodsky, 1992). 여성 상담자들은 젠더 편견을 최소화하려면 전통적인 심리치료, 이론과 기술의 조절만으로는 충분하지 않음을 발견했다. 효과적인 상담이 되려면 사회문화적이고 정치적인 맥락이 인정되어야 하고 이런 맥락이 여성 스트레스의 원인으로 다뤄져야 한다(Faunce, 1985). 효과적인 상담이 되게 하는 다른 중요한 요소는 사회 변화를 위한 활동에 참여하는 것이다(Brown, 1994; Sturdivant, 1980). 그래서 여성주의상담은 상담의 가치와 접근에서 여성주의의 철학과 가치를 포함한다.

여성주의상담의 공통 요소

지목된 창시자가 없듯이 여성주의상담의 진정한 방법 역시 없다. 여성주의상담의 실제에 대한 다양한 철학적·이론적인 여성주의 접근이 존재한다(Brown, 1994; Juntunen et al., 1994; Wyche and Rice, 1997). 여성주의 실제에 대한 다양한 접근에도 불구하고, 여성주의상담이 시작된 이래로 공통분모는 존재해 왔다. 롤링스와 카터(Rawlings and Cater, 1977)는 아홉 가지 공통적인 여성주의 믿음, 태도, 가치를 제시했다.

1. 여성주의상담자는 노동 계층 내담자보다 상류층이나 중산층 내담자를 더 가치 있게 여기지 않는다.
2. 여성 병리의 일차적 원천은 개인적인 것이 아니라 사회적인 것이고, 내적인 것이 아니라 외적인 것이다.
3. 병리의 주요 원천으로 환경적 스트레스에 초점을 맞추는 것이 개인적 책임으로부터 도피하는 방안으로 사용되지 않는다.
4. 여성주의상담은 사회적 조건에 개인이 적응하는 것에 반대한다.
5. 여성의 적은 여성이 아니다.
6. 남성도 여성의 적이 아니다.
7. 여성들은 경제적으로 심리적으로 자율적이어야 한다.
8. 우정, 사랑, 결혼 관계에서 개인적 권력은 평등해야 한다.
9. '적합한' 성역할 행동들 사이의 주요 차이는 없어져야 한다.

두 개의 대단히 중요한 구성 요소나 본질적 요소가 다양한 형태의 여성주의상담을 함께 엮는다. 첫 번째는 상담자와 내담자가 존재하는 사회적이고 정치적인 맥락에 대한 자각과 인정이다. 두 번째는 여성주의 철학에 확고한 기반을 두는 것이다. 두 요소를 통합함으로써 여성주의상담을 사회적 변화와 개인적 변화 모두의 모델로 확립할 수 있다. 첫 번째는 여성주의상담이라는 '집'을 위한 틀을 만들고, 두 번째는 강한 토대를 만든다.

사회적 맥락의 자각과 인정

사회정치적 맥락의 자각과 인정은 여성주의상담의 핵심이다. 이 자각은 여성주의 의식이라고도 불린다. 상담 관계와 더 큰 세계에서 사회정치적 맥락에 대한 분석은 이러한 자각의 핵심이다. 능동적인 여성주의 의식은 (a) 모든 젠더와 경험을 가치 있게 여기기, (b) 임상을 여성주의 사회 행동과 사회 변화를 지지하는 수단으로 개념화하기를 포함한다(Crawford and Unger, 2000; Juntunen et al., 1994). "여성주의 신념 체계는, 여성과 정신 병리 정의, 여성의 심리적 스트레스 병인, 증상 해석, 치료적 개입의 초점, 상담자 역할, 상담 관계, 상담 목표 등 모든 치료적 차원에 영향을 미친다"(Faunce, 1985: 2). 그래서 여성 스트레스의 원인이 사회문화적이고 정치적인 것에 있다는 믿음은 개인적인 것과 정치적인 것 둘 다를 검토하고 개인적 변화와 사회적 변화 모두가 중요한 상담 목표가 되는 상담 모델을 선택하게 한다.

여성주의 철학

여성주의상담은 상담과 생활에서, 믿는 것(철학)과 실행된 것(행동) 간의 일치를 추구한다(Rosewater, 1988). 그렇기에 여성주의상담은 철학과 이론을 실제와 행동으로 번역해 내는 틀을 제공한다. 여성주의상담은 다양한 근원이 있기에 여성주의상담에 대한 단 하나의 접근은 존재하지 않는다. 여성주의상담은 일련의 기술이나 하나의 처방이라기보다는 일련의 가치나 태도에 더 가깝다(Brown, 1994; Chester and Bretherton, 2001). 브라운(Brown, 1994)은 여성주의 실천을 논할 때 여성주의상담의 이런 측면을 정확하게 파악했다.

> 여성주의 실천을 만드는 것은 내담자가 누구이냐가 아니다. 상담자의
> 구체적인 기술이나 제기하는 문제들, 내담자의 인구학적 구성보다는
> 자신이 무엇을 하는지에 대해 상담자가 어떻게 생각하느냐와 상담자의
> 인식론, 토대가 되는 이론 모델이 여성주의 실천을 만든다. 여성주의상
> 담은, 사회정치적 틀 안에서 상담자와 내담자의 명백히 사적인 교류가
> 발생한다는 점을 상담자가 지속적이고 의식적으로 자각할 것을 요구하
> 는데, 이러한 틀은 여성주의상담 과정에서 반드시 밝혀져야 하는 방식
> 으로 개인 경험에 주어지는 의미를 알려주거나 변형시키거나 왜곡시킬
> 수 있다(Brown, 1994: 21~22).

여성주의상담에서 태도와 가치가 차지하는 역할에 대한 이러한 강조는, 치료적 접근이 내담자 스트레스의 원인을 개인적인 것보다 맥락적인 것으로 재개념화하고 사회적 행동과 변화를 요구한다면 다양한 접근을 허용한다. 요약하면 여성주의상담은 "억압을 개인이 경험하는 정서적이고 심리적 스트레스의 원인이라고 명명하며, 억압에서 자유로 향하는 필수 단계인 비신비화의 필요성에 중점을 두고, 모든 치료적 만남에서 정직함과 정의의 추구를 강조하는" 상담이다(McLellan, 1999: 327).

여성주의 의식과 여성주의 철학을, 여성주의상담이라는 집의 틀과 기초로 생각한다면, 몇 가지 원리들이 이 집의 '방'을 구성한다. 비록 유일한 창시자가 없고 여성주의상담이 여러 여성주의 철학에서 나왔지만, 여성주의상담 실천에 공통적인 몇 개의 핵심 원리나 교리가 있다. 여러 저자들이 원리를

정교화했지만(Brown, 1994; Brown and Brodsky, 1992; Collins, 2002; Enns, 1997; Gilbert, 1980; Morrow and Hawxhurst, 1996; Sturdivant, 1980; Worell and Remer, 2003; Wyche and Rice, 1997 참조), 우리는 지금까지 정교화된 모든 것을 포괄하는 네 가지 원리를 확인했다. 그것은 (a) 개인적인 것은 정치적인 것, (b) 평등한 관계, (c) 여성의 경험 존중하기, (d) 권력강화이다.

개인적인 것은 정치적인 것. 개인적인 것은 정치적인 것[독일 녹색당을 창당한 1947년생 환경운동가 페트라 켈리(Petra Kelly)의 말 — 역주]이라는 생각은 확실히 여성주의 이전에 나온 것이나, 현대 여성주의상담에서는 1960년대 말 사회가 어떻게 여성의 개인 생활에 영향을 미치는지를 지적하기 위해 이것이 구호로 사용되기 시작했다. 이 구호가 글에서 처음으로 나타난 것은 『자매애는 강력하다(Sisterhood Is Powerful)』라는 책에 실린 "2차 연도로부터의 노트(Notes from the Second Year)"라는 캐럴 해니시(Carol Hanisch)의 에세이에서이다. 이 관점은 1960년대와 1970년대의 여성 운동이 진행한 의식향상집단에 참여한 여성들에게서 나왔다. 여성들이 개인적인 문제라고 가정했던 것이 실제로는 그 시대의 사회적이고 정치적인 맥락에 근거를 둔 보편적인 문제임을 발견한 곳이 의식향상집단이라는 것을 기억하자. 이런 산 경험으로부터 여성주의상담은 인간 문제의 원인, 진단, 치료를 전통적 상담과 다르게 개념화했다. 인간이 가진 문제의 원인에 있어서 여성주의상담은 주관적인 현실과 객관적인 현실 사이의 상호 관계를 인식하고, 인간 행동의 인과관계를 이해함에 있어서 상호 연관성에 초점을 맞추었다. 그러므로 행동은 더 넓은 사회적 맥락에서 이해했는데, 인간 스트레스의 원인에서 심리 내적 이슈뿐만 아니라 억압과 차별의 역할을 설명하는 정치적 분석(권력과 젠더)을 사용하여 이해했다(Brown and Brodsky, 1992; Enns, 1997; Evans, Kincade and

Seem, 2005; Hill and Ballou, 1998; Sturdivant, 1980; Worell and Remer, 2003). 개인적 경험은 "정치적 현실의 실존 버전"(Brown, 1994: 50)으로 이해되었다. 그러나 보편적인 경험과 원인을 가정할 수 있다는 의미는 아니다. 여성주의상담은 인간 행동과 변화에 대한 주관적인 견해와 객관적인 견해 사이의 긴장의 균형을 잡아주는 하나의 치료 양식이다.

역사적으로 여성주의상담은 억압을 진단할 수 없기에 진단을 피해왔다(Rawlings and Carter, 1977; Evans, Kincade and Seem, 2005). 심리 내적 해석은 인간 스트레스를 맥락을 떠나 이해하게 하고 억압과 차별, 개인 비난을 지지한다(Enns, 1997). 그래서 여성주의상담자는 환경의 원인을 포함하기 위해 병리를 재정의한다. 스터디반트(Sturdivant, 1980)는 심리적 병인에 대한 심리 내적 해석보다는 환경에 우선성이 주어졌다고 주장했다.

의식향상집단처럼 여성주의상담의 주목표는 변화이지, 기존 질서에 대한 적응은 아니었다(Collins, 2002; Enns, 1997; Gilbert, 1980). 브라운과 브로드스키(Brown and Brodsky, 1992)에 따르면 치료의 초점은 내담자의 복지에 부정적인 영향을 미치는 사회적·대인 관계적·정치적 환경을 변화시키도록 내담자를 권력강화하는 것이다. 억압적이고 차별적인 환경에 적응하도록 내담자를 돕는 것이 아니다. 그러므로 상담의 궁극적 의도는 사회 변화이다(Hill and Ballou, 1998).

평등한 관계. 개인적인 것은 정치적인 것이라는 원리처럼 평등 관계 원리도 의식향상집단에 참여한 여성의 경험과 내담자가 된 여성의 산 경험에서 발달되었다. 의식향상집단의 철학과 실천은 여성주의상담의 초점을 상담자의 목표에서부터 내담자의 목표로 이끌었다. 상담 관계는 상담 과정이 비신비화되고 상담 목표를 협력하여 정하는 공동 작업으로 지각되었다(Brown and Brodsky, 1992; Sturdivant, 1980; Worell and Remer, 2003). 예를 들어, 평등 관계를 촉진하기 위해 정신건강 임상가는 특정한 상담 계약서를 사용할 수 있다(Enns, 1997). 계약서에는 상담자의 기술, 가치, 태도, 이론적 지향, 변화에 대한 견해, 그 밖에 다른 관련 정보가 포함될 수 있다. 상담의 이득과 비용, 내담자와 상담자의 책임, 내담자가 정신건강 임상가에게 기대할 수 있는 것에 대한 부가 정보도 제공된다. 정보에 근거한 동의는 진행 중인 과정 및 토론으로 여겨지고, 그리고 가능하다면 언제든지 다루고 싶은 내용을 구체적으로 다루게 한다.

전통적인 상담과 치료에서 내담자와 상담자 사이의 권력 차이에 대한 자각과 상담자의 권력 오용에 대한 보고가 동기가 되어, 여성주의상담은 상담자의 전문성과 지식에서 나오는 상담자 역할에 내재된 권력에 대한 자각을 분명하게 표현한다(Collins, 2002; Brown and Brodsky, 1992). 여성주의상담의 과제는 상담의 틀과 경계를 유지하면서 상담 관계에서의 권력 차이를 어떻게 최소화하느냐는 것이다(Brown, 1994). 상담 관계가 완전히 평등할 수 없음을 인정하면서도, 여성주의상담자는 내담자를 자신의 삶에 대한 최고의 전문가로 존중하는 협력적인 관계로 상담 관계를 발전시키기 위해 내담자와 함께 노력한다. 내담자의 호소 내용에 관련된, 상담자의 관점과 내담자의 관점은 그 가치가 동등하게 평가된다(Brown and Brodsky, 1992). 모든 상담은 가치중립적일 수 없기에, 여성주의상담은 내담자와의 작업에 영향을 미치는 상담자 자신의 가치를 명백하게 드러낸다. 이런 정보들은 내담자로 하여금 특정한 상담자와 작업하는 것을 정보에 근거해 결정할 수 있게 해준다.

여성의 경험 존중하기. 너무 많은 전통적 심리학 이론과 실천이 남성 경험 중심이고 남성의 경험을 규범이라 명명하기에, 여성주의상담은 이론과 실천의 주변에 있던 여성의 경험을 중심으로 가져왔다(Brown, 1994; Brown and Brodsky, 1992; Worell and Remer, 2003). 여성주의상담에서는 여성과 남성의 현실 모두 고려되고 그 가치 또한 동등하게 평가된다. 이것이 여성의 경험 존중하기의 의미이다. 여성의 경험을 남성의 경험보다 더 가치 있게 여기자는 의도가 아니라 무시되었던 여성의 경험을 가치 있는 것으로 존중하자는 것이다. 여성을 상담할 때 여성 경험의 공통성이 인정되었다(Sturdivant, 1980). 여성을 중심에 두면서, 여성주의상담은 여성의 경험을 정상적인 것으로, 가치 있는 것으로 만들었다. 여성이 존재하는 여러 방식들이 문화적 맥락 안에서 이해되었다. 브라운(Brown, 1994: 153)은 "여성들이 자신의 삶을 정의한 대로 경험을 존중하기"에 대해 말한다. 이 점은 여성과 남성 모두에게 적용된다. 여성주의상담에서 중요한 것은 인간 경험의 범위와 모든 관점의 타당성이다(Brown, 1994). 모든 내담자의 산 경험을 존중하기에, 여성주의상담은 다양한 삶과 경험의 복잡성을 소중하게 여긴다.

권력강화. 여성이 상담에 가져오는 많은 문제의 원인이 여성의 예속과 억압, 제한된 사회 권력에서 귀결된 것이기에(예를 들어, 강간, 친족 강간, 성희롱, 학대), 여성주의상담은 여성 자신의 삶을 스스로 변화시키고 세상의 변화를 이끌 수 있도록 여성을 권력강화하는 데 초점을 맞춘다. 전통적인 심리치료와 대조적으로 여성주의상담은 문제를 다룰 때 질병과 회복(예를 들어, 처치의 의학적 모델)으로 접근하지 않고, 성장과 발달로 접근한다(Sturdivant, 1980). 내담자의 강점을 인정하고, 억압과 차별을 뚫고 생존할 능력을 명예롭게 여긴다. 모로와 헉스허스트(Morrow and Hawxhurst, 1996: 41)는 권력강화를 "사회적 평등과 정의를 위해 개인적이고 집단적인 분석과 행동 — 그것의 촉매제는 정치적 분석이다 — 을 통해 사람들의 삶의 내적 조건과 외적 조건을 변화시키는 과정이다"라고 정의했다. 그래서 이 원리는 상담자에게 전통적 상담이 내담자의 결함에 초점을 맞출 만한 지점에서 내담자의 강점을 보는 것을 허용한다. 나아가 내담자가 자기 돌봄을 하고 자신과 세상의 변화를 가져올 자신의 강점과 능력을 인식하고 가치 평가하고 사용하도록 도우라고 여성주의상담자에게 요청한다.

여성주의상담, 다양성, 사회 정의

여성주의상담 모델은 이 교재의 중심으로 앞서 말한 원리를 포함하며, 억압의 경험을 내담자의 호소 내용을 이해하는 가장 중요한 요인으로 본다. 따라서 사회 정의와 문화적 다양성에 대한 자각은 이 모델의 본질적 부분이다. 이 접근은 사람들의 삶의 복잡성을 명예로운 것으로 여기고 이해하는 것을 허용한다. 우리는 이런 공식화가 여성주의상담의 원래 목적인 더 나은 정신건강으로 이끄는 변화를 개인과 사회가 경험하도록 돕는 일에 맞는다고 믿는다. 사회적·개인적 변화로 여성주의상담에 접근하며 우리는 미국에서의 억압이 복합적이고 많은 개인의 현실은 다중의 억압으로 구성되고 형성된다고 가정한다. 가장 흔한 억압은 젠더, 인종/민족, 문화, 사회경제적 계층, 성적 지향, 연령, 능력이다. 어떤 사람들에게는 추가적인 억압이 있거나 다른 억압이 있을 수 있다. 남성과 여성, 내담자와 상담자는 이런 억압의 영향을 받는다. 상담자는 자신의 억압 경험뿐만 아니라 내담자의 억압 경험을 자각해야 한다.

여성주의상담, 권력, 문화

여성주의상담은 그 뿌리 때문에 조력하는 전문직 중에서도 독특한 위치를 차지한다. (여성주의적이든 아니든) 모든 치료 작업은 기독교적 가치와 신념뿐만 아니라 남성, 백인, 비장애인, 중상류층, 이성애 중심을 반영하는 지배적인 문화에서 이루어진다. 이 문화는 여기에 쉽게 맞지 않는 사람들을 전형적으로 주변화하고, 차별하고, 억압한다(Brown, 1994). 개인을 돕는 것에 더해 여성주의상담은 차별과 억압을 야기하고 영속화시키는 사회 구조와 제도를 변화시키고, 그렇게 함으로써 그 세력이 정신건강에 미치는 해로운 영향을 제거하려고 한다(Brown, 1994; Enns, 1997; Hill, 1998).

여성주의상담자 되기: 여성주의상담자의 전망

여성주의상담자가 된다는 것은 당신의 작업을 안내하는 일련의 여성주의 가치와 가정을 선택하는 것이다. 필자들은 여성주의자가 아니면서 여성주의상담을 실천하는 것이 가능하다고 믿지 않는다. 그러나 여성주의 가치에 동의하지 않는 사람들이나 여성주의자가 된다는 것의 의미를 탐색해 보지 않은 사람들도 여성주의상담 기술을 사용하고 비성차별적 상담이나 젠더 고정관념에서 자유로운 효과적인 상담을 제공할 수 있다. 우리는 여성주의상담을 배우는 것이 여성주의상담자가 되는 길로 이끈다고 믿는다. 여성주의상담에 대해 탐색할수록 억압의 존재를 자각하게 될 것이다. 문화의 권력과 특권을 이해하게 될 것이고, 특히 지배 문화는 자신과 같은 사람들을 지지하고 돕는 데 그 권력을 쓰지만 자신과 다른 사람들에게 해를 입히는 데도 자주 그 권력을 사용함을 이해하게 될 것이다. 지배 문화와 결이 다른 사람들은 자주 정신건강과 정서적 성장에 해로운 억압적 상황에 살게 된다는 것을 배울 것이다. 여성주의상담을 배운다는 것, 여성주의상담자가 된다는 것은 내담자와 정신건강 임상가 모두를 탈바꿈시키는 경험이다.

여성주의상담자로 존재한다는 것은 심리적 스트레스의 원인이 개인적인 것보다는 맥락적임을 믿는다는 뜻이다. 상담자 스스로 개인적인 것과 정치적인 것의 연결을 만든다는 의미이다. 그것은 남성과 여성이 된다는 의미, 젠더화된 행동, 관계, 권력, 억압, 문화적 가치에 대한, 당신이 속한 문화의 정의를 무의식적으로 수용하지 않았는지 확인하기 위해 당신의 믿음과 가치를 꼼꼼하게 지속적으로 검토한다는 의미이다. 물론 쉬운 일이 아니다. 각성이 필요하다. 지배 문화의 가치와 믿음은 은밀하게 강하다. 여성주의상담자가 된다는 것은 세상에 존재하는 한 방식이고, 정신건강 임상가로서 내담자를 옹호하는 변화를 살아내는 데 필요한 연결을 만들게 해주는 일련의 믿음을 갖는 것이다. 그것은 사회 변화의 동력이 된다는 의미이다. 여성주의상담자가 된다는 것은 임상가로 활동하다가 상담실 문을 닫고 나온 후에는 (여성주의자가 아닌) 다른 사람이 될 수 없음을 의미한다. 그것은 당신 삶의 모든 면에서 일관된 믿음을 가지려고 노력함을 의미한다. 여성주의상담자로 존재한다는 것은 매일, 매시간, 매분 최선을 다해 당신의 말을 실제로 살아냄을 의미한다.

결론적으로 여성주의상담은 여러 면에서 다른 심리치료와 다른 독특한 면이 있다. 여성주의상담은 그 뿌리가 전문적 직업 밖의 영역인 풀뿌리 사회정치적 운동에 있는 몇 안 되는 심리치료 중 하나이다(Brown and Brodsky, 1992). 그것의 중심적 특징은 인간 문제의 범위에서 내적이고 심리적인 세계와 외적이고 사회적인 세계 사이의 연결을 인식하는 것이다(Brown, 1994; Chaplin, 1988). 부가적으로 여성주의상담은 치료에 권력 이슈를 가져왔고 정신건강의 정의를 가져왔다(Marecek and Kravitz, 1988). 또한 여성주의상담이 다른 상담과 구별되는 점은 개인적인 변화와 사회적인 변화 모두에 초점을 맞춘다는 점이다(Greene, 1994). 시민을 약화시키고 억압하는 사회를 변화시키려는 여성주의상담의 결단은 이 상담이 모든 내담자에게 적용된다는 증거이다. 여성주의상담은 훌륭한 상담이다.

여성주의상담을 이해하는 데 필수적인 정의

가부장제: 가부장제를 뜻하는 영어 patriarchy의 어원은 '아버지들의 지배'를 의미하는 라틴어 파트리(patri)이다. 가부장제는 한 개인 남성을 가리키는 것이 아니라 미국 문화나 사회 제도를 가리킨다. 미국의 정부, 법, 관습은 가부장적인데, 왜냐하면 이 구조들 안에서 권력을 가진 지위의 사람들은 대체로 남성이고 권력의 초점은 기존 질서의 유지이기 때문이다.

산 경험: 심리적 안녕에 잊을 수 없는 흔적을 남기는 개인의 실제적인 매일매일의 경험을 의미한다.

풀뿌리 운동: '사람들의 또는 사람들이 관련된'이라는 뜻으로 사회나 조직의 보통 사람을 의미한다. 변화는 정부나 그 지도자로부터가 아니라 아래로부터, 보통 사람들로부터 온다. 변화는 사람들이 자신의 삶을 보다 낫게 하려고 자신의 경험을 토론하기 위해 모이는 데서부터 나오고, 제도를 변화시키려는 조직을 통해서 나온다.

새로운 여성심리학: 1976년 이래로 여성을 중심에 놓고 여성의 심리적 발달과 산 경험을 이해하려는 작업의 내용을 가리킨다. 이 작업은 정신건강에 대한 이해를 남성 모델에서 찾는 것이 아니라 여성과 여성의 경험을 중심에 놓고 여성을 이해하는 것을 추구한다.

정치적 분석: 다른 사람의 경험과 삶을 명명하고, 정의하고, 통제하는 권력을 가진 사람들을 명시하는 것과 관련된다. 이런 종류의 분석은 자신의 개인적 경험이 어떻게 사회 구조와 법 등에 의해 구성되는지를 개인이 이해하는 것을 돕는다.

3장

여성주의상담과
여성주의 심리치료에서의
윤리와 가치

●●●●●

정신건강 임상가를 위한 윤리적 관심사와 전문적 행동 기준에 관한 책과 비디오, 워크숍은
아주 많다. 철학적이고 학문적인 관점에서 여성주의와 다른 관련된 심리적 윤리에 관한 심도
있는 뛰어난 논문들이 있는데, 이를 읽어볼 것을 적극 추천한다(Brabeck, 2000; Kitchner,
1996; Meara, Schmidt and Day, 1996 참조). 그러나 이 장은 여성주의상담에 적용된 윤리에
초점을 맞춘다. 일차적 초점은 우리가 여성주의상담 실천과 여성주의상담 윤리를 검토하고
종합했듯이 실제적인 것이다. 목표는 당신이 여성주의 관점에서 당신의 직업윤리와 전문직의
기준을 적용하고 이해하게 하는 것이다. 우리는 당신 자신과 직업에 대해 가지고 있는 가치관
과 세계관 그리고 어떻게 그것들이 당신의 윤리적 의사 결정에 영향을 미치는지에 관해 자각
하고 검토할 필요성을 당신에게 심어주고 싶다. 윤리에 대해 배우고 윤리적 결정을 내리는
과정 내내 공식적인 윤리 원칙을 고수하는 것은 반드시 적극적이고 사려 깊으며 더불어 창의
적인 접근 방식으로 완화되어야 함을 기억해야 한다(Pope and Vasquez, 2007). 이것은 모든
임상가에게 맞는 말이지만, 여성주의 임상가에게는 더 강화된 의미를 가지는데, 왜냐하면 윤
리적인 상담자뿐만 아니라 윤리적인 여성주의자가 되는 데에는 부가적인 책임이 있기 때문이
다. 이 장에서 당신은 여성주의 윤리와 가치 그리고 더 전통적인 접근 사이의 차이와 유사성에
대해 알게 될 것이다. 윤리와 가치를 어떻게 구별하는지를 배우게 될 것이고, 무엇이 여성주의
윤리를 실제에서 '여성주의적'으로 만들게 하는지를 생각하게 될 것이다. 당신은 또한 여성주

의 의사 결정하기에 대해 배울 것이고 여성주의 관점에서 윤리적 딜레마를 생각할 기회를 가질 것이다.

윤리와 정신건강 전문가

윤리 지침은 전문직 종사자들이 명예를 위해 따라야 하는 일련의 원리이다. 그것은 법이나 도덕이 아니다. 정신건강 임상가로서 우리는 우리 직업의 윤리 지침을 분명하게 표현하고 이행하도록 배웠다. 저명한 전문직 조직들

전문직 조직과 윤리 지침

전문직 조직과 그 웹사이트를 일부 소개한다. 윤리 지침은 웹사이트에서 볼 수 있다.

- 미국결혼가족치료학회(American Association for Marriage and Family Therapy: AAMFT) 윤리 지침(2001) http://www.aamft.org
- 미국상담학회(American Counseling Association: ACA) 윤리 지침(2005) http://www.counseling.org
- 미국정신건강상담자학회(American Mental Health Counselors Association: AMHCA) 윤리 지침(2001) http://www.amhca.or
- 미국정신의학회(American Psychiatric Association: APA) 특별히 정신 의학에 적용할 만한 주석이 달린 의학 윤리의 원리 http://www.psych.org
- 미국심리학회(APA) 심리학자 윤리 원리 및 행동 지침(2002) http://www.apa.org
- 캐나다심리학회(Canadian Psychological Association: CPA) 윤리 지침 3판(2005) http://www.cpa.ca
- 전국사회복지사학회(National Association of Social Workers: NASW) 윤리 지침(1999) http://www.naswdc.org

웹사이트 주소는 자주 바뀐다는 점을 염두에 두기 바란다. 그러나 이 조직들은 윤리 지침을 온라인에 공개하므로, 지침을 발견할 수 없다면 학회의 웹사이트를 찾아보기 바란다.

로는 미국상담학회(ACA, 2005), 미국심리학회(APA, 2002a), 캐나다심리학회
(CPA, 2005), 미국결혼가족치료학회(AAMFT, 2001), 전국사회복지사학회(NASW,
1999)가 있는데, 모두 회원을 위한 행동 기준을 발표했다. 전문직 조직의 회
원이 된다는 것은 그 조직의 윤리적이고 전문적인 기준을 준수하겠다고 동
의하는 것이다(Fisher, 2003).

윤리 지침은 (a) 전문직의 세계관에 대한 교육, (b) 우리 자신과 타인에 대
한 직업적 책임, (c) 이 영역에서의 다양한 이슈들에 대한 지속되는 비판적
사고라는 세 가지 기능을 한다.

만일 구체적인 윤리적 질문에 대한 답을 얻으려고 전문직 조직에 접근한
다면, 좌절하기 십상이다. 몇 가지 예외를 제외하고 윤리 지침은 구체적인
금지보다는 폭넓은 일반성을 가지는 경향이 있다. 윤리 지침은 임상가가 내
담자를 대하는 행동에 대한 직업적 포부를 대변한다. 예를 들어, 미국심리학
회, 캐나다심리학회, 미국상담학회의 지침은 내담자와의 성적 관계나 연애
관계를 명백하게 금지한다. 이런 관심사에 대한 가이드라인은 매우 구체적
이다(APA, 2002a: 윤리 기준 10.08; ACA, 2005: 윤리 기준 A.5.a, A.5.b 참조). 하지
만 다른 윤리적 딜레마에 대해서 지침은 임상가에게 무엇을 하라거나 어떻
게 하라고 항상 구체적으로 말하지는 않는다. 판단이나 윤리적 의사 결정은
임상가의 몫이다. 예를 들어, 미국상담학회 윤리 지침(ACA, 2005)은 만일 "직
업에 의한 것이 아닌 교류가 내담자에게 혜택이 될 잠재성이 있을 때" 내담
자나 이전 내담자와 성적인 것이 아닌 관계나 연애가 아닌 관계를 가질 수
있다고 말한다. 무엇이 혜택이 될 잠재성이 있는지에 대한 결정은 상담자의
몫이다. 윤리 지침이나 전문직의 행동 기준을 적용하는 데에는 적절한 판단
과 결정이 수반되어야 하므로, 이를 인식하고 많은 지침은 건전한 윤리적 의
사 결정의 중요성을 강조한다. 캐나다심리학회(CPA, 2005)는 윤리적 의사 결

정의 필요성을 말하는 것을 넘어 지침의 일부로 의사 결정의 단계를 서술한다(글상자에 있는 '윤리적 의사 결정' 참조). 미국상담학회는 다음의 의사 결정 원리를 지지한다(Forester-Miller and Davis, 1996).

1. 문제를 확인한다.
2. 미국상담학회 윤리 지침을 적용한다.
3. 딜레마의 성질과 차원을 결정한다.
4. 가능한 행동 방침들을 생각해 낸다.

윤리적 의사 결정

캐나다심리학회(CPA, 2000)

다음의 기본적 단계는 윤리적 의사 결정에 대한 전형적인 접근이다.

1. 결정에 따라 영향을 받을 개인과 집단을 확인하라.
2. 윤리와 연관된 이슈와 실천을 확인하는 데 관련된 개인과 집단, 그 안에서 윤리적 문제가 발생한 제도나 상황의 이익, 권리, 연관된 다른 특성들을 확인하라.
3. 개인적인 편견, 스트레스, 이해관계가 행동 방침의 개발 또는 행동 방침 간의 선택에 어떻게 영향을 미쳤을지 생각하라.
4. 대안적인 행동 방침을 개발하라.
5. 각 행동 방침이 관련된 개인(들)과 집단(들) 또는 영향을 받을 만한 대상들(예를 들어, 내담자, 내담자의 가족, 피고용인, 고용 기관, 학생, 연구 참여자, 동료, 학문, 사회, 자기 자신)에 줄 단기간의, 지속적인, 장기간의 예상되는 위험과 혜택을 분석하라.
6. 기존의 원칙, 가치, 기준을 양심적으로 적용한 후에 행동을 선택하라.
7. 행동의 결과에 따르는 책임을 질 각오로 행동하라.
8. 행동의 결과를 평가하라.
9. 행동의 결과에 대한 책임을 지고, 만일 여기에 부정적인 결과가 있다면 수정하고 윤리적 이슈가 해결되지 않았다면 결정 과정을 다시 거치라.
10. 그 딜레마가 미래에 발생하는 것을 막는, 보장되고 실현 가능한 적절한 조치를 취하라.

5. 모든 선택지의 잠재적 결과를 생각하여 행동 하나를 선택한다.

6. 선택된 행동을 평가한다.

7. 행동을 한다.

미국과 캐나다 심리학회 둘 다 윤리적 결정의 훌륭한 예이다. 그들은 임상 가에게 윤리적 이슈나 관심사를 확인하고, 이슈를 해결함으로써 누가 영향을 받을지를 생각하고, 행동 윤리 지침을 주의 깊게 읽고 적용하고, 행동 방침을 결정하기 전에 대안을 생각하고, 실행하기 전에 행동 방침을 평가하라고 요청한다. 그러나 여성주의상담의 기본 원리를 언급하지는 않는다. 정치적이고 문화적인 관심사를 언급하지 않고, 상담 관계 안에서 평등을 위해 노력하고 윤리적 의사 결정에 내담자를 참여시키라고 말하지 않는다. 윤리적 의사 결정의 전통적 모델은 "무엇이 해로움이고 무엇이 인간 복지인지에 대한 감각에 합의가 있고, 이런 원리에 대한 판단이 개인적이고 사회적인 맥락에 영향을 받지 않는다"라고 가정한다(Hill, Glaser and Harden, 1998: 104). 여성주의상담자에게 윤리적 의사 결정은 더 복잡하다. 예를 들어, 상담자는 내담자와의 관계에서 권력의 평등을 위해 노력하고, 권력이 평등하지 않다는 것을 인식하고, 윤리적 결정을 했을 때 상담자가 책임을 져야 한다는 것을 이해하면서 내담자를 결정 과정에 참여시키기 위해 노력한다. 이 장 후반에 있는 〈표 3.2〉에서 여성주의 윤리적 의사 결정 모델을 제시한다(Hill, Glaser and Harden, 1998).

가치와 여성주의 윤리

임상가는 윤리적 행동에서 최소한의 오류만 범하려고 노력한다. 윤리적 지침의 공통 요인은 정신건강 임상가들이 비악행(무엇보다 해를 끼치지 말라)과 선행(최대의 선을 위해 노력하라)의 윤리적 원리를 지지한다는 것을 보장한다. 그것은 우리 전문직의 토대가 된다. 여기에 더해 여성주의자 임상가는 부가적인 윤리적 책임을 진다. 임상가는 내담자의 강점을 인식하고, 권력강화를 격려하고, 평등주의와 가치 다양성을 위해 작업하고, 좀 더 정의로운 세상을 창조하는 방식으로 내담자의 성장을 촉진하기 위해 노력한다. 이런 여성주의 가치들은 여성주의상담과 치료에 반영된다.

가치란 정서적인 투자를 하는 이상(ideal)이다. 가치는 선하다고 여기는 믿음이고, 전문인으로서나 개인적으로나 임상가의 행동을 인도한다. 임상가는 개인적 믿음 체계를 존중하면서 전문직의 가치와 믿음에 따라 살려고 노력한다. 언급된 대로 윤리 지침과 행동 기준은 개인의 가치와 윤리적 의사 결정 과정을 통해 해석된다.

전문직의 가치와 믿음

정신건강 임상가 개개인의 전문가로서의 가치 체계에 따라 윤리 지침이 제정되고 결정이 만들어지는 데는 차이가 있다. 예를 들어, 고전적인 방식으로 훈련받은 정신분석 치료자는 환자가 더 활동적이고 덜 우울해지는 방법에 대해 지시하려고 환자와 직접 상호작용하는 것이 해롭다고 여길 수도 있다. 반면에, 인간 행동의 사회 학습 모델과 변화의 인지행동 원리를 고수하는 상담자는 우울증에 대한 정보와 기분을 개선하고 변화하는 기술을 지시하거나 전하지 않는 것을 해롭다고 여길 수도 있다. 그래서 미국심리학회의 선행과 비악행이라는 윤리적 원리(APA, 2002a)와 미국상담학회의 해를 피하고 가치를 부과하는 윤리적 가이드라인(ACA, 2005)은 "무엇보다 해를 끼치지 말라"라는 일상적인 말로 언급되는 개념인데, 자신이 사용하는 상담 이론을 근거로 임상가마다 다르게 해석할 수 있는 것이다.

윤리적 원리는 조직이 제시한 행동 지침이다. 그것은 우리가 열망하는 (선행과 다문화적 감수성 같은) 다양한 철학적 가정들에 근거한다. 윤리적 원리가 어떻게 해석되는지는 개인의 훈련, 문화, 배경에 달려 있다. 어떤 사람들은 이 관점은 윤리적 원리에 대한 상대적 견해를 승인하는 것이고 윤리적 원리가 도출된 철학을 따라가는 것이 아니라고 주장할 수 있다. 그러나 여성주의 상담자로서 우리는 이것이 상대주의가 아니라 훈련, 문화 배경이 상담자의 철학적 가정에 어떻게 영향을 끼치는지를 깊게 이해하는 것이라고 주장한다.

개인적 가치와 믿음

윤리적 원리 해석에 영향을 주는 임상가의 이론적 지향에 더해, 앞서 말한 대로 개인적 가치 체계가 윤리적 입장에 영향을 끼친다. 문화와 배경에 따라 개인적 가치 체계가 다르다는 것은 임상가들(clinician) 각자의 상황에서 관찰할 수 있다. 윤리와 가치를 논의할 때 우리는 미국심리학회의 심리학자 윤리 원리 및 행동 지침(APA, 2002a)과 미국상담학회의 윤리 지침(ACA, 2005)이 정신건강 전문가의 가치를 반영한다는 것을 기억할 필요가 있다. 우리 전문직의 근본적인 가치는 풍요롭고도 확고한 서유럽의 철학적 사고에서 나왔다. 그러나 우리는 동등하게 풍요롭고도 확고한 다른 문화적 가치에도 주의를 기울여야 한다. 우리는 전문가로서 개인으로 우리가 가진 문화적 그리고 하위문화적 이해와 가치를 내담자와의 관계에 가지고 간다. 마찬가지로 내담자는 자신의 문화와 하위문화를 상담 관계에 가져온다. 이것은 여성주의상담 윤리 원리의 본질적인 구성 요인이다. 다른 가치 체계의 예로 결혼을 생각해 보자. 결혼은 문화적 함축을 가지고 있다. 누군가에게는 영원하고, 영적이거나 종교적인 결단이다. 다른 사람에게는 사회적 계약이다. 또 어떤 사람에게는 주로 동반자적 관계이거나 경제적 이유를 가진 것이다. 또 다른 사람에게 결혼이란 성적 관계를 정당화하고 아이를 낳기 위해 존재한다. 결혼의 가치는 개인마다, 문화마다, 국가마다 다르다. 결혼은 남성과 여성 사이의 신성한 결단으로 돌이킬 수 없다는 강한 믿음을 가진 임상가는, 결혼을 두 사람 사이의 사회적 또는 법적 합의로 여겨 한쪽이 불행하면 재협상하거나 끝낼 수 있는 합의라고 보는 임상가와는 결혼 상담을 다르게 접근할 것이다. 여성주의상담자는 자신의 가치와 믿음 그리고 정신건강 전문가의 윤리 사이에서 균형을 잡고 통합해야 한다.

여성주의상담의 가치와 믿음

1장에서 언급한 대로 여성주의상담은 여성주의 철학과 여성의 경험을 존중하는 정치적 입장에서 나왔다. 이 계보는 정신건강 전문직에서 여성주의상담에 독특한 윤리적 관점을 부여한다. 이 철학은 평등주의적 관계와 사회 정치적 행동의 의무화 같은 개념을 지지한다. 이런 가치와 믿음은 무엇이 치료인지와 무엇이 치료적인지에 대한 주류 관점이나 전통적 관점과 갈등을 일으킬지도 모른다. 예를 들어, 당신의 사적 경험을 내담자와 공유하는 것이 치료적인가? 치료가 문화 중립적인 일인가? 우리는 새로 생기는 많은 이론적 관점이 이런 이슈들을 고려하고(예를 들어, 사회 정의 관점) 최근에 전문직의 윤리 지침이 이런 변화를 언급한다는 것(ACA, 2005; APA, 2002a; NASW, 1999 참조)을 알고 있다. 그러므로 우리는 무엇이 여성주의상담의 윤리적 의사 결정을 구별되게 하는지를 생각해야 한다. 무엇이 여성주의상담 윤리를 여성주의적으로 만드는가?

여성주의의 윤리적 입장: 여성주의상담 연구소 윤리 지침

여성주의상담 연구소(Feminist Therapy Institute: FTI)는 1983년에 설립된 북미(캐나다와 미국) 조직으로 전문 학회인데, 목표는 경력 있는 여성주의상담자를 지지하고 여성주의상담 교육과 훈련을 제공하는 것이다(FTI, 2008). 25년 이상 여성주의상담 연구소는 여성주의 임상가(practitioner)를 위해 여성주의상담 중고급 훈련과 여성주의상담 관련 많은 문헌을 제공했다. 여성주의상담 연구소의 첫 번째 과제 중 하나는 여성주의상담 윤리 지침(Feminist Therapy Code of Ethics)을 개발하는 것이었다. 이 지침은 1980년대 말에 최초로 출판되었고 1990년에 개정되었다. 여성주의상담 윤리 지침(FTI, 1999)은 여성주의상담자가 종사하는 전문직에 깊이와 실체를 부가하려는 의도로 만들어졌다(Haxhurst, 2009). 2009년 말 여성주의상담 연구소 기획 위원회와 회원은 여성심리학회(Association for Women in Psychology: AWP)의 회원이 되기로 결정했다. 여성주의상담 연구소의 자매 조직인 여성심리학회는 "여성주의 심리학 연구, 이론, 활동을 지지하는 데 투신한 비영리 과학과 교육 조직이다 ……[그것은] 여성주의자로서 차이를 긍정하고 축하하고, 도전을 심화하고, 성장을 경험하는 역사를 가진 조직이다"(AWP, 웹사이트 첫 문단). 여성주의상담 연구소의 작업은 이제 여성심리학회의 여성주의상담 임상과 이슈 위원회(Feminist Therapy Practice and Issues Committee)의 일부가 될 것이다. 여성주의상담 윤리 지침은 여성주의상담 연구소 웹사이트(www.feminist-therapy-institute.org)에서 찾을 수 있다. 윤리 지침은 곧 여성심리학회 웹사이트(www.awpsych.

org)에 실릴 것이다.

여성주의상담 윤리 지침(FTI, 1999)은 여성주의상담을 차별화하는 윤리적 고려의 다섯 가지 영역을 확인한다. 이 영역들은 여성주의 임상가의 윤리적 지침을 대치하는 것이 아니라 부가적인 것으로 본다. 언급된 대로 그것은 우리의 윤리적 입장에 여성주의적 깊이와 실체를 부가한다(〈표 3.1〉 참조). 다섯 가지 영역은 다음과 같다(FTI, 1999).

1. 문화적 다양성과 억압
2. 권력 차이
3. 중첩된 관계
4. 상담자의 책임
5. 사회적 변화

이 영역들은 다음과 같은 주요 정신건강학회의 지침에서 확인한 윤리적 관심사나 윤리적 책임 영역을 반영한다.

미국심리학회(APA, 2002a) 일반적 원리
- 원리 A: 선행과 비악행
- 원리 B: 성실성과 책임성
- 원리 C: 통합성
- 원리 D: 정의
- 원리 E: 인간의 권리와 존엄성의 존중

미국상담학회(ACA, 2005) A-H절

- 절 A: 상담 관계
- 절 B: 비밀, 비밀 정보, 사생활
- 절 C: 전문적 책임성
- 절 D: 다른 전문가와의 관계
- 절 E: 평가, 총평, 해석
- 절 F: 슈퍼비전, 훈련, 강의
- 절 G: 연구와 출판
- 절 H: 윤리적 이슈 해결

전국사회복지사학회(NASW, 1999) 핵심 가치

- 서비스
- 사회 정의
- 인간의 존엄성과 가치
- 인간관계의 중요성
- 통합성
- 유능

이런 원리들을 비교할 때, 여성주의 철학에서 나온 윤리적 지침과 그렇지 않은 지침 사이의 차이와 유사성을 인식하게 된다. 잠시 당신에게 중요한 학회와 그 학회가 가치나 입장에 어떻게 우선순위를 매기는지 생각해 보라. 여성주의상담 연구소가 개인적인 것은 정치적인 것이라는 여성주의 원리를 강조하고 있음을 알아챌 것이다. 다른 지침과 달리 권력의 자각, 억압, 사회적 행동 개입에 대한 강조가 함축적인 것이 아니라 명시적인 것임을 알 수 있다.

또한 여성주의상담 연구소의 윤리 지침(FTI, 1999)은 부가적인 의미임을 기억하라. 다음 장을 읽으면서 여성주의상담 연구소 지침(〈표 3.1〉 참조)의 원리와 가치가 당신의 일차적 학회의 지침과 어떻게 통합될 것인지를 생각해 보라.

여성주의상담 윤리 지침(FTI, 1999)은 주요 정신건강 전문 학회의 서문과 유사한 내용의 서문으로 시작하여, 윤리적 원리나 관심사로 구성된 일련의 가이드라인으로 이어진다(〈표 3.1〉 참조). 여성주의상담 윤리 지침 서문은 대부분의 윤리 지침과 마찬가지로, 비악행과 선행이라는 개념에 대한 기본적인 믿음을 선언한다. 지침은 "내담자의 복지가 지침의 기본 원리이다"라고 선언한다. 그러나 개인적인 것은 정치적인 것이라는 여성주의 개념에 대한 헌신은 서문 속에 들어가 있다. 내담자의 복지(개인적인 것)와 사회정치적인 맥락(정치적인 것)에 대한 고려는 여성주의상담 연구소의 윤리 지침을 말해준다. 여성주의상담 연구소 지침과 다른 지침 간의 주요 차이는 (a) 사회정치적인 맥락 내에서의 내담자에 대한 여성주의상담 연구소의 강조, (b) 권력 분석의 사용, (c) 상담 관계에 영향을 끼치는 편견과 억압에 대한 지속되는 상담자의 자기 점검의 중요성이다. 사회정치적인 맥락은 중요하다는 믿음에 맞춰, 서문은 여성주의상담 윤리 지침은 북미 사회정치적 세력에 의해 형성되었다는 것과 편견과 억압을 다룰 때 이것을 고려해야 한다는 것을 구체화시켰다.

여성주의상담 윤리 지침(FTI, 1999)에 언급된 윤리적 실천의 첫 번째 가이드라인은 **문화적 다양성과 억압**을 다루고 있다. 이것은 자신의 문화에 있는 편견에 대한 여성주의상담자의 자각을 가리킨다. 여성주의상담자는 모든 형태의 억압 상담자가 어떻게 억압의 영향을 받는지, 억압이 어떻게 내담자의 복지에 영향을 끼치는지를 고려해야 할 윤리적 책임을 진다. 가이드라인은 상담자가 자신의 편견을, 억압에 대한 자각을, 치료 작업을 할 때 권력의 사

표 3.1　여성주의상담 윤리 지침

서문

여성주의상담은 여성주의 철학, 심리학적 이론과 임상, 정치 이론에서 진화했다. 특히 여성주의상담은 상담에 가져오는 문제와 이슈를 만들거나 유지하는 데 끼치는 사회의 영향을 인식한다.

간략하게 말해서, 여성주의자는 개인적인 것은 정치적인 것이라고 믿는다. 여성주의의 기본 원리는 모든 인간의 동등한 가치에 대한 믿음, 각 개인의 개인적 경험과 상황은 사회의 제도화된 태도와 가치의 반영이며 동시에 사회에 영향을 끼친다는 인식, 사람들 사이의 권력을 평등화하는 정치적이고 사회적인 변화에 대한 헌신을 포함한다. 여성주의자는 억압적인 사회적 태도와 사회에서 서서히 퍼지는 영향과 해로운 결과를 인식하고 감소시키는 데 전념하고 있다.

그래서 여성주의 분석은 권력과 젠더, 인종, 문화, 계층, 신체 능력, 성적 지향, 연령 그리고 반유대주의의 상호 연결성뿐만 아니라 종교, 민족, 전통에 기반한 모든 형태의 억압에 대한 이해를 다룬다. 여성주의상담자 또한 같은 영향과 효과 속에 살며 그것에 예속되어 있어 그런 영향의 결과인 자신의 믿음과 행동을 지속적으로 점검한다.

여성주의상담자는 상담자, 교육자, 자문인, 행정가, 작가, 편집인, 연구자로서의 자신의 작업의 모든 영역에서 여성주의 분석을 고수하고 통합한다. 여성주의상담자는 그런 역할에서 권력 차이를 관리하는 데 책임이 있고 권력에 대한 책임을 수용한다. 인간의 기능에 대한 전적인 심리 내적인 모델의 한계 때문에 여성주의상담자는 내담자의 내적 세계와 외적 세계 간의 상호작용의 효과에 대한 이해를 촉진한다. 여성주의상담자는 여성 심리와 소녀 심리에 대한 지식이 있고, 여성주의 학문적 연구를 활용하여 새로운 지식이 생기는 대로 통합하면서 이론과 실제를 수정한다.

여성주의상담자는 다양한 학문, 다양한 이론적 지향, 다양한 등급의 구조에서 훈련받는다. 그들은 다른 문화적, 경제적, 민족적, 인종적 배경을 가지고 있다. 그들은 여러 가지 유형의 환경에서 다양한 내담자와 작업하고, 다른 양식의 상담, 훈련, 연구를 실천한다. 여성주의상담 이론은 인간 발달과 변화에 대한 다른 이론에 여성주의 원리를 통합한다.

아래에 있는 윤리적 가이드라인은 여성주의상담자가 임상을 하는 전문직의 윤리적 원리를 대치하는 것이 아니라 그것에 부가하는 내용이다. 다양성 속에서 여성주의상담자는 여성주의 분석과 관점으로 연대한다. 나아가 그들은 적절할 때 기존의 전문적 기준에 여성주의 원리를 통합하는 방향으로 작업한다.

여성주의상담자는 경쟁 세력과 복잡하고 통제하려는 이해관계 속에서 살고 임상을 한다. 정신건강 돌봄에 비용을 지불하는 제3자가 개입될 때 단기 상담과 장기 상담을 포함하여 내담자를 위한 최선의 치료 과정을 옹호하는 것이 여성주의상담자의 책임이다. 내담자에 대한 돌봄과 연민에는 비밀 보장과 경제적·정치적 고려 사항의 영향(비용을 지불하는 제3자의 유무에 따라 받을 수 있는 치료적 돌봄의 질에 차이가 있는 등)에 대한 자각도 포함된다. 여성주의상담자는 내담자의 삶에서 억압 제거라는 능동적인 입장을 가정하고 여성과 소녀를 권력강화하는 것을 목표로 작업한다. 상담자들은 개인적 차이를 존중하고, 자신의 가치 체계와 내담자의 가치 체계에 억압적인 면이 있는지를 검토한다. 여성주의상담자는 사회 변화를 위한 활동에 참여하는데, 그러한 활동은 넓게 정의하여 전문직의 일 밖의 것이고 그 일과 분리된 활동이다. 그런 활동은 범위와 내용에서 다양할 수 있지만 여성주의 관점에서는 본질적인 면이다.

이 지침은 여성주의상담의 임상, 훈련, 연구를 위해 가이드라인을 제공하는 일련의 긍정 형태의 명제들이다. 다른 전문직 조직의 회원인 여성주의상담자는 그 조직의 윤리적 지침을 고수한다. 그런 조직의 회원이 아닌 여성주의상담자는 자신의 임상 양식에 가장 가까운 조직의 윤리적 가이드를 따른다.

아래의 명제들은 맥락상 그리고 대부분의 윤리 지침의 연장으로서 더 구체적인 가이드라인을 제공한다. 윤리적 가이드라인들이 충돌할 때, 여성주의상담자는 선택의 우선순위를 정하는 데 있어 자신이 책임을 진다.

따라서 이 윤리적 가이드라인은 여성주의상담자, 여성주의 교육자와 연구자가 자신의 전문적 환경에서 발견한 특별히 중요한 이슈들에 초점을 맞춘다. 다른 모든 상담 윤리 지침과 마찬가지로, 내담자의 복지가 이 지침의 밑바탕이 되는 기본 원리이다. 내담자의 복지에 직접적으로 관련된 여성주의상담 이슈는 문화적 다양성과 억압, 권력 차이, 중첩된 관계들, 상담자의 책임, 사회적 변화이다. 원리들은 따로 서술되었지만, 서로 각기 접점을 이뤄 상호 의존적으로 전체를 형성한다. 나아가 지침은 살아 있는 문서로 지속적으로 변화의 과정에 있다. 여성주의상담 연구소 윤리 지침은 북미의 경제적·문화적 세력과 회원의 경험을 통해 만들어졌다. 회원들은 여성주의 이슈와 윤리적 이슈에 관한 지속적인 국제적 대화를 지지하고 응원한다. 윤리적 지침이란 열망의 표현이고, 윤리적 행동이란 반사적인 이분법이 아니라 연속선상에 있음을 인식한다. 게다가 윤리적 가이드라인과 법적 요구 사항은 다를 수 있다. 여성주의상담 연구소는 회원들에게 징계 조치보다는 교육적 개입을 제공한다.

여성주의상담자를 위한 윤리적 가이드라인

I. 문화적 다양성과 억압

A. 여성주의상담자는 자신과 동일하거나 다른 정체성을 가진 다양한 내담자가 상담을 필요로 할 때 유연한 방식을 통해 상담에 쉽게 접근할 수 있도록 접근성을 높여야 한다. 필요하다

면 내담자가 다른 서비스에 접근할 수 있도록 돕고, 내담자가 권리를 침해받았다면 개입한다.

B. 여성주의상담자는 자신의 민족, 문화적 배경, 성별, 계급, 나이, 성적 정체성이 갖는 의미에 대해서 인식하고 내담자 외의 다른 출처를 통해 다른 경험들에 대한 지식을 쌓도록 적극적으로 노력한다. 사회적 다수 혹은 소수에 속하는 다른 민족과 문화적 경험에 대한 지식을 넓히기 위해 적극적으로 활동한다.

C. 여성주의상담자는 사회적으로 지배적인 문화를 기준으로 규범이 결정된다는 것을 인식하고, 오랫동안 지속되어 온 문화적 상황 및 최근의 이민과 난민 상황을 포함하여 문화 및 경험적 차이들을 드러내고 존중하는 것을 목표로 한다.

D. 여성주의상담자는 자신의 편견, 차별적 태도 및 그것들이 반영된 상담에 대한 증거를 발견하기 위해 내담자와의 지속적인 상호작용을 평가한다. 상담자는 서비스, 강의, 글쓰기 및 다른 직업적 활동을 포함한 여러 활동에서의 상호작용도 평가한다. 여성주의상담자는 자신의 억압적이고 폄하적인 편견에 직면하며 이를 변화시켜야 하는 책임을 갖고 있다.

II. 권력 차이

A. 여성주의상담자는 상담자와 내담자 사이에 내재된 권력 차이를 인식하고 개인적·구조적·제도적 권력을 효과적으로 사용하는 본보기가 된다. 여성주의상담자가 내담자를 위해 권력차이를 활용할 때에도 내담자가 정당하게 가지고 있는 권력을 통제하지 않는다.

B. 여성주의상담자는 내담자의 상담 과정을 촉진할 수 있는 경우, 타인과 소통한 내용도 포함하여 정보를 개방한다. 상담자는 내담자의 이익을 위해, 목적과 판단력을 가지고 자기 노출을 할 책임이 있다.

C. 여성주의상담자는 지속적이고 상호적인 과정을 통해 내담자와의 공식적·비공식적인 교류에 대해 협상하고 재협상을 한다. 상담자는 이러한 의사 결정 과정의 한 부분으로, 연락과 관련해 상담에 영향을 줄 수 있는 문제에 관해 명백하게 설명한다.

D. 여성주의상담자는 내담자에게 권력관계에 대해 교육한다. 상담자는 차이점을 해결하고 불만 사항을 공식적으로 제기하는 절차를 포함하여 심리치료의 소비자로서 내담자가 가지는 권리에 대한 정보를 제공한다. 상담자는 전문가로서의 역할, 사회/정부 조직, 개인적 관계 등 자신의 삶 속 다양한 영역에서 다양한 형태로 존재하는 권력에 대해 명백하게 설명한다. 상담자는 내담자가 자신을 보호할 수 있는 방법과 내담자가 요청할 경우, 보상을 요구하는 방법을 찾을 수 있도록 조력한다.

III. 중첩된 관계

A. 여성주의상담자는 다양하고 중첩된 관계들 간의 복잡성과 충돌하는 우선순위에 대해 인식해야 한다. 상담자는 내담자를 착취하거나 내담자에게 해를 끼치지 않도록 그러한 관계들

을 감시해야 할 책임이 있다.

B. 여성주의상담자는 지역 사회에 깊이 개입되어 있는 사람이다. 따라서 다양한 상황에서 내담자와의 관계에 대해 비밀을 지켜야 하는 책임이 있다. 여성주의상담자는 내담자의 관심사와 전반적인 복지가 우선이라는 점을 인식하고 공적·사적 진술과 평에 대해 자기 점검을 한다. 지역 사회의 개입을 통해 내담자가 상담자와 동등하거나 더 큰 권위를 갖는 경우처럼 권력 차이가 변하는 상황이 발생할 수도 있다. 모든 상황에서 여성주의상담자는 상담자로서의 책임을 유지한다.

C. 특히 제3자가 상담 비용을 지불하는 경우, 여성주의상담자는 상담자의 다중의 의무, 역할, 책임을 특히 잘 인식하고 내담자에게 그것에 대해 분명하게 소통한다. 기관에 속해 상담을 하는 경우, 여성주의상담자는 그곳에서의 자신의 역할 및 책임에 대해 명백하게 설명한다. 노인이나 어린이 내담자와 상담하는 경우에는 내담자와 보호자의 다양하고 서로 다른 기대에 대해 점검해야 한다.

D. 여성주의상담자는 현재 및 이전의 내담자와 어떤 방식으로도 성적인 친밀감을 나누거나 성적인 행위를 해서는 안 된다.

IV. 상담자의 책임

A. 여성주의상담자는 자기 자신에게, 동료에게 그리고 특히 내담자에게 책임을 다해야 한다.

B. 여성주의상담자는 자신의 능력 범위 안에서 내담자와 계약한다. 만약 자신의 능력을 넘어서는 문제에 부딪힌다면, 이에 대해 자문을 받거나 도움이 될 만한 자료들을 적극 활용한다. 그리고 자신이 받은 훈련의 한계를 말하고 내담자에게 자신과 상담을 계속할지 다른 상담자로 바꿀지에 대한 여지를 줌으로써 내담자와의 관계의 온전성을 존중한다.

C. 여성주의상담자는 자신의 개인적·전문적 욕구를 인식하고, 계속해서 자기 평가, 동료들의 지원, 자문, 슈퍼비전, 지속적 교육, 개인 상담을 활용한다. 상담자는 자신의 정서적, 육체적, 정신적, 영적 건강뿐 아니라 자신의 능력을 평가하고 이를 향상하기 위해 노력한다. 여성주의상담자가 자신의 내담자와 유사한 수준의 스트레스나 어려운 사건을 경험하고 있다면 자문을 받도록 한다.

D. 여성주의상담자는 계속해서 자신의 훈련 정도와 이론적 배경, 여성주의 지식의 발달을 수용하기 위한 연구 활동을 평가한다. 여성주의를 심리학적 이론에 통합하고, 계속해서 상담 교육을 받으며, 자신의 능력의 한계를 인정한다.

E. 여성주의상담자는 상담소 밖에서도 지속적인 방식으로 자기 돌봄 활동을 한다. 상담자는 상담 업무에 내재된 독특한 스트레스뿐만 아니라 자신의 욕구와 취약성에 대해 인식한다. 상담자는 자신과 내담자에게 건강한 방식으로 경계를 설정하는 능력을 드러낸다. 또한 적절하고 자신을 권력강화하는 방식으로 기꺼이 자기 돌봄을 한다.

V. 사회적 변화

A. 여성주의상담자는 대중 교육, 전문가 조직 내에서의 옹호 활동, 법 개정을 위한 로비 활동 및 다른 적절한 활동 등 사회적 변화에 영향을 미칠 수 있는 다양한 길을 모색한다.

B. 여성주의상담자는 내담자 또는 상담자들에게 해를 끼치는 것으로 생각되는 지역의 어떤 움직임에 대해 적극적으로 문제를 제기한다. 상담자는 내담자 스스로가 개입할 수 있도록 조력한다. 필요하다면 특히 다른 상담자들이 해가 되거나 비윤리적이거나 불법적인 행동을 하고 있다고 판단될 때 여성주의상담자 자신이 개입한다.

C. 필요하다면 여성주의상담자는 범죄 행위에 대해 내담자가 인식하도록 격려하고 형사법 체계에 대해 이해할 수 있도록 촉진한다.

D. 여성주의상담자, 교육자, 연구자는 정보 제공을 통제하는 것에 대해 경각심을 갖고, 지배적인 주류 기준을 따르고 사용하도록 하는 압력에 대해 의문을 제기한다. 의사소통의 기술적인 방법이 변하고 발전함에 따라 여성주의상담자는 이러한 발전의 사회경제적 측면에 대해 인식하고, 내담자의 기술 접근 정도에 맞춰 내담자와 소통한다.

E. 여성주의상담자, 교육자, 연구자는 사회적 변화가 끊임없는 세상에서 정치적인 것이 개인적인 것이라는 점을 인식한다.

자료: FTI(1999).

용을 지속적으로 재검토해야 한다고 선언한다. 게다가 가이드라인은 정신건강이란 따로 떨어진 이슈가 아니라 내담자의 사회정치적 위치에 연결된 이슈임을 인정한다. 내담자들은 다른 민족적 배경과 문화적 배경을 가지고 있다. 그들은 다양한 섹슈얼리티와 성적 지향, 신체적 능력과 특성, 사회경제적 지위, 종교와 영적인 관점 등을 가지고 있다. 상담자는 이런 다양성이 문화에 어떻게 위치하는지 자각하는 책임 그리고 억압의 수준과 그 억압이 어떻게 내담자의 복지와 정신건강에 영향을 끼치는지 확인하는 책임을 진다. 정신건강을 일차적으로 개인 안에 중심을 두고 보는 것이 아니라 개인이 어떻게 사회 안에 위치하는지의 결과로 본다.

두 번째 윤리적 가이드라인은 권력 차이에 관련되어 있다. 이 가이드라인은 권력과 상담실 밖의 세상에서의 권력관계가 상담자, 내담자, 상담 과정에 어떻게 영향을 끼치는지를 언급한다. 상담자에게 내담자가 가지고 있는 권력을 통제하지 말라고, 타인과 소통한 내용도 개방하라고, 내담자의 이익을 위해서만 자기 노출을 하라고, 내담자로 하여금 상담을 지속적인 상호 과정으로 참여하게 하라고 지시한다. 상담자는 내담자가 상담에서 소비자임을 깨닫는 것이 중요하다. 여성주의상담자는 치유 과정일 뿐만 아니라 업무적 합의인 상담에서의 법, 윤리, 권력에 대해 내담자를 교육한다. 여성주의상담자는 타인과의 권력관계뿐만 아니라 회기에서의 자신의 권력을 자각한다. 예를 들어, 여성주의상담자는 내담자와 보험 회사와의 관계, 상담료 지불, 진단이 내담자의 최대 이익이 될 수도 있고 되지 않을 수도 있음을 논의한다. 4장과 5장에서 여성주의 입장에서 진단과 개념화를 논할 것이다.

여성주의상담 윤리 지침(FTI, 2008)의 **중첩된 관계**에 대한 강조는 이중 또는 다중 관계에 대한 전통적 개념화와는 조금 다르다. 이중 또는 다중 관계는 내담자-상담자 관계의 역할 외에 상담자가 그 개인과 하나 이상의 다른 역할을 할 때 발생한다. 작은 공동체에서 성적인 것이 아니고 연애가 아닌 다중 역할은 드물지 않다. 당신의 내담자는 그 지역 식당에서 음식을 서빙하는 종업원일 수도 있고, 자녀 학교의 교사일 수도 있고, 같은 헬스 클럽의 회원일 수도 있고, 당신 집에 수리하러 왔던 전기 기사일 수도 있고, 이웃이 아는 사람일 수도 있다. 정신건강 훈련가는 종종 이러한 다중 관계를 피하라는 말을 듣는다. 미국심리학회 기준 3.05(APA, 2002a)는 다중 관계를 언급하며 내담자가 해를 입거나 이용당할 가능성이 있는지를 상담자가 판단하도록 상담자 재량에 맡긴다. 미국상담학회 기준 A.5(ACA, 2005)는 다중 관계 딜레마를 명백하게 말하지 않고 대신 행동을 논하고 임상가에게 내담자에게 잠재적으로 좋지 않은 상담 밖의 관계를 피하라고 지시한다. 주요한 정신건강 전문가 조직이 중첩된 관계에 접근하는 방법에서의 문제점은, 그들은 더 큰 사회정치적 맥락에서의 상담자와 내담자의 위치와 그 위치가 변화와 치유에 어떻게 영향을 끼치는지를 고려하지 않는다는 점이다. 여성주의상담 윤리 지침은 우리가 살고 있는 세상의 복잡성을 인식하고 중첩된 관계들에 대해 말한다. 어떤 관계는 피할 수 없고, 어떤 관계는 피해서는 안 된다.

여성주의상담자를 선택하는 내담자는 종종 상담자와 유사한 조직에 있고 상담자와 유사한 활동을 하는 경우가 있다. 게다가 상담을 진행하는 동안 여성주의상담자는 사회적 행동 참여를 치료와 치유의 기술로 이용할 수도 있다. 그러므로 여성주의상담자는 다른 상담자보다 더 복잡하고 중첩적인 관계를 가질 수 있다. 이것은 사회정치적 환경이 개인에게 해롭고 권력이 불평등하게 분배되는 한, 개인 상담만으로는 내담자가 영속적인 심리적 변화를 성취할 수 없다는 여성주의상담 입장의 결과이다. 그래서 여성주의상담자에게 모든 내담자를 위해 사회적 변화에 참여하라는 것은 윤리적인 필수 사항이다. 여성주의상담자는 지역의 여성 쉼터에서 자원봉사를 할 수도 있고, 내담자가 주도하거나 감독의 위치에 있는 정치 캠페인에서 자원봉사를 할 수도 있다. 여성주의상담 연구소 윤리 지침은 이것을 인식하고 "모든 그런 상황에서 여성주의상담자는 책임을 유지한다"(FTI, 1999)라고 규정한다. 요약하면, 여성주의상담자는 상담실 밖에서 내담자와 상호작용할 때도 내담자와의 상담 관계를 언제나 자각함을 의미한다. 그들은 이런 관계를 회피하지도 않고 자신들의 활동을 축소하지도 않는다. 오히려 그들은 상담실 밖에서 내담자와 상호작용할 때 내담자의 최대 이익을 위해 행동하는 책임을 진다. 여성주의상담자는 신뢰의 치료적 권력을 자각하고 "공적·사적 진술과 평에 대해 자기 점검을 한다"(FTI, 1999).

여성주의상담 연구소 윤리 지침(FTI, 2008)은 또한 제도적이고 구조적인 중첩된 관계를 언급한다. 비용을 지불하는 제3자, 상담자의 고용인, 국가 대행이나 다른 관련된 제도와의 관계는 상담자의 중첩된 관계로 정의된다. 이런 관계에서 상담자는 내담자에게 상담자의 "다중의 …… 역할과 책임"에 대해 분명하게 전달해야 한다. 일차적으로 국고를 지원받는 지역의 정신건강센터에서 일하는 여성주의상담자를 생각해 보라. 그 상담자는 최근에, 예산 삭감 때문에 내담자가 6개월에 개인 상담 6회기만 할 수 있다는 말을 들었다고 하자. 모든 내담자는 집단 상담에 참여해야 한다고 하자. 그 상담자는 두 내담자와 이미 규정을 어겼고, 내담자의 직장 담당자로부터 공식적인 경고를 받았다고 하자. 지역 센터에 대한 여성주의상담자의 책임은 무엇인가? 내담자에 대해서는? 국가에 대해서는? 자신에 대해서는? 다른 내담자에 대해서는 무슨 책임이 있는가? 자신의 내담자와 집단 상담을 같이하는 센터의 내담자들에게는 어떤 책임이 있는가? 이것이 여성주의 의사 결정의 일부 복잡한 질문이다.

여성주의상담자는 상담자가 내담자를 성적으로 이용하거나 성적으로 학대하는 것을 멈추려는 운동의 최전선을 지켜왔다. 여성주의상담자는 내담자나 이전 내담자와 성적 행동을 하거나 치료 관계를 성애화하지 않는다고 여성주의상담 연구소 윤리 지침(FTI, 1999)은 명백하게 진술한다. 다른 윤리적 지침과 비교했을 때, 이것은 강하고 분명한 말이다. 미국심리학회 기준 10.08(APA, 2002a)은 규정하기를, 상담자는 어떤 상황에서도 현재 내담자와 성적 접촉을 하지 않는다고 규정한다. 그러나 어떤 요구 사항이 충족되면 상담 종결 후 2년이나 그 이상의 시간이 지난 후에는 이전 내담자와 성적 관계를 고려할 수 있다고 한다(2017년 기준에도 2년임 - 역주). 미국상담학회 기준 A.5.a와 A.5.b(ACA, 2005)는 이런 이슈를 다룬다. 어떤 요구 사항이 충족되면 종결 5년 후 성적 관계는 고려될 수 있다. 여성주의상담 연구소 윤리 지침은 치료 관계란 특히 강하고 깊은 유형의 관계임을 인식한다. 개인들이 상담 과정을 끝낸 후에도 상담 관계는 남기에, 상담자는 이 점을 자각해야 하고 계속해서 권력의 불균형이 있을 가능성을 자각해야 한다.

네 번째 윤리적 가이드라인은 상담자의 **책임**을 언급한다. 이것은 본질적으로 여성주의상담의 전문성이다. 여성주의상담자는 다른 모든 정신건강 전문가처럼 자신이 유능한 영역 안에서 작업한다. 그들은 전문적인 지식을 끊임없이 보완하고, 교육받을 수 있는 기회를 꾸준히 얻고자 노력한다. 여성주의상담자는 치료의 한계를 단지 인식하는 것이 아니라 오히려 "자신이 받은 훈련의 한계를 말함으로써 내담자와의 관계의 온전성을 존중한다"(FTI, 1999). 비록 관계 안에서 상호성에 대한 강조가 있지만 관계와 내담자의 복지가 우선순위를 가진다.

책임감 있고, 또 여성주의자 전문가로서, 여성주의상담자는 규칙적으로 여성주의, 여성주의 이론, 여성주의상담에서의 새로운 발전에 대한 자각을 점검하고 그것들을 자신의 실천에 통합하려고 한다. 비록 여성주의상담에 대한 공식적 훈련 프로그램은 없지만, 여성주의상담자는 여성주의상담 이론과 실제에 대해 반드시 훈련받아야 한다. 여성주의상담자는 여성주의자이며 상담자이다. 새로운 지식의 최근 동향을 잘 알아두고 그 지식을 이론과 실제에 반드시 적용해야 한다.

여성주의상담 연구소에서 정교화한 상담자의 책임은 두 가지 점에서 보다 전통적인 윤리 지침과 구별된다. 첫째, 자문과 동료 지지에 대한 강조이다. 다른 윤리 지침 역시 슈퍼비전과 자문이 필요하다고 언급하고 있지만, 여성주의상담 연구소는 상담자란(여성주의자든 아니든) 진공 상태에서 일하지 않고 자신이 하는 일에 영향을 받는다고 인정한다. 그것은 자주 상담자의 "정서적, 육체적, 정신적, 영적 복지"에 영향을 주는 어려운 일이다(FTI, 1999: Section IV, Point C). 여성주의의 중심적 구성 요소는 공동체 개념이다. 여성주의상담자는 자신의 공동체를 자문과 슈퍼비전, 지지에 사용하도록 강력하게 권고받는다. 게다가 여성주의상담 연구소 윤리 지침(FTI, 1999)은 여성주의상담자의 자기 돌봄을 우선시한다. 여성주의상담자는 "적절하고 자신을 권력강화하는 방식으로 기꺼이 자기 돌봄을 한다"(FTI, 1999). 이것은 상담 관계의 상호성에 대해 말하는 것이다. 상담자와 내담자는 상담적 만남에서 상호적인 파트너이다. 상담자는 내담자보다 생활에서 문제가 적다고 할 수 없어, 자신의 건강과 복지를 자각해야 한다. 상담자의 문제는 내담자에게 영향을 끼칠 수도 있다. 자기 돌봄 원리는 상담자가 슈퍼비전하는 집단 같은 곳에서도 지켜져야 하지만 상담자가 점심을 먹고, 산책을 하고, 소설을 읽고, 취미 생활을 하고, 친구나 가족과 오후를 즐기는 등의 생활을 할 때도 그 원리는 자명하다. 여성주의상담자도 사람이어서 스스로에게 주는 조언을 받아들일 필요가 있고, 내담자를 대하듯 자신을 대해야 한다.

여성주의상담 연구소 윤리 지침(FTI, 1999)의 마지막 원리는 **사회적 변화**이다. 다른 윤리 지침(ACA, 2005; APA, 2002a; NSWA, 1999 참조)도 사회 정의 이슈에 대해 말하지만, 여성주의상담 연구소 지침은 사회적 행동에 초점을 맞춘다는 점이 독특하다. 이 가이드라인에는 다섯 가지 요소가 있다.

첫째, 상담자는 상담을 사회적 변화를 위한 유일한 기제라고 보지 않는다. 여성주의상담자는 명예를 위해 변화에 영향을 주는 다른 길들을 찾는다. 예를 들어, 전문가 조직 내에서 리더십을 발휘하거나 정신건강 이슈를 위한 로비스트로 활동한다. 여성주의상담자는 불의를 보고 침묵하지 않는다. 이것은 상담실 밖에서도 해당된다. 만일 전문가 동료가 내담자를 학대하거나 내담자와 성적으로 친밀하다는 것을 알게 되면 내담자를 보호하거나 동료를 직면하거나 고발하는 것이 상담자의 윤리적 의무임은 대부분이 분명히 안다. 다른 한편, 만일 상담자가 사는 지역의 소매상이 공동체에 있는 다수의 이민자에게 다른 구성원과 동등한 연봉과 혜택을 주지 않는다는 것을 알게 되면 이것은 내담자와 공동체에도 해로운 것이기에 여기에 대해 무엇인가 행동을 취하는 것도 상담자의 의무이다. 이것은 억압이며 사회적 약자를 늘리고 가난을 부추기는 일이다. 이것은 권력강화시키는 것보다 권력 약화시키는 것이어서, 정의롭지 못하고 불건강한 감정과 존재 방식을 부추기는 사회정치적인 환경을 만든다. 권리의 억압과 미래에 대한 절망은 우울의 원인이다.

둘째, 여성주의상담자는 상담자의 권력 남용을 자각할 때 적극적으로 개입한다. 이런 개입이란 비윤리적이거나 법을 어기는 상담을 하는 상담자를 내담자가 직면하게 돕고, 내담자 스스로 이슈를 해결하도록 돕는 데 초점을 맞추는 것일 수도 있고 여성주의상담자가 적절하게 개입하여 적극적인 행동 모델이 되어주는 것일 수도 있다. 여성주의상담자는 내담자에게 적극적인 역할 모델이 된다.

셋째, 내담자가 법이나 사법 제도와 관련 있을 때, 여성주의상담자는 범죄 행위를 사회정치적 맥락에서 이해하게끔, 특히 권력에 관해 이해할 수 있도록 내담자를 돕는다. 예를 들어, 여성주의상담자는 해당 제도 안에서의 다양한 권력 분석을 포함하는 여성주의 관점에서 형사 사법 제도에 대한 정보를 가지고 있을 것이다. 여성주의상담자는 여성주의 형사 사법 전문가에게 의뢰해 그들에게서 정보를 얻을 수 있는데, 거기에는 변호사, 지지자, 공무원이 포함된다. 따라서 여성주의상담자는 사회정치적 권력에 관해 자신의 내담자에게 정확하게 조언하고 정보를 줄 수 있을 뿐만 아니라, 또한 적절한 여성주의 전문가에게 정보를 주며 의뢰할 수 있다.

넷째, 상담, 강의, 연구에 종사하는 여성주의상담자는 정보의 전파에서 권력 역동을 자각한다. 여성주의상담자는 지식이 획득되는 방식에 대한 지배적 패러다임이 정확하고 완전한지를 자기 자신과 다른 사람들에게 묻는다.

예를 들어, 대중 매체에서는 남성이 여성보다 수학 분야에서 뛰어나다고 말한다. 여성주의상담자는 이 많이 알려져 있는 믿음과 모순되는 연구를 자각하고 있다(Hyde and McKinley, 1997; Spelke, 2005). 여성주의상담자들은 목소리를 높여 다른 사람들이 지배적 패러다임에 저항하도록 돕지만, 그들은 이를 넘어 지배적 패러다임에 내재한 권력의 역할을 이해한다. 그들은 지배적인 문화가 왜 남성이 여성보다 과학과 수학을 더 잘한다는 믿음을 만들고 유지하는 것이 중요한지를 이해한다. 그들은 이 믿음의 사회정치적이고 경제적인 맥락을 자각하고 있다. 마지막으로, 무엇보다도 여성주의상담자는 "사회적 변화가 끊임없는 세상에서 정치적인 것은 개인적인 것"임을 마음에 새기고 있다(FTI, 1999).

여성주의상담 연구소 윤리 지침(FTI, 1999)은 전문가의 윤리적 지침의 부가 사항이다. 이것은 상담자의 전문직 윤리 지침을 대신하는 것이 아니다. 예를 들어, 여성주의 사회복지사로서 당신은 전국사회복지사학회의 윤리 지침을 지킬 것이고 여성주의 윤리적 실천의 다섯 가지 영역을 고려할 것이다. 주 소속이 미국상담학회인 사람들도 여성주의 윤리를 고려할 것이다. 미국심리학회 산하에서 일하는 사람들도 마찬가지이다. 전문가 조직에 속하지 않은 상담자는 자신의 '실천 방식'에 가장 가까운 조직의 윤리 지침을 따르면 된다(FTI, 1999).

사회 정의의 관점

여성주의상담 연구소 윤리 지침(FTI, 1999)은 여성주의상담 연구소의 생산물이어서 연구소의 가치를 반영한다. 다른 저자들은 여성주의와 사회 정의 관점에서 윤리를 말했다. 케네스 포프(Kenneth Pope) 박사와 멜바 바스케즈(Melba Vasquez)는 윤리에 대한 일곱 가지 가정을 확인한다. 이 가정들은 상담자, 치료자, 임상가, 내담자, 그리고 문화 전체에 대한 영향을 언급한다. 이 가정들은 여성주의상담의 기본 원리와 아주 유사하고, 윤리적인 임상가에게 자신을 자각하고, 권력관계를 고려하고, 임상 영역에서 유능하고, 자신과 내담자에 대한 문화의 영향을 이해하라고 강하게 권한다. 이 가정의 내용은 다음과 같다(Pope and Vasquez, 2007: xii~xv).

1. 윤리적 자각은 끊임없는 질문과 개인적 책임이 수반되는 지속적이고 적극적인 과정이다.

2. 윤리 지침과 법적 기준을 자각하는 것은 중요하지만, 공식 지침과 기준이 우리의 윤리적 책임에 대한 적극적이고 사려 깊고 창조적인 접근을 대신할 수는 없다.

3. 과학적이고 전문적인 문헌에서 발전하고 있는 연구와 이론들에 대해 관심을 가지고 아는 것은 윤리적 역량에서 중요한 측면이지만, 문헌에 나타나는 주장과 결론이 아무리 인기 있고 권위적이고 명백해 보여도 결코 수동적으로 수용하거나 반사적으로 적용할 수 없다.

4. 우리, 대부분의 치료자와 상담자는 윤리적 행동을 약속한 양심적이고 헌신적이며 배려하는 개인임을 믿는다. 그러나 우리 중 누구도 잘못을 안 하는 것은 아니다.

5. 우리 중 많은 사람은 자신의 믿음, 가정, 행동에 대해 의문을 가지는 것보다 타인의 윤리에 대해 의문을 가지는 것이 쉽다는 것을 발견한다. 만일 우리가 윤리의 어떤 영역에서 타인이 얼마나 잘못하는지에 우리 스스로가 사로잡혀 있고, 우리가 그들을 바로잡아주는 사람이거나 적

어도 그들이 얼마나 잘못하는지를 반복하여 지적하는 사람이 확실하다면, 그런 사실을 알아채는 것은 가치 있는 일이다.

6. 우리 중 많은 사람은 우리가 확실하게 알지 못하는 영역에서 의문을 가지는 것이 더 쉽고 더 자연스럽다는 것을 안다. 우리가 가장 확신하는 것에 대해, 의심의 여지가 없어 보이는 것에 대해 의문을 가지는 것이 훨씬 더 어렵지만, 대개 더 생산적이다. 이런 의문에는 제한이 있을 수 없다.

7. 심리학자(그리고 다른 정신건강 임상가)로서, 우리는 분명하고 쉬운 답이 없는 윤리적 딜레마를 자주 만난다. 이런 윤리적 투쟁을 피할 정당한 이유가 없다. 그것은 우리 일의 한 부분이다.

이 가정들은 여성주의상담 연구소 윤리적 가이드라인과 주요 정신건강 전문 학회의 윤리 지침에 대한 훌륭한 보완이 된다.

많은 전문 학회는 모든 내담자는 똑같지 않고, 포괄적인 치료 모델이 모두에게 효과적이지는 않음을 인정한다. 현대 사회에서 다양한 지향을 가진 윤리적인 정신건강 임상가들은 내담자를 그들의 삶의 틀 안에서 존재하는 인간으로 본다. 예를 들어, 미국심리학회는 다음과 같이 윤리적인 여성주의상담과 관련된 여러 가이드라인을 만들었다.

1. 소녀와 여성을 위한 심리적 임상 가이드라인(APA, 2007). http://www.apa.org/about/division/girlsandwomen.pdf

2. 레즈비언, 게이, 양성애 내담자를 위한 심리치료 가이드라인(APA, 2000). http://www.apa.org/pi/lgbc/guidelines.html

3. 심리학자를 위한 다문화 교육·훈련·연구·임상·조직적 변화에 대한 가

쇼나와 마리아는 둘 다 주로 학대 문제를 가진 여성을 상담하는 여성주의상담자이다. 쇼나는 결혼을 중요한 사회제도이자 두 사람의 약속으로 가치 있게 여기는 여성주의 가족치료자이다. 그녀는 여성 폭력과 싸우는 다양한 조직에서 왕성하게 활동하며, 결혼법이 여성을 파트너의 학대로부터 더 잘 보호한다고 강하게 믿는다(가치 부여한다). 그녀가 읽고 조사한 바에 따르면 그녀가 사는 지역의 경찰은 남자 친구보다 남편을 더 기소하는 경향이 있다. 그녀는 동료에게 말하기를 결혼은 비공식적인 이별이 아니라 이혼을 가져온다고 말한다. 이혼은 학대하는 파트너에게 제한을 가할 수 있는 법적 선언이다. 결혼과 이혼은 모두 여성에게 더 큰 법적 보호를 제공한다. 그녀는 자신의 임상에서 학대받는 여성에게 확실한 안전을 위해 파트너를 떠나서 즉시 이혼을 진행하라고 자주 조언한다.

그러나 주로 개인 여성들과 작업하는 여성주의 사회복지사인 마리아는 결혼은 자신의 삶을 관리하고 통제할 여성의 권리를 제한한다고 믿는다. 결혼은 자녀와 재정에 대한 권리를 제한한다. 그녀는, 결혼은 필수적인 것이 아니며 파트너끼리 서로에게 하는 약속이 더 중요하다고 믿는다. 그녀가 읽고 조사한 바에 따르면 기혼 여성은 학대하는 파트너에게 남아 있기 더 쉽고, 파트너를 떠난다 해도 법적 문제 때문에 파트너와 접촉하기 더 쉽다. 마리아는 자신의 임상에서 학대받는 여성에게 결혼하지 말고, 떠나게 되면 학대한 파트너와 더 이상 접촉하지 말고 이사를 가라고 조언한다.

민디는 상담을 받으려는 35세 여성이다. 그녀의 약혼자는 정서적 학대를 하고, 한번은 따귀를 심하게 때려 얼굴을 멍들게 했다.

쇼나와 마리아는 어떻게 다르게 상담에 접근할까? 두 사람은 상담에서 어떤 개입을 사용할까? 어떤 가치가 그들의 임상 작업에 영향을 줄까? 그들의 직업 윤리 지침과 여성주의상담 연구소 윤리 지침을 전제로 할 때 각각은 어떤 윤리적 딜레마를 해결해야 할까?

이드라인(APA, 2002b). http://www.apa.org/pi/multiculturalguidelines/formats.html

이것들은 모든 여성주의상담자(그리고 모든 상담자)를 위한 훌륭한 가이드라인이지만 권장 사항에 관해서는 당신이 소속된 전문 학회의 가이드라인도 참고해야 한다.

윤리적 여성주의상담을 위한 특별 이슈

두 영역이 특히 여성주의상담과 여성주의상담 윤리 실천에 관련되어 있는데, 바로 권력과 가치이다. 이 영역에서 여성주의상담 윤리와, 전문가 행동과 관련해서 당신이 일차적으로 따르는 윤리 지침 사이의 큰 괴리를 경험할 수도 있다. 이는 권력과 가치 이슈를 생각할 때 여성주의상담자가 다른 상담자와 다르게 윤리를 적용한다는 의미는 아니다. 당신의 삶에서 개인적인 것과 정치적인 것에 대한 자신의 믿음을 살펴본 후에, 여성주의 관점이 없었다면 선택했을 것과는 다른 대안을 선택할 수도 있다는 의미이다. 왜냐하면 권력과 가치에 대한 우리의 개념은 우리의 개인적 삶과 전문가로서의 삶의 교차 지점에 있고 여성주의상담은 개인적인 믿음 및 원리와 전문가로서의 믿음 및 원리를 통합하라고 요청하기 때문에, 여성주의상담은 이 두 이슈를 더 자세하게 보도록 도울 것이다.

권력

정신건강 전문가의 윤리 지침은 내담자를 보호하기 위해 정신건강 임상가가 폭넓은 전문가의 세계관을 공유하도록 한다. 상담자가 가진 권력을 자각하지 못하는 임상가나 그 권력을 의도적으로나 의도가 없더라도 오용한 임상가로부터 내담자가 소홀히 대우받거나 해를 입지 않도록 보호하려는 것이다. 경계 침범은 상담에서 가장 흔한 권력 오용이다. 경계란 치료적인 정신건강 작업을 위한 틀을 만드는 상담자와 내담자의 믿음과 가치이다. 여성주의상담에서 경계는 내담자와의 토론과, 한계 및 관계에 대한 상호 합의를 통해 정해진다. 이것은 치료적 관계에서 권력이 어떻게 사용되고 사용되지 않는지를 이해함으로써 이루어진다. 그러므로 정신건강 전문가인 우리는 상담자로서 권력과 경계의 문제에 대해 내담자와 주도적으로 토론한다. 상담자는 내담자의 산 경험이 그들에게 그들 삶에 대한 전문성을 부여함을 인식한다. 상담자와 내담자가 관계 안에서의 권력을 부인하거나 오용할 때, 경계 침범이 일어난다. 예를 들어, 상담자는 내담자와의 상담 관계를 우정으로 착각할 수 있다. 필자의 친구 중 한 사람은 자작시를 읽어주고 비평을 해주기 바라는 남성 상담자와 상담을 한 적이 있다. 그는 상담 관계에서의 권력의 미묘한 차이를 이해하지 못했다. 또한 상담자는 내담자의 강점을 이용할 수도 있다. 사업적 전문성을 가진 내담자가 있을 때 재정적 조언을 받고자 할 수 있다. 내담자에 대해 동료의 자문이나 동료 슈퍼비전을 받다가 이야기가 뒷담화로 빠질 수도 있다. 이런 일들이 권력의 오용과 경계 침범이다.

정신건강 전문가는 상담 공간의 안과 밖에서 주의를 기울이지 않거나 권력 역동 관계에 대해 이해하고자 하지 않으면, 상담 과정에서 내담자가 관심을 보이거나 즐거워할 경우 그것을 성적 끌림이나 낭만적 끌림으로 착각하여 잘못된 행동을 할 수 있다. 아마도 이것이 가장 두드러지고 해로운 경계 침범이고 권력 오용일 것이다. 이것은 여성주의상담이 오랫동안 근절하고자 한 권력 오용이다(Worell and Remer, 2003). 상담자-내담자 성적 관계의 대부분의 경우가 남성 상담자와 여성 내담자 사이에서 일어난다는 사실을 아는 것이 중요하다(Kirkland, Kirkland and Reaves, 2004; Lamb, Catanzaro and Moorman, 2003). 내담자를 성애화하는 것은 상담 권력의 오용일 뿐만 아니라 가장 자주 발생하는 여성에 대한 남성 권력의 오용이다. 최근에 상담자가 내담자를 성적으로 이용하고 학대하는 일이 더 드러나고 있다. 내담자들도 이제 기꺼이 말하고자 한다. 최근의 윤리 지침에서 엄격하게 금지하고 있기 때문에 상담자는 내담자와의 성적 관계가 윤리적 위반이고 권력 오용이라는 것을 인식한다. 여성주의상담은 이 변화에서 큰 점수를 받을 수 있지만, 그럼에도 위반 사례가 여전히 흔하게 보고되고 있다(Lamb, Catanzaro and Moorman, 2003; Pope and Tabachink, 1993). 최근의 사례에서 여성 내담자가 성적 관계를 공개하자, 존경받던 유명한 심리학자가 면허를 포기하는 일이 있었다(McKinnon, 2008). 이 사례는 상담자가 내담자를 성적으로 이용하고 학대하는 일에 대한 중요한 정보를 제공하는 사례인데, 즉 윤리적 금지에도 불구하고 정신건강 전문가에게 계속 문제가 되고 있음을 보여준다(ACA, 2005; APA, 2002a; CPA, 2000).

다른 종류의 권력도 존재하며 이는 다른 윤리적 관심사를 제기한다. 5장에서 필자들은 진단하는 권력과 그 권력이 어떻게 내담자에게 영향을 끼치는지를 논한다.

상담자는 내담자에게 영향력을 미치는 권력을 가지고 있다. 내담자의 견해와 믿음에 영향을 미치는 권력을 가지고 있다. 다음 장에서 논하겠지만 이것은 여성주의상담에 대한 비판 중 하나이다. 즉, 여성주의상담은 내담자에게 영향을 끼쳐 여성주의자로 만들려고 하며 여성주의 가치를 선택하게 하려 한다는 비판이다. 상담 회기 내에서든 상담자와 내담자의 일상생활에서든 권력과 타인에 대한 권력을 자각하는 것은 여성주의자의 치료 작업에서 중요한 개념이다.

가치

여성주의상담의 비평이란 여성주의에 기반을 둔 형태를 띠면서 정치적 안건을 가진 것이다. 여성주의는 젠더 평등을 주창하고 여성주의상담 역시 그렇다. 2장에서는 여성주의상담의 기본 원리로 (a) 개인적인 것은 정치적인 것, (b) 평등한 관계, (c) 여성의 경험 존중하기, (d) 권력강화를 논했다. 여성주의상담의 핵심은 개인적인 것은 정치적인 것이라는 원리이다. 다시 말해, 개인적인 변화가 영속적인 것이 되려면 사회적인 변화가 있어야 한다는 것이다. 이제 여성주의상담자는 문화가 정신건강에 해로운 경우가 많음을 인식한다. 억압과 권력 차이는 존재하고 심리적 스트레스와 병을 야기한다. 상담의 최대 효과를 위해, 여성주의상담자는 정신건강에 부정적인 영향을 끼치는 사회적 영향을 분석하고 사회적 변화를 가져오는 것에 적극적이다. 여성주의상담자는 자주 정치적 이슈에 목소리를 높이고 사회정치적 관심사에 강한 믿음을 가진다. 여성주의자는 정신건강과 정신장애에 더 큰 문화적인 관점을 취한다. 이에 대해서는 여성주의 관점에서의 개념화와 진단을 논하는 5장과 6장에서 더 다룰 것이다.

여성주의상담은 여성주의상담자가 내담자에게 자신의 가치와 믿음을 말하고 그것이 어떻게 상담자로서의 작업에 영향을 끼치는지를 이야기한다는 점에서 독특하다. 결과적으로 내담자는 정보를 제공받는 소비자가 된다. 내담자는 여성주의 가치와 믿음을 가진 이 특정한 상담자와 상담을 할 것인지를 결정할 수 있다. 다른 치료 형태에는 이런 실천이 없다. 그래서 내담자에게 가치를 강요하는 대신에 여성주의상담자는 그 가치를 상세하게 설명하여 내담자가 정보를 제공받고 결정을 할 수 있도록 한다. 우리는 다른 형태의 상담 이론을 사용하는 상담자는 자신의 가치를 내담자에게 강요할 위험이 더 크다고 주장하는데, 왜냐하면 거기에는 가치와 믿음을 상세하게 설명하라는 의무 사항이 없기 때문이다.

상담은 언제나 내담자에 대한 서비스이다. 상담은 상담자를 위한 것이 아니다. 만일 내담자가 우리와 달라서 작업할 수 없다면, 그들을 우리처럼 변화시키려 해서는 안 된다. 이것은 도덕적이지도 윤리적이지도 않다. 상담자는 상담자의 가치를 내담자에게 '강제 급식'하지 않는다. 여성주의상담자와 상담하는 내담자는 자신의 상담자가 여성주의상담자라는 것을 알고 이해하며 상담을 시작한다. 내담자가 상담의 양식과 유형에 대해 선택해야 한다. 여성주의상담자는 자신의 작업 방식과, 상담의 효율성 ─ 내 상담이 효과적인지 ─ 에 대한 믿음을 꾸준히 내담자에게 알린다. 또한 건강과 질병에 대한 여성주의상담의 가치 변화 과정에 대한 믿음을 내담자와 공유한다.

여성주의상담의 윤리적 의사 결정 모델

무엇이 여성주의적 노력이 들어간 윤리적 결정을 만드는가? 두 가지 모델을 제시한다. 먼저 마샤 힐, 크리스틴 글레이저, 주디 하든(Hill, Glaser and Harden, 1998)이 개발한 윤리적 결정에 대한 여성주의 모델이다. 다음으로는 윤리적 결정에 대한 표준 모델에 여성주의 이론과 관점을 통합하는 것을 논할 것이다.

윤리적 의사 결정을 위한 여성주의 모델

힐과 글레이저, 하든(Hill, Glaser and Harden, 1998)의 모델은 결정을 위해 두 가지 과정을 사용하는 것이 한 가지를 사용하는 것보다 낫다고 상정한다 (〈표 3.2〉 참조). 이 모델은 합리적-평가적 과정과 느낌-직관의 과정을 통합한다. 단순하게 말하면 합리적-평가적 과정은 윤리 지침, 법적 지침, 축적된 전문적 정보, 슈퍼바이저나 동료로부터 자문 등을 얻는 과정이다. 이 과정은 앞서 논한 것을 포함하여 대부분의 윤리적 의사 결정 모델이 주창하는 것이다. 그러나 이 모델은 더 나아가, 여성주의상담 원리에 충실하게, 윤리적 결정은 전문가로서의 상담자뿐만 아니라 인간으로서의 상담자도 단단하게 통합하는 것이라 여긴다. 이 모델은 내담자가 어떻게 윤리적 의사 결정 과정에

표 3.2	여성주의 윤리적 의사 결정 모델
합리적-평가적 과정	느낌-직관 과정
1단계: 문제 인식하기	
상담자의 지식에서 정보 얻기	어떻게 진행될지 확실하게 모름
슈퍼바이저나 동료의 조언	문제를 작업하는 데 무엇이 방해하는지, 이슈의 성질에 대한 느낌, 자문이나 도움을 청하는 것에 대한 느낌 등을 확인한다(자문에 대한 결정이 여기서 생길 수 있다).
2 단계: 문제 정의하기	
갈등은 무엇인가? 당사자는 누구인가?	그 밖에 내가 불편한 것은 무엇인가?
관련된 기준은 무엇인가?(규칙, 지침, 원리)	상황에 대한 내 느낌은 어떤가? 나는 무엇에 대해 걱정하는가?
이 결정을 하는 데 나는 어떤 개인적 특성과 문화적 가치를 가져오는가? 이런 요인들은 내가 문제를 정의하는 데 어떤 영향을 끼치는가?	
내담자는 어떻게 문제를 정의하는가?(자문에 대한 결정이 여기서 생길 수 있다.)	딜레마에 대한 내담자의 느낌은 무엇인가?
이 과정에 자문 위원은 어떤 개인적 특성과 문화적 가치를 가져오는가?	자문 위원의 특성이 내게 어떤 영향을 주는가?
3단계: 해결책 개발하기	
가능성에 대해 브레인스톰을 한다. 비용-이익 분석을 하고 가치의 우선순위를 매긴다.	각 선택에 대한 나의 반응이 의미하는 바는 무엇인가?
4단계: 해결책 선택하기	
무엇이 정서적으로 그리고 합리적으로 최선의 방법인가?	이 해결책은 나를 포함해 모든 사람의 필요를 충족시키는가? 나는 그 결과를 실행하며 살 수 있는가?
5단계: 과정 검토하기	
나는 이런 방식으로 대우받기를 원하는가?	이 결정은 맞는 것으로 느껴지는가?
이 결정은 보편화될 수 있는가? 이 결정은 다른 사람들의 면밀한 검토를 통과할 수 있는가?	스스로 의구심을 가질 만한 시간적 여유를 가졌는가?

나의 가치, 개인적 특성이 어떻게 나의 선택에 영향을 끼치는가? 나는 내 권력을 어떻게 사용하는가?	내가 이 결정을 해내가는 방식이 내 스타일에 맞는가?
나는 내담자의 관점을 고려했는가?	
6단계: 결정을 구체화하고 평가하기	
결정을 한다.	이 해결책이 내가 할 수 있는 최선인가?
결과를 관찰한다.	결과에 대해 계속 맞다고 느끼는가?
결정을 재평가한다.	이 결정이 어떻게 상담 과정에 영향을 끼치는가?
7단계: 성찰 지속하기	
나는 무엇을 배웠는가?	이 과정의 결과로 나는 변화했는가?
나는 무엇을 다르게 할 것인가?	이 경험은 미래의 나에게 어떻게 영향을 끼치겠는가?

자료: Hill, Glaser and Harden(1998: 116~118).

관련되어 있는지는 물론, 내담자 정체성의 여러 수준에 대해서도 언급한다. 느낌-직관의 과정은 상담자에게 이런 결정을 하는 것에 대해 어떻게 느끼는지를 묻는다. 관련된 이슈에 대해 우리가 어떤 가치나 믿음을 가지고 있으며, 내담자와 이슈를 동시에 다룰 때 어떤 수준의 편안함을 느끼는지 등을 묻는다. 과정의 매 단계마다 이슈와 결정에 대한 우리의 느낌과 가치를 평가할 필요가 있다.

〈표 3.2〉의 모델이 보여주듯이, 여성주의상담자는 자신의 작업을 여성주의 렌즈로 보아야 한다. 여성주의상담자로서 우리의 핵심 믿음 중 하나는 여성주의는 내담자의 최선의 이익을, 나아가 인류의 최선의 이익을 가져온다는 것이다. 윤리적 지침을 단순히 적용하는 것이 아니다. 내담자를 위한 최선의 해결책에 이르기 위해 윤리적 의사 결정 모델을 사용한다. 〈표 3.2〉에

제시된 모델은 훌륭하기는 하지만 여성주의 윤리를 통해 내담자를 바라보는 한 가지 방법일 뿐이다. 이것은 당신의 일차 직업에 순조롭게 맞아 들어갈 수도 있고 아닐 수도 있다. 일차 직업을 위해 윤리적 지침을 읽을 때, 여성주의상담 연구소 윤리 지침(FTI, 1999)을 가까이에 두고 윤리적 의사 결정 과정의 매 단계에서 다음의 질문들을 자신에게 해보기를 바란다.

- 이 상황에서 어떤 외부의 영향(사회적/문화적)이 작동하고 있으며 이 딜레마에 영향을 끼치는가? [FTI: I. 문화적 다양성과 억압]
- 이 딜레마에 어떤 권력 불평등(젠더, 인종, 문화, 신체 능력, 사회경제적 지위 등)이 있는가? 내가 어떠한 모습으로 권력 불평등의 한 부분이 되어 있는가? [FTI: II. 권력 차이]
- 윤리적 과정의 어떤 부분이 내담자를 존중하는가? 과정의 어떤 부분이 억압적일 수 있는가? [FTI: II. 권력 차이]
- 이 딜레마를 해결하는 데 있어 나는 어떻게 내담자와 관련되어 있는가? [FTI: II. 권력 차이]
- 지금 이 딜레마를 효과적으로 해결할 수 있는 젠더, 인종 그리고 다른 억압에 대한 충분한 지식을 갖고 있는가? [FTI: IV. 상담자의 책임]
- 나와 내담자의 관계에 내재된 복잡성은 무엇인가? [FTI: III. 중첩된 관계들]
- 내가 고려하지 않는 이 딜레마의 정치적·사회적 양상이 있는가? 이 딜레마를 해결하도록 나를 도울 수 있는 정치적·사회적 자원이 있는가? [FTI: V. 사회적 변화]

윤리적 의사 결정에 대한 토론에서 제기할 가장 중요한 메시지는 윤리의 사용은 처방이 아니라는 것이다. 윤리 전문가로 행동한다는 것은 단순히 금지 사항의 목록을 고수하는 것이 아니다. 그것은 윤리적 의사 결정의 최우선 순위에 내담자를 두는 작업을 고민하는 것이다. 이러한 사고방식은 내담자의 필요와 복지를 가장 중요하게 여기기를 요구한다. 윤리적 관점은 상담자의 작업이 내담자의 이익에 있는 것이지 상담자의 이익을 위한 것이 아님을 확실하게 한다. 반드시 기억해야 할 것은 '윤리적으로 생각하라'인데, 즉 윤리적 의사 결정 모델을 사용하라는 것이다. 모든 윤리적 의사 결정 모델은 과정을 위한 출발점일 뿐이다. 여성주의상담자는 여성주의 공동체의 부분이다. 윤리적 조언 중 최선의 것은 윤리적 의사 결정, 딜레마 해결 과정을 해나가면서 다른 여성주의상담자의 자문을 구하라는 조언이다.

요약

윤리적 지침과 전문가 행동의 기준은 일차적으로 내담자를 보호하기 위해 존재한다. 그러나 그것은 문화 안에서 그 직업과 전문가의 역할도 보호한다. 전문가 윤리는 법이나 규칙이 아니다. 우리가 그렇게 되기를 열망하는 원리이다. 윤리적 관심사와 딜레마에 단순한 답이 있는 경우는 드물다. 윤리적 딜레마와 관심사에 대한 해결책은 다양하다. 윤리적 딜레마와 관심사에 대한 적절한 답을 결정하기 위해서는 자신의 직업 분야에서 제시된 행동의 윤리적 기준뿐만 아니라 자신의 가치도 잘 알 필요가 있다. 여성주의자는 자신의 임상에 여성주의상담 윤리를 부가하고, 자신의 개인적이고 전문적인 가치에 평등주의, 권력 차이에 대한 자각, 여성의 산 경험에 초점 맞추기라는 여성주의 가치를 통합한다.

토론거리

다음의 상황들은 여성주의상담에 특정한 것은 아니지만, 여성주의상담 연구소 윤리 지침(FTI, 1999)을 부가하여 생각하지 않는 상담자보다 여성주의상담자가 윤리적인 실천을 하는 데 더 복잡하다고 여길 상황들이다.

1. 다음의 상황들을 읽고 토론해 보자. 각 문항은 적어도 두 가지 윤리적 관심사를 포함한다. 먼저, 관심사의 영역을 확인하고, 직업 윤리 지침 조항을 확인하고 해당 이슈를 말해보자. 최종적으로 여성주의상담 연구소 윤리 지침을 신중하게 살펴보고 어떻게 그 지침이 그 윤리적 관심사에 접근할지를 확인하고 토론해 보자. 자신이 속한 전문가 조직의 윤리 지침과 여성주의상담 연구소 윤리 지침 사이에 눈에 띄는 차이가 있는지 토론해 보자.

2. 여성주의 자각과 3장에서 논의한 윤리적 의사 결정 모델 중 하나를 사용하고, 각 윤리적 딜레마에 여러 단계를 적용해 보자.

윤리적 딜레마

1. 당신은 작은 마을에 살고 있으며 당신의 내담자 중 한 사람과 같은 커피숍을 애용하고 있다. 그가 당신에게 같이 커피를 마시자고 한다. 그녀가 당신에게 같이 커피를 마시자고 한다.

2. 한 친구가 당신에게 가족 상담을 해달라고 의뢰한다. 그 가족은 당신이 이 지역의 유일한 여성주의상담자여서 당신과 상담하는 데 관심이 있다고 말한다.

3. 상담하는 동안 내담자가 당신에게 결혼했냐고 묻는다.

4. 내담자가 당신에게 강간을 경험한 적이 있냐고 묻는다.

5. 당신은 사회 행동을 위한 모임에서 내담자를 만났는데, 그 사람과 같은 조에 배정되었다.

6. 어떤 남성 내담자가 자살하겠다고 위협하지만, 그는 입원에는 동의하지 않을 것이다.

7. 어떤 여성 내담자가 자살하겠다고 위협하지만, 그녀는 입원에는 동의하지 않을 것이다.

8. 당신은 개인 상담소를 운영하는 상담자이다. 지역에 사는 'Y'가 당신에게 여성을 위한 스트레스 감소 워크숍을 진행해 달라고 요청한다. 상담을 종결한 이전 내담자가 갑자기 워크숍에 나타났다. 그녀는 상담에 대해 이야기한다.

9. 당신의 내담자는 안정된 동성 관계를 하는 전문직 여성이다. 그녀의 전남편은 12세가 된 아들의 완전한 양육권을 요구하고 있다.

10. 당신의 내담자는 이민자이고, 당신에게 대출 기관을 만나는 자리에 나와달라고 부탁한다. 왜냐하면 그는 (a) 영어가 모국어가 아니고, (b) 북미의 대출법을 알지 못하고, (c) 이런 두 가지 이유로 대출 기관이 자신에게 불리하게 한다고 믿기 때문이다. 그는

대출 기관이 정직한지에 대해 당신의 의견을 듣고 싶어 한다.
11. 14세인 남성 내담자가 당신을 포옹하고 부적절하게 만진다.

윤리와 가치: 자기 탐색 연습

다음의 개념과 관념은 상담자의 개인적이고 전문적인 가치에 영향을 받는 것들이다. 이런 특정한 개념은 권력, 젠더 또는 둘 다에 초점을 맞추기에, 여성주의상담자에게는 탐색이 더 중요하다.

1. 이 개념을 중심으로 어떤 윤리적 딜레마가 생길 수 있는가?
2. 이 개념에 대한 당신의 개인적 가치는 무엇인가?
3. 이 개념에 대한 당신의 전문적 가치는 무엇인가?
4. 이 개념에 대한 당신의 의사 결정에 여성주의 가치가 어떻게 영향을 끼칠 수 있는가?

가치와 믿음	윤리적 딜레마	개인적 가치	전문적 가치	여성주의 가치
결혼				
임신중단				
입양				
양육 기술				
섹슈얼리티				
계층/ 사회경제적 지위				
인종/문화/민족				
과학과 종교				
가족				

젠더 역할				
권위				
정서				
관용				
교육				
연령				
신체 능력				
영성/종교				

정의

가치: 누가 옳은지, 선한지, 칭찬받을 만한지에 대한 믿음. 가치는 사람의 선택에 기반한 것이고 사람의 행동을 인도하는 데 중요하다고 여겨짐.

개인적 가치: 예를 들어, 안전, 조화 등을 가치 있게 여기기.

문화적 가치: 예를 들어, 개인적 자율성, 확대 가족의 중요성 등을 가치 있게 여기기.

가치 체계: 개인이나 사회가 선택한, 개인이나 사회 구성원의 행동을 지배하는 일련의 가치로, 자주 개인이나 사회 구성원이 의식적으로 자각하지 못한 채 선택함.

도덕: 도덕성은 광범위한 문화적 맥락이나 종교적 기준을 근거로 사람의 행위를 판단함.

4장 ••

젠더 역할의 중요성

●●●●

1~3장은 역사, 현재의 실제, 윤리적 기초에 대한 토론을 통해 여성주의상담의 틀을 제시했다. 여성주의상담에서의 기본적 기술에 초점을 맞추기 전에, 젠더 역할의 기원과 문화적 의미를 확실하게 이해할 필요가 있다. 어떤 문화에서든 생물학적인 젠더는 우리를 특정한 사회정치적 맥락에 위치하게 한다. 우리의 젠더 역할은 우리 문화에서 배운 여성으로서 또는 남성으로서의 정체성이다. 4장에서 보게 되듯이 이런 역할은 사람들에게 신체적으로, 지적으로, 심리적으로 영향을 끼친다. 여성주의상담자는 이런 역할에 대한 이해를 기초로 임상을 한다.

모든 사회에서, 여성과 남성의 역할은 명백하게든 함축적으로든 정의되어 있다. 상담자와 내담자 모두에게 젠더에서의 차이는 일차적으로 생물학적인 것이기보다는 사회적으로 구성되고 학습된 것임을 이해하는 것이 중요하다 (Bem, 1993; Bussey and Bandura, 2004; Hansen and Gama, 1996). 사실상 지난 30년간 서구 사회에서 젠더 역할은 유동적인 상태에 있었다. 젠더 역할에 대한 전통적인 정의는 그것을 해내야 하는 여성과 남성에 의해 계속해서 도전받았다. 이렇게 사회적으로 정의된 역할은 남성이든 여성이든 상관없이, 그리고 개인의 성격, 흥미, 능력이나 사회의 필요와 상관없이 강요된다. 성인이 될 무렵이면 우리 모두는 젠더에 적합한 행동 유형으로 잘 훈련되어 있다. 그 훈련은 너무 깊게 내면화되어, 학습된 젠더 역할과 개인의 필요, 가치, 욕망 사이의 갈등을 경험할 때 정서적 동요의 원천이 사회적 규칙임을 자각하지 못한다.

젠더 역할의 초기 사회화

상담자가 여성주의상담을 성공적으로 실천하기 위해서는 그 전에 젠더 역할 사회화에 대해 정통할 필요가 있다. 모든 학습은 가정에서 시작되고, 우리가 자라고 성숙해짐에 따라 결국 학습은 다른 장소로 퍼져 나간다. 가정과 학교에서의 초기 사회화는 젠더 정체성을 형성할 뿐만 아니라 젠더 역할에 대한 기대를 형성한다. 신생아가 딸인 부모는 신생아가 아들인 부모보다 아기가 더 연약하다고 생각하는 것으로 밝혀졌다(Karraker, Vogel and Lake, 1995; Wester and Trepal, 2008). 부모들은 딸과 아들을 다르게 대하지 않았다고 종종 쉽게 말한다. 우리는 평등을 주창하는 사회에서 살고 있다. 그러나 연구는 부모의 실제 행동이 자주 자신의 행동에 대한 믿음과 갈등을 일으킴을 보여 준다(Bornstein, Cote and Venuti, 2001). 관찰을 통해 부모가 자녀의 젠더 정의 훈련에 적극적으로 참여한다는 것을 발견했다(Fagot, 1978; Leaper, 2002). 부모는 '젠더에 어울리는' 놀이와 행동에 대해 자녀를 칭찬함으로써 젠더 정의 메시지를 전할 수 있다. 사실상 파곳과 헤이건(Fagot and Hagen, 1991)은 미취학 아동은 젠더에 어울리는 놀이로 칭찬받고 젠더에 어울리지 않는 놀이로 비난받는다는 것을 발견했다. 게다가 소년은 소녀보다 더 젠더에 어울리지 않는 놀이를 하지 못하도록 제지받는다. 즉 부모, 특히 아버지들은 딸이 젠더에 어울리지 않는 놀이를 할 때보다 아들이 젠더에 어울리지 않는 놀이를 할 때 덜 관용적이다(Campenni, 1999; Sandnabba and Ahlberg, 1999). 어린 소년이 누나와 함께 한 가정에서 자란다고 상상해 보자. 소년은 누나와 놀고 누나의 인형을 가지고 논다. 아버지는 인형을 가지고 논다고 아들에게 결코 고함치지는 않지만 조용히 인형을 빼앗아 큰딸의 손에 쥐어준다. 어쩌면 아버지는 아들에게 다 큰 소년은 인형을 가지고 놀지 않는다고 말할지도 모른다. 이런 행동에서, 특히 아버지가 누나에게 다 큰 소녀는 인형을 가지고 놀지 않는다고 결코 말하지 않을 때 소년이 무엇을 배울지를 생각해 보라. 아들과 딸은 '소꿉놀이'를 하는 소년, 아마도 더 나아가 다른 사람을 돌보는 소년은 근본적으로 잘못되었다고 배울 것이다. 부모는 또한 본보기를 통해 젠더 역할을 전달한다. 엄마가 언제나 청소하고 아빠가 언제나 잔디를 깎는 집, 아픈 가족을 돌보는 일은 전적으로 엄마의 몫이고 용돈을 주는 일은 아빠의 일인 집이 그런 예이다.

그러나 어떤 가족은 젠더 역할에 평등하게 접근하려고 노력하는데, 젠더적으로 공평하고(즉 젠더 역할은 의식적으로 비판되거나 강요되지 않고) 비성차별적인(즉 남성과 여성을 공평하게 대우하는) 가족 환경을 만드는 노력이다. 소녀와 소년에게 평등과 평등한 기회를 가르치고, 소녀와 소년이 경쟁을 해야 하는 스포츠를 하고 식사를 준비하도록 격려한다(Bem, 1998; Worell and Remer, 2003). 연구는 그런 가족의 자녀는 사실상 젠더 역할에서 더 유연함을 보여준다(Weisner, Garnier and Loucky, 1994). 그러나 그런 가족은 장애물을 만나는데, 왜냐하면 텔레비전, 친구, 책, 장난감, 그리고 불운하게도 학교를 통해 많은 젠더 유형 메시지가 자녀에게 전달되기 때문이다(Wester and Trepal,

2008; Worell and Remer, 2003). 젠더적으로 공평한 자녀 양육 경험에 대한 훌륭한 실제 생활 토론에 관해서는 샌드라 벰(Sandra Bem)의 『비인습적 가족 (An Unconventional Family)』(1998)을 참조하라.

젠더 역할 사회화는 많은 부분 친구들 사이에서 그리고 학교 환경에서 이루어진다. 소년과 소녀는 같은 학교에 다니거나 같은 교실에 있기도 한다. 교사들은 소년과 소녀에 대한 지각과 대우가 다르다는 것을 인정하기 싫어하지만, 교실에서 소년과 소녀는 다르게 대우받기 쉽다(Maher and Ward, 2002). 교사들은 여전히 소녀보다 소년에게 더 주의를 집중하고, 더 많이 대화하고, 잘할 때 피드백을 더 하고, 높은 수준의 질문을 한다(Gillies, 2001; Sadlker, 1999; Worell and Remer, 2003). 나아가 교사들이 젠더와 관련해 아동에게 다른 지각과 기대를 가지고 있다는 것이 발견되었다. 소녀들은 단정하고 조용하고 감정적이지만 소년들은 그렇지 않다고 여긴다. 게다가 교과서에 대한 1999년 연구에서 디졸트와 헤닝스타우트(DeZolt and Henning-Stout, 1999)는 소녀들은 수동적이고 두려움이 많게 그려지고, 소년들은 더 모험적이고 성취하는 것으로 그려진다는 것을 발견했다. 교과서의 대부분에 백인 남성이 등장하여, 학생들에게 백인 남성의 중요성에 대한 시각적 메시지를 주고 있었다.

이러한 발견들은 1970년대와 여성주의 운동 이후로 학교에서 많은 변화가 있었지만 여전히 소녀와 소년은 다르게 대우받고 있고 소년은 소녀보다 혜택을 더 받고 있음을 지적한다. 예를 들어, 소녀는 고급 수학과 과학보다 언어와 사회과학을 선택하라고 전형적으로 권장받는다(DeZolt and Henning-Stout, 1999). 수학과 과학에서 배우는 고급 기술은 고임금과 고위직 커리어에 필수적이다. 이런 기술을 갖추지 못해 소녀는 불리해진다. 여성은 수학과 과학에 대한 능력과 흥미가 부족하다고 일반적으로 믿는다. 연구는 이런 생각을 지지하지 않는다. 젠더 간에는 수학에서 아주 작은 차이만 발견된다(Hyde, 1996; Hyde et al., 1990). 차이는 보통 매우 작고, 커리어 선택과는 관련이 없다.

그러나 소녀와 소년이 자신의 능력에 대해 자기 평가를 할 때, 소녀들은 자신의 수학적 능력을 과소평가하는 경향이 있다(Beloff, 1992; Rammstedt and Rammsayer, 2002). 다른 한편, 소녀들은 소년보다 자신의 예술적 능력을 높게 평가한다. 워시번오마체아, 힐맨, 사윌로프스키(Washburn-Ormachea, Hillman and Sawilowsky, 2004) 그리고 램스테드와 램세이어(Rammstedt and Rammsayer, 2002)는 이런 자기 평가는 부분적으로 젠더 고정관념의 영향을 받았다고 말한다. 연구 결과에서 밝혀진 것은 젠더 간보다는 각 젠더 내에서 차이가 더 크다는 것이다(Worell and Remer, 2003). 따라서 여성이 수학과 과학에 흥미가 없어 하는 것은 학교에서의 지지 부족, 친구의 압력, 가족의 기대에서 기인한 사회적으로 만들어진 사실로 보인다.

결국 젠더 역할 사회화는 소년을 경쟁적이고 두려움이 없고 성취 지향적이고 정서적으로 제한되게 가르치는데 ― 모두 미국 사회에서 가치 있게 여기는 속성이다. 그러나 소녀는 양육적이고 지지적이고 소통을 잘하고 조력을 잘하며 예의 바르고 예술적이도록 가르친다 ― 모두 성취하고 성공하는 배우자를 지지하는 속성들이다. 그러므로 젠더 역할 사회화는 남성과 소년이 여성과 소녀보다 더 중요하고 더 똑똑하다는 메시지를 전달한다. 사회적 주의 집중과 보상, 격려는 남성적인 존재 방식을 향해 있는 것이다.

젠더 역할과 커리어 결정

젠더 역할 기대에 근거하여 자주 이루어지는 삶의 결정은 커리어 선택이다. 많은 커리어의 인적 분포는 남성이 우세한 편에서 여성이 더 균등하게 분포되는 쪽으로 바뀌었지만, 여성에게나 남성에게나 비전통적인 − 다른 젠더가 지배적인 − 커리어를 선택하는 일은 드물다(Betz, Heesacker and Shuttleworth, 1990; Hannah and Kahn, 1989; Herr, Cramer and Niles, 2004). 남성이 비전통적인 커리어를 선택하지 않는 이유는 여성 전형적 커리어의 저임금이 '공급자'라고 정의되는 남성의 역할을 방해하기 때문이고 여성이 지배적인 커리어가 남성성의 결여 − 적어도 사회가 부여하는 남성성의 정의 − 를 의미하기 때문이다(Betz, Heesacker and Shuttleworth, 1990; Hannah and Kahn, 1989; Leung and Harmon, 1990; Judge and Livingston, 2008; Tokar and Jome, 1998). 여성들이 비전통적인 커리어를 선택하지 않는 이유는 '남성의 일'을 할 만한 기술을 가지고 있지 않다고 믿게 사회화되었으며 그 커리어가 가족 양육자라는 여성의 역할을 방해할 것이기 때문이다(Judge and Livingston, 2008; Stickel and Bonette, 1991). 유치원 여아들이 비전통적인 커리어에 흥미를 나타낸다 하더라도, 사춘기 소녀가 될 때쯤에 그들의 목표는 변화한다. 커리어에 대해 질문을 받으면 사춘기 소녀와 소년 모두 전통적인 커리어 선택을 한다. 그러나 이 시점에서 누구도 어떻게 이런 역할이 형성되었으며 어떻게 커리어 선택을 제한하는지를 이해하지 못한다. 어떤 사춘기 아이들은 자신들의 선택이 젠더에 적합함을 확인할 수 있지만, 자신의 선택이 젠더 적합한 역할이 된 이유를 말할 수 없다. 그들은 개인의 선택에 대한 사회의 영향을 자각하지 못하는 것으로 보인다.

지난 40년간 남성이 우세한 영역에 들어가기로 선택한 많은 용감한 여성들 덕분에, 그런 영역 중 여러 곳에는 이제 상당한 수의 여성이 있어(>25%) 더 이상 여성에게 비전통적인 커리어라고 여겨지지 않는다. 그러나 그런 영역에서 일하는 것이 여성에게 여전히 도전이 되고 있다(예를 들어, 장시간 노동, 유리 천장, 저임금, 성희롱, 출장, 어린이집 문제). 이런 도전들은 여성 및 남성 직원과 그 가족의 현재 필요에 응하려 하지 않는 고용주에 의해 자주 악화된다. 이런 종류의 상황에 있는 여성들은 일이 가진 남성 중심적 규범을 충족하려고 분투하는 한편(Bem, 1993), 한때 '여성의 영역'이라고 불렸던 것의 전통적 요구도 충족하기 위해 애쓴다.

젠더에 대한 사회적 기대

우리 사회에서 여성들은 일반적으로 자아가 없이, 타인의 욕구를 위해 자기 욕구를 희생하며, 육체적으로 매력적이고 남성에게 욕망의 대상이 되며, 감정 표현을 잘하고, 항상 누군가를 돌보기를 기대받는다. 그러나 남성은 감정을 자제하고, 논리적이며, 가족의 부양자가 되기를 기대받는다. 개인적 속성이 젠더에 따라 할당된다는 것은 큰 문제이지만, 더 큰 이슈는 이런 속성이 평등하게 그 가치를 평가받지 못한다는 것이다. 미국 사회에서 여성주의 저자들은 자주 가부장제를 "미리 주어진 등급이나 사회적 지위 또는 이 둘 때문에 남성이 혜택을 보는 성/젠더 시스템"이라고 말한다(Robinson, 2005: 48). 젠더 역할 사회화는 가부장제에서 남성이 특권을 누리는 것뿐 아니라, 남성이 여성보다 더 권력이 있고 혜택을 받는 지위에 남는 것을 보장한다. 더 은밀하게 확산되는 것이 있는데, 젠더에 대한 경직된 기대이다. 그것은 가치가 큰 것으로 평가되는 남성의 젠더 역할을 하는 여성들을 더 가치 있게 여기는 것이 아니라 오히려 '남성같이 되려고 한다'라며 자주 배척받게 만드는 것이다.

사회를 돌아가게 하기 위해서는 모든 과업들이 수행되어야 하기에, 남성과 여성은 둘 다 사회의 생존에 필수적이다. 그러나 역할과 행동이 사람들

중 한 집단만 특권을 누리게 고안될 때, 그것들이 개인이 통제할 수 없는 하나의 요인으로만 경직되게 규정될 때, 특권 집단에게도 종속 집단에게도 삶의 경험에 대한 완전한 자유가 허용될 수 없다. 언제나 그렇듯이 한 집단(남성)이 다른 집단(여성)은 갖지 못한 혜택을 가질 때, 특권 집단은 여러 방식으로 종속 집단과 마찬가지로 고통을 겪는다. 남성이 갖는 명백한 문제로는, 획득하지 않은 특권이 요구하는 것을 해내야 하고, 남성이 유리해지기 위해 여성이 간과되고 있음을 인정해야 하고, 기존 질서를 유지하기 위해 압력을 받는 일 등이 있다. 이러한 일을 만날 때 남성은 젠더 역할 갈등을 경험한다. 젠더 역할 갈등은 사회가 변화함에 따라 그리고 각각의 남성이 남성성을 재정의하기 위해 자신의 지위와 특권에 대한 위험을 무릅쓸 때 더 흔해진다.

여성에 대한 사회적 기대는, 가정 밖에서 전일제로 일한다 하더라도 가족을 돌보는 사람이 되라는 것이다(Evans, 2006). 커리어를 가진 여성은 보통 '남성의 일'(남성들이 지배하는 커리어)보다 전형적으로 저임금을 주는 '여성의 일'(여성들이 지배하는 커리어)에 종사한다. 게다가 '남성의 일'에 대립되는 대부분의 '여성의 일'은 지속적으로 승진할 수 있는 일도 아니다. '남성의 일'에 관련된 커리어를 선택한 여성은 차별과 성차별을 겪으며 자신이 사회적 규범을 깨뜨렸다는 것을 환기하게 된다. 흥미롭게도 남성이 우세한 고임금의 영역에 들어갔을 때조차, 여성들은 여전히 같은 일을 하는 남성보다 적은 임금을 받는다(Robinson, 2005).

남성에 대한 사회적 기대는 가족을 부양할 직업을 구해야 한다는 것이다 (Mahalik, Good and Englar-Carlson, 2003). 남성은 정서적이거나 도움이 필요하다고 지각될 수 없어서, 다중 역할로 인한 스트레스로 피로를 느낄 때 매우 위험한 상황에 처한다. 그들에게 가장 중요한 것은 남성이 여성적 자질을 가져서는 안 된다는 것인데, 그런 자질은 남성으로서의 지위를 낮추기 때문이다. 라일리(Riley, 2003)는 사회 운동과 함께 노동력에서 일부 전통적인 젠더 역할에서 벗어나는 변화가 있다 하더라도, 남성은 가족에 대한 일차적인 공급자가 되어야 한다는 개념을 포기할 가능성이 적다고 보고한다. 사실상 그 역할은 여전히 남성성이라고 느끼는 감각에 기여하는 것으로 보인다. 이러한 발견은 맞벌이 커플이 승진이나 이사하는 상황이 생겼을 때, 남성이 여성의 커리어를 따라 이동하기보다는 여성이 남성 파트너를 따라 이동하게 될 가능성이 큰 것을 이해하기 쉽게 해준다(Evans, 2006; Kaltreider, 1997).

미국 내 다양한 집단에서의 젠더 역할

미국 내 문화적으로 다양한 집단에서의 젠더 역할은 지배 문화인 유럽계 미국인 중산층 문화와는 대개 다르다. 우리는 주요한 인종적·문화적 집단에서의 젠더 역할이 지배적인 미국 문화에서의 젠더 역할과 어떤 방식으로 다른지를 강조하여 보여줄 것이다.

역사적으로 아프리카계 미국인 여성은 언제나 일을 했고 결코 전업주부였던 적이 없다. 이것은 일차적으로 노예 제도와 그 후 연이어 미국에서 아프리카계 미국인을 대우한 방식에 따른 결과이다. 사실상 미국에서 아프리카계 미국인의 생존은 아프리카계 미국인 여성의 경제 활동에 의존했다(Evans and George, 2008). 그러므로 가정을 만드는 과업이 젠더를 구별하는 과업보다 더 중요했다. 많은 아프리카계 미국인 가정에서 남녀가 젠더와는 상관없이 집안일을 하는 것을 볼 수 있다(Evans and George, 2008). 그렇다 하더라도, 윈부시(Winbush, 2000: 13)에 따르면, "아프리카계 미국인 여성은 전통적으로 돌보는 사람이 되라는 기대를 받으며 …… 가장이 되라는 기대를 받지 않는다". 게다가 더 많은 아프리카계 미국인이 상류층과 중상류층에 속하게 됨에 따라, 지배 문화의 가치를 받아들여 노동 분업이 좀 더 젠더를 지정한 분업이 되고 있다.

지배 문화로의 유사한 이동은 라틴계 미국인과 아시아계 미국인에게서도 뚜렷이 나타난다. 바스케즈(Vasquez, 1994)에 따르면, 많은 사람들이 지지해 온 것처럼, 마초(machismo. 남성은 가족에서 지배적인 역할을 하고 책임을 져야 하고 가족을 부양해야 한다는 믿음)는 라틴 아메리카 문화에서 천명되지 않는다. 오늘날 여전히 많은 사람들이 '패밀리시모'(familismo. 가족에 대한 헌신, 가족 구성원이 함께 모여 서로 돕는다는 생각 그리고 확대 가족을 포함한 가족을 우선하는 생각)를 가치 있게 여기지만, 라틴계 여성은 과거보다 한부모가 되기 쉽다(Raffaelli and Ontai, 2004).

닐(Neal, 2000)에 따르면 여성에게 돌보는 사람이 되라는 문화적 기대가 미국 원주민 사이에 있지만, 많은 부족 국가에서 여성은 종종 부족의 의사 결정에 영향력을 행사한다(예를 들어, 여성 연장자 위원회). 전형적으로 이런 기대는 확대 가족이 필수인 공동체가 땅을 소유한 정도에 비례한다. 그들이 생존하게 도왔던 확대 가족 구조는 여전히 높은 가치를 지니지만 불행히도 정부가 개입한 이주, 극심한 빈곤, 실업률의 결과로 허물어지고 있다.

아시아계 미국인은 여러 아시아 문화에 뿌리를 둔 매우 다양한 집단이다. 아시아계 미국인에는 일본계 미국인의 3세대와 4세대뿐만 아니라 다른 문화 중 인도와 기타 동남아시아 문화, 라오스의 몽(Hmong) 문화에서 온 개인들이 포함된다. 그러므로 아시아계 미국인에 대한 젠더 역할 기대는 다양한 하부 문화에 따라 다를 수 있다. 사실상 '아시아계 미국인'이라는 개념은 너무 포괄적일 수 있다(Chan, 2012). 여성주의상담자는 아시아 사람과 아시아계 미국인 내담자와 작업할 때 이것을 기억해야 한다.

일부 아시아계 미국인 여성과 남성은 성취에 대한 문화적 기준 때문에 전문 학위를 따고자 하지만 실제로는 자신들에게 기대되는 젠더 역할 안에서 살아간다. 그러나 한국, 필리핀, 중국에서 온 낮은 사회경제적 지위를 가진 아시아계 미국인 여성들은 노동자로서 ― 특히 의류 산업에서 ― 더 착취당하기 쉽고 자신의 노동으로 가족의 일차적 수입을 책임진다(Vo and Scichitano, 2004). 그러나 많은 다른 문화적 집단처럼 전반적으로 여성의 권력 대부분은 가정에 있다. 예를 들어, 라오스 여성들은 여성이 가족의 통합을 유지할 뿐만 아니라 가족의 재정을 책임져야 한다(Zaharlick, 2000). 그래서 많은 아시아계 미국인 여성은 전통적인 젠더 권력을 포기하고 공적인 영역으로 나올 때 아슬아슬한 선을 걷게 된다. 전통적인 베트남 가족 구조에서 여성들은 전적으로 자녀 양육을 책임지고, 경제적이고 사회적인 영역에서는 권력이 없는 것으로 여겨진다. 여성들은 자녀의 효심을 유지함으로써 자신들의 생존과 편안한 미래를 보장받는다(Kibria, 1993). 동남아시아 국가에서 미국으로 온 여성 난민들은 확대 가족의 도움 없이 자녀를 양육해야 했고 가족을 위해 집 밖에서 일해야 하는 상황에 적응해야 했다(Zaharlick, 2000).

여러 문화에서 젠더 역할과 그에 대한 기대가 유사함을 볼 때 젠더 역할이 사회적으로 구성되었다기보다는 생물학적인 것이 아닌가 하는 생각을 할 수가 있다. 그러나 수많은 연구가 젠더 역할은 사회화의 결과임을 말하는 사회문화적 학습 모델이 맞다는 것을 보여준다. 여성과 남성 간의 소질과 인식 능력은 거의 차이가 없거나 전혀 없는 것으로 보인다(Hyde, 1981, 2005; Hyde and Linn, 1988). 한센과 가마(Hansen and Gama, 1996: 83)는 "비록 여성 예속과 학대 수준이 문화마다 다르지만, 젠더 불평등은 여전히 보편적인 사회적 사실(그리고 사회적 불명예)이다"라고 적절하게 표현했다.

요약

벰(Bem, 2008: 6)은 남녀의 젠더 차이가 생물학적 요인 때문이라고 보는 관점은 "생물학은 사회적인 것으로 변화시킬 수 없는 종류의 기반이다"라는 잘못된 가정에 근거한 것이라고 주장한다. 그녀는 생물학적 차이는 존재하나, 인류 역사의 현 시점에서 이러한 관점은 전혀 적절한 것이 아니라고 논한다. 우리가 주요 마케팅 캠페인을 기획하거나 전자 부품을 만드는 공장에서 노동하거나 아이를 돌보거나 할 때, 남성이 근육량이 더 많은지 여부는 상관없다는 것이다. 이런 점을 염두에 둘 때 여성주의상담은 모든 젠더를 위한 치료의 선택지가 된다.

5장 ••

여성주의상담 맥락에서의
정신건강과 진단

●●●●

이 장은 내담자의 스트레스에 이름을 붙이는 과정인 진단을 다룬다. 여성주의상담자는 진단이란 내담자의 고통에 이름을 붙이는 정신건강 임상가가 행하는 권력의 행위라고 인식한다. 왜냐하면 진단과 진단하는 행위는 심리학의 지배적인 행위를 반영하기 때문에, 여성주의 임상가는 정신건강과 병리의 사회적 구성을 이해해야 한다.

정신건강과 병리학

정신건강과 병리학의 정의는 정상성과 정신병에 대한 지배 문화의 믿음을 반영한다. 그러므로 심리적 안녕 또는 정신건강의 정의는 사회적·정치적·경제적 영역을 통제하는 사람들의 집단 ─ 백인, 중산층과 상류층, 이성애자, 비장애인, 신교도 남성 ─ 의 믿음과 가치를 수용한다(Ballou and Gabalac, 1985; Brown, 1994; Enns, 2000). 이런 서양 문화적, 백인의, 남성 중심적 규범은 자율성, 객관성, 통제, 독립성, 행동 같은 개인적 특징과 특성을 최적의 정신건강의 기술어로 여긴다. 지배적 문화 규범에 순응하지 않는 행동과 사람을 심리적으로 부족하거나 병들었다고 본다. 여성주의상담은 이런 과정을 병리화라고 부른다(Brown, 1994; Collins, 1998; Evans, Kincade and Seem, 2005; Martin, 1994). 사실상 자율성보다 관계성과 연결성을 더 가치 있게 여기고, 객관성보다 정서와 돌봄을 더 가치 있게 여기고, 개인적 통제보다 존중과 사심 없음을 더 가치 있게 여기고, 독립성보다 문화나 집단이나 가족을 더 가치 있게 여기는 방식으로 행동한 여성과 남성에게는 대개 정신적으로 병들었거나 일탈했다는 꼬리표가 붙었다(Brown, 1994; Worell and Remer, 2003). 지배 집단에 속하지 않는 개인들은 자주 앞에서 언급한 특성을 가지고 있고, 대개 억압된 집단의 사람들이다(Collins, 1998; Miller, 1986). 약혼자가 헤어지자고 하여 상담을 받는 젊은 여성을 생각해 보자. 그녀는 처음으로 정서적인 문제로 도움을 구하고 있다. 그녀는 제정신이 아니고, 울음을 멈출 수 없으며, 약혼자 없이는 살 수 없다고 말한다. 그녀가 심리적으로 병들었는가? 그녀의 문화 속에서의 위치와 그녀의 가치 체계를 전제로 할 때 그녀의 반응은 적절한가?

지배 문화가 정신건강이 무엇인지를 정의하는 데 권력을 행사해 왔음을 35년이 넘는 연구가 증명한다. 2장에서 논한 브로버맨과 동료들(Broverman et al., 1970)의 연구는 정신건강에 대한 임상가의 믿음이 어떻게 임상적 판단에 영향을 미치는지를 예시해 준다. 브로버맨과 동료들(Broverman et al., 1970)이 정신건강에 대한 판단이 정신건강에 대한 지배 문화의 정의에 기반함을 발견했다는 것을 기억하자. 남성은 그들의 행동이 정신건강에 대한 지배적 정의와 일치했기 때문에 정신건강 임상가들은 그들이 건강하고 잘 적응한다고 보았다. 반면에 여성은 만일 성인 방식으로(즉 건강하게) 행동하면 건강하지 않다고 판단되었다. 심과 클라크(Seem and Clark, 2006)는 브로버맨과 동료들의 연구를 재실시해 정신건강에 대한 판단이 여전히 1970년대와 비슷한지 보려고 했다. 연구 참여자들은 상담자로 훈련받는 사람들이었다. 브로버맨과 동료들(Broverman et al., 1970)의 연구에서처럼, 건강한 성인 여성은 건강한 성인뿐만 아니라 건강한 성인 남성과도 의미 있게 다르게 판단됨을 발견했다. 1970년대처럼, 심과 클라크는 건강한 성인 남성은 건강한 성인과 의미 있게 다르게 판단되지 않음을 발견했다. 그러나 여성 정신건강에 대한 참여자들의 판단은 전통적인 여성적 특성과 전통적인 남성적 특성 둘 다를 포함하는 것으로 확장되었다. 흥미롭게도, 1970년 이후 건강한 성인 남성에 대한 지각은 변화를 보이지 않았다. 건강한 남성은 대체로 전통적인 남성적 용어로 묘사되었다. 다시 말해, 정신적으로 건강한 여성은 남성과 여성의 자질을 모두 가질 수 있지만 정신적으로 건강한 남성은 오직 남성의 자질만 가질 수 있는 셈이다. 그리고 '포괄적인' 건강한 성인은, 강함과 독립성 같은 특성을 가진 정신적으로 건강한 남성의 특성과 계속해서 유사했다. 따라서 정신건강의 정의는 지배 문화의 시대정신에 따라서 변할 수 있지만, 여전히 정신건강의 지배적 개념과는 다르게 행동하는 사람들을 병리화하는 경향이 있다.

심리적 고통의 기원

모든 상담 이론은 인간 고통에는 원인이 있다고 전제한다. 정신분석과 인식 치료 같은 상담 이론에서는 심리 내적 갈등 때문이든 비합리적 사고 때문이든 개인 안에 문제의 원인이 있다고 본다. 병리를 개인 안의 문제라고 보는 전통적인 관점과는 대조적으로, 여성주의상담은 개인 문제의 주요 원인은 외적인 것이며 성차별적이고 억압적인 환경에서 온다고 가정한다(Brown, 1994; Rawlings and Carter, 1977; Rosewater, 1990). 개인이 태어나고 자란 환경을 점검할 때, 상담자는 사회정치적이고 문화적 요인이 심리적 발달에 심오한 영향을 끼쳤음을 인정한다. 개인적 고통의 원인으로서 환경이나 맥락을 무시할 때, 우리는 우리의 내담자에 대한 성차별주의, 인종 차별주의, 이성애주의, 동성애 공포증, 연령 차별주의, 신체 능력 차별주의의 해로운 영향을 간과한다(Brown, 1994; Worell and Remer, 1992; Evans, Kincade and Seem, 2005). 고통을 심리 내적인 것이나 개인 안에 있다고 볼 때, 사례 개념화나 상담 계획은 오직 내담자와 내담자를 변화시키는 것에 초점을 맞추게 된다. 이런 사례 이해는 내담자의 고통과 괴로움을 야기하는 사회적·정치적·경제적 구조의 어떤 변화도 다루지 않는다.

반면에 여성주의상담자는 개인의 경험은 개인 삶의 맥락에 놓여야 한다고, 즉 세상 속의 개인 경험이 되어야 한다고 주장한다. 상담자가 개인의 고통에만 국한해 내담자를 본다면 내담자의 행동을 이해할 수 없다. 비록 심리적 고통을 이해하는 데 경험에 대한 내담자의 주관적 이야기가 중요하지만, 여성주의상담자는 내담자의 산 경험의 맥락에서 내담자의 경험을 고려하는 것도 마찬가지로 중요하다고 생각한다(Brown, 1994; Evans, Kincade and Seem, 2005; Worell and Remer, 2003). 가정의 학대 사례를 생각해 보자. 상담자는 내담자의 경험을 이해하는 데 학대 이상의 것을 고려해야 한다. 만일 내담자가 저임금이나 사회경제적으로 하층의 배경을 가졌고, 음식과 잠자리를 가족에게 의존한다면, 학대 상황에서 벗어나는 것이 어려울 수도 있다. 게다가, 가정의 방식과 관련된 문화적 가치와 가족의 가치도 고려해야 한다. 비록 학대 관계에 머무는 여성의 행동을 의존적이거나 피학적이라고 진단하고 싶은 유혹을 느낄 수 있지만, 맥락을 볼 때 심리적 의존 사례가 아니라 경제적 필요와 음식, 잠자리를 필요로 하는 사례가 된다. 즉, 홈리스가 되기보다는 견딜 수 있는 신체적 학대를 선택하게 되는 것이다. 만일 학대 관계를 벗어나지 않겠다고 결정한 이유가 문화적 가치와 가족의 가치 때문이라면, 가족의 의무가 개인의 결정보다 우위일 수 있다.

요약하면, 인간 본성과 고통의 원인과 관련된 여성주의상담자의 믿음은 상담자가 내담자의 호소 내용을 어떻게 보느냐에 영향을 끼친다. 게다가 여성주의상담자의 정신건강에 대한 정의는 내담자가 말하는 증상뿐만 아니라 문화와 맥락의 영향을 받은 넓은 범위의 내담자 행동도 포함한다. 문화와 맥락에 대한 이런 믿음은 여성주의상담자가 진단이라는 일에 대해 어떻게 생각하는지를 형성한다.

정신건강 진단

여성주의상담자는 전통적으로 실행되어 온 진단과 총평을 불편하게 여겨 왔다. 역사적으로, 여성주의상담자는 진단이라는 생각을 거부했는데 이유는 (a) 그것이 억압을 내담자 고통의 기반이라고 인정하지 않았고(Rawlings and Carter, 1977), (b) 권력과 사회 통제가 전통적인 진단 관행에 내재되어 있다고 믿었으며(Rawlings and Carter, 1977), (c) 내담자에 대한 상담자 권력(진단명을 붙이는 행위를 통해)과 관련되어 있어서였다(Caplan, 1992). 진단명을 붙이는 권력의 사용은 여성주의상담이 주창하는 것과 정반대되고, 평등한 관계의 가능성을 약화시킨다. 이런 염려에도 불구하고, 현재 여성주의상담자는 자주 정부 기관이나 다른 사회 기관으로부터 형식적인 진단 과정에 참여해 달라는 요청을 받는다. 이러한 경우에는 여성주의 의식으로 신중하게 접근하여, 진단하는 행위가 정신건강의 지배적 정의를 베끼거나 내담자 행동과 관련된 사회적 통제의 형태가 되어 상담자의 권력을 남용하는 것이 되지 않게 한다

(Brown, 1990; Erikson and Kress, 2005; Hernandez and Seem, 2001).

의학적 모델과 진단

『정신 장애의 진단 및 통계 편람(The Diagnostic and Statistical Manual)』(이하 DSM)은 미국에서 가장 인기 있고 가장 널리 사용되는 질병 분류학이다(Erikson and Kress, 2005; Kutchins and Kirk, 1997). DSM은 "정서성과 행동적이고 심리적 문제에 대한 지배 문화의 이야기를 대변하고 임상가 대부분의 사고와 임상을 조성한다"(Duffy et al., 2002: 363). 그러므로 DSM의 역사적 발달과 DSM에 대한 여성주의 비판을 이해하는 것이 중요하다. 나아가, DSM의 기초인 범주 모델의 적절성과 그것의 과학적 엄격함을 탐색하고, 마지막으로 진단하는 과정에 있는 상담자 주관성과 편견의 영향을 검토해 본다.

진단의 개념은 의료 분야의 의학적 모델에 들어가 있다. 이 모델에서 진단의 의도는 의사가 질병이나 상해의 성질과 원인을 결정하고 그에 적절한 치료가 결정되도록 돕는 것이다. 이런 유형의 분석은 진단이 의사와 환자에게 문제와 예후, 치료의 유형과 기간을 알려주는 신체 의학 영역에서 잘 기능한다(Albee, 2000). 의학적 모델에서, 신체 질병의 원인은 전형적으로 젠더와 문화와는 관련이 없다. 신뢰할 수 있고 정확하게 측정 가능한 변인에 기반한 자료를 사용하는 신체 과학의 모델을, 불안이나 반사회적 성격 장애같이 추상에 기반한 자료를 사용하는 정신적 질병의 진단에 사용하는 것은 골칫거리가 된다(Duffy et al., 2002). 정신 의학의 범주는 모든 인간에게 신뢰할 수 있고, 정당하고, 객관적이고, 확인할 수 있는 것이어야 하고 미래 내담자의 젠더, 인종, 종교, 계층, 국적에 상관없이 임상적으로 적합한 것이어야 하기 때문이다(Horsfall, 2001). DSM에서 설명하는 정신 장애 범주는 그런 기준을 충족하지 못한다. 정신 장애를 진단하기 위해 DSM을 사용하는 것은 질병이나 상해를 진단하기 위해 사용된 전략과는 전혀 유사하지 않다. 신체적 질병이 진단될 때 자주 나타나지 않는 문화와 젠더 같은 많은 요인들이 정신 장애 진단에 영향을 끼친다.

진단 및 통계 편람의 짧은 역사

DSM은 정신과 의사들이 만들었음을 기억하는 것이 중요하다. 인간 본성에 대한 그들의 가정과, 정신적 건강과 질병에 대한 그들의 믿음은 DSM에 깊은 영향을 끼친다. 게다가 편람의 변화에는 사회의 변화가 반영되어 왔다. DSM의 초판(APA, 1952)은 정신적 질병에 대한 저자의 가정을 반영하면서 신경증적 갈등의 결과를 비정상이라고 개념화했다. DSM III(APA, 1980)는 이론이 없이 각 장애를 위해 발달시킨 특정한 기준을 서술하는 것으로 개정되었다. DSM III-R(APA, 1987)는 축(Kutchins and Kirk, 1997)을 첨가했다. DSM-IV(APA, 1994)에서는 장애를 정서적인 함축을 지닌 생물학적 질병처럼 보았는데(Hernandez and Seem, 2001), 그것은 1980년대 정치적·사회적으로 시작된 보수적 경향과 1990년대에 나타난 의료 관리의 등장을 반영한다(Brown, 1994). DSM-IV는 그 개념 틀에 문화를 인정하고 언급한 첫 번째 판이다. DSM-IV-TR(APA, 2000)는 행동적 증상에 초점을 맞췄고 정신적 질병에서 심리치료보다 약물 관리가 중요함을 제시했다(Hernandez and Seem, 2001)(DSM 범주는 〈표 5.1〉 참조).

"오늘날, DSM은 미국의 영향을 받은 사회적 맥락에서 행하는 정신 의학적 임상의 제도적 기초를 상징"(Fabrega, 1992: 6)하며 그 역사는 당연히 DSM이 과학적인 문서가 아니라 오히려 사회적 세력과 심리적 이론의 정보를 가진

표 5.1	DSM 범주
축 1: 임상적 장애	
축 2: 인격 장애와 정신지체	
축 3: 일반적인 의학적 상태	
축 4: 심리사회적, 환경의 문제	
축 5: 전반적인 기능 평가	

자료: APA(2000: 27~28).

문서임을 보여준다(Kutchins and Kirk, 1997).

사실상, 커친스와 커크(Kutchins and Kirk, 1997)는 DSM이란 의학 영역에서 존경을 얻고 정신건강 영역에서 통제를 유지하기 위해 미국정신의학회가 분투하는 이야기라고 주장한다. 비판이 무엇이든 간에 진단을 하기 위해 이 체계를 사용할 때, 상담자는 객관성과 신중함을 유지하고 DSM의 역사를 인식하는 것이 중요하다.

DSM 체계에 대한 여성주의 비판

여성주의상담자는 다음의 세 가지 이유로 DSM 체계를 비판한다.

1. 심리 내적 원인에 대한 DSM 저자의 초점
2. 저자가 젠더와 문화를 인정하려는 시도를 함에도 불구하고 남성 중심적, 단일 문화적 관점 만연
3. DSM 내용에 대한 정치적 의제의 영향

1. 심리 내적 초점

의학적 모델 관점에 기반해 DSM은 계속해서 심리 내적 초점을 고수한다.

여성주의상담자는 DSM의 심리 내적 초점은 인간의 고통과 고통의 잠재적 원인으로 사회적 불평등과 맥락적 요인을 인정하지 않는다고 주장한다 (Brown, 1994; Fabrega, 1992; Khatidja, 2005; Kupers, 1997; Marecek and Hare-Mustin, 1991; Rawlings and Carter, 1977; Russell, 1986; Worell and Remer, 1992, 2003). 그래서 (전통적으로 실행된) 정신건강 진단은 사회적 문제를 의학화한다 (Brown, 1992). 내담자 고통의 원인을 환경 안에 두는 진단적 범주는 거의 없다(Brown, 1994; Worell and Remer, 1992, 2003). 결과적으로 성차별주의, 인종 차별주의, 계층 차별주의, 이성애주의 등과 같은 '주의'와 관련된 일상적 스트레스 요인과 은밀한 트라우마(Root, 1992)는 잘해도 거의 인정받지 못하고 최악의 경우 완전히 무시된다. 이런 심리 내적 초점은 비판적 체계, 관계, 문화적 관점을 간과하고(Erickson and Kress, 2005), 사람들의 삶에서 사회적 영역과 개인적 영역의 상호 관계를 무시한다(Brown, 1994; Rawlings and Carter, 1977). 맥락적이고 사회정치적인 요인이 최소화되거나 무시될 때 오진을 하거나 피해자를 비난하는 일이 생길 수 있다(Brown, 1994; Evans, Kincade and Seem, 2005; Santos de Barona and Dutton, 1997; Worell and Remer, 2003).

2. 남성 중심적, 단일 문화적 그리고 계층 편견

건강 및 병리와 관련된 남성 중심적, 단일 문화적(즉 백인이며 서구적) 그리고 계층(즉 사회경제적 중산층) 가정이 DSM 진단 기준에 들어와 있다. 많은 사람들이 이런 기준은 여성(Becker, 2001; Becker and Lamb, 1994; Brown, 1994; Caplan, 1992; Dumont, 1987; Enns, 2000; Erickson and Kress, 2005; Faludi, 1991; Horsfall, 2001; Kupers, 1997; Kutchins and Kirk, 1997; Unger and Crawford, 1996; Worell and Remer, 2003)과 다른 주변화된 집단들(Adebimpe, 1981; Block, 1984; Caplan, 1995; Collins, 1998; Enns, 2000; Erickson and Kress, 2005; Flaskerud and

Hu, 1992; Griffith, 1996; Kutchins and Kirk, 1997; Lin, 1996; Loring and Powell, 1988; Rogier, 1996; Snowden, 2003; Thompson, 1996; Worell and Remer, 2003)에 불리한 편견을 가지고 있는 경향이 있다고 주장한다. 이런 편견은 어떤 유형 의 장애를 남성보다 여성에게 더 자주 진단하게 이끌 수 있는데, 예를 들어 우울 장애, 섭식 장애, 공황 장애, 광장 공포증, 경계성 인격 장애가 있다 (Becker, 2001; Kupers, 1997).

계층 차별주의, 이성애주의 또한 DSM 진단 기준에 확고하게 자리 잡고 있 다. 예를 들어, 랜드린(Landrine, 1989)은 사회적 역할이나 권력에서의 위치가 남녀 모두에게 특정 인격 장애를 진단하게 함을 설명했다. 그녀의 연구에서 참여자들은 독신이고 젊은 중산층 여성에게 히스테리성 인격 장애를, 결혼 한 중년의 중산층 여성에게 의존성 인격 장애를, 젊은 저소득층 남성에게 반 사회성 인격 장애를, 중산층 남성에게 강박성이나 편집성 또는 자기애성 인 격 장애를 진단했다. 게이와 레즈비언, 비전통적인 남성, 인종에 의한 소수 집단, 여성에게 어떤 장애를 과진단하고 오진단하는 일도 많이 기록되어 있 다(Sinacore-Guinn, 1995).

문화적으로 편견이 있는 가정이 DSM 분류 체계의 기저에 있다. 이런 단일 문화적 가정은 자아 중심성, 마음과 몸의 구분, 사람을 전체로 보기보다는 전체를 만드는 부분으로 보는 견해이다(Kutchins and Kirk, 1997). DSM 최신 판은 각 진단을 설명하는 항목에서 문화적 다양성을 언급하고 문화와 연관 된 증후군의 용어 설명을 제공하지만, 인종적·민족적 편견 같은 것들은 여전 히 DSM 체계에 확고하게 자리 잡고 있다(Caplan, 1995; Kutchins and Kirk, 1997; Snowden, 2003)(〈표 5.2〉 참조).

스마트와 스마트(Smart and Smart, 1997)는 DSM-IV(APA, 1994)는 이전 판보 다 문화적으로 더 민감하다고 말한다. 이 말은 DSM-IV-TR(APA, 2000)에도

표 5.2   사회적 통제의 형태로서의 진단

배회증

19세기에, 체포와 처벌에도 불구하고 자주 도망가는 노예들은 배회증이 있다고 진단되었다(Fassinger, 2000; Hernandez and Seem, 2001). 이렇게 특정 집단 사람들, 즉 흑인 노예들의 자유를 추구하는 행위를 진단함으로써 노예 소유주들의 기존 질서와 사회적 통제를 확실하게 유지했다.

히스테리아

'히스테리아'라는 용어는 신체적이고 정서적인 고통으로 표현되었던 빅토리아 시대 여성들의 불만족이 자궁이 떠다녀서 생긴다는 생각에서 나왔다(Fassinger, 2000). 아내와 어머니로서 생기는 여성들의 불만족을 비여성적이고 부자연스럽다고 해석함으로써 여성들을 통제했다. 지금 우리는 이 예를 재미있어 하지만, 여성의 행동과 역할을 통제하려고 여성에게만 있는 생물학적 조건을 이용하는 일은 여전히 발생하고 있다.

월경 전 불쾌 장애(PMDD)

이 장애는 오직 여성들에게만 적용되고, 월경을 하는 여성을 병리화한다. 이 장애와 관련된 연구가 방법론적으로 흠이 있음에도 불구하고, 이것은 여전히 DSM에 들어 있다(Enns, 2000). 남성들에게도 호르몬으로 야기되는 기분 변화가 있지만, 이런 행동은 연구되지 않는다(Caplan, 1995; Gallant and Hamilton, 1988). 비평가들은 많은 여성들이 일터로 갈 때 월경 전 증후군이 다시 부활하는 것은 우연이 아니라고 분명히 말한다(Kupers, 1997; Tavris, 1996). 크라이슬러와 캐플란(Chrisler and Caplan, 2002: 284)에 따르면, "여성들이 정치적·경제적·사회적 권력에서 실질적인 이득을 얻을 때마다, 의학이나 과학 전문가가 나서서 여성들이 자신들의 섬세한 신체적이고 정신적인 건강을 손상시키는 위험을 무릅쓰지 않고는 더 이상 나아갈 수 없다고 경고했다". 정치적 의제가 되고는 하는 월경 전 불쾌 장애에 대한 의식을 향상시키기 위해서 테스토스테론 기반 공격성 인격 장애(Nikelly, 1992)와 공격성, 권력 추구성, 착취성 인격 장애(Dumont, 1987)라는 진단명이 제안되기도 했지만 DSM 저자들은 진지하게 받아들이지 않았다.

동성애

동성애는 한때 DSM에서 사회병리적 인격 장애로 여겨졌고(APA, 1952), DSM II(APA, 1973)에서도 여전히 정신 장애로 여겨졌다. 1980년에 동성애는 DSM III(APA, 1980)에서 자아 이질적 동성애로 바뀌었고, DSM-IV(APA, 1994)에서 결국 사라졌다. 이 진단의 역사는 미국의 동성애 관련 사회정치적 분위기를 따라갔다(Bayer, 1981). 그러나 이러한 변화에도 불구하고 동성애의 병리화는 여전히 계속되고 DSM-IV에 덜 명백한 형태로 성문화되어 있다. 어떤 임상가는 다음과 같은 진단명을 사용하여 동성애를 정신적 질병으로 여길 수도 있다. 사춘기나 성인기에 나타나는 젠더 정체성 장애('남성에게 성적으로 끌리는' 그리고 '여성에게 성적으로 끌리는')(DSM-IV; APA, 1994: 538)(Kupers, 1997), 그리고 달리 분류되지 않는 성적 장애('성적 지향에 대한 지속적이고 현저한 고통')(DSM-IV; APA, 1994: 538)(Fassinger, 2000).

반사회성 인격 장애
그리피스(Griffith, 1996)는 반사회성 인격 장애를 진단하는 것은 정신건강 제도의 도움을 받지 못하게 하는 방식으로 아프리카계 미국 남성을 낙인찍는 시도라고 주장했다. 이 낙인의 다음 순서는 아프리카계 미국인이 형법과 만나 처벌받게 하는 것이다.

해당된다. 문화적 감수성이 증가한 증거로 스마트와 스마트(Smart and Smart, 1997)는 특정한 문화적 특징, 문화 특유 증후군, 문화적 배경을 언급하는 공식, 축 IV(심리사회적이고 환경적인 문제)에 대한 광범위한 정의, 문화적으로 민감한 V 지침이라는 다섯 가지 새로운 정보의 영역을 추가했음을 지적한다. 그러나 문화적 정보의 포함은 대체로 미미하고(Hernandez and Seem, 2001), 매뉴얼은 서구 백인 문화에 대한 가정으로 가득 차 있다. 예를 들어, '특정한 문화적 특징' 항목에서 특정한 문화를 언급하지 않는다. 대신에 미국 내 지배적인 백인 문화 외에 다른 문화를 거의 언급하지 않고 광범위한 일반성을 이야기한다. '문화적 기초'에 대한 지시 항목에서는 임상가에게 "개인의 문화적 정체성, 개인 질환에 대한 문화적 설명, 정신 사회 환경 및 기능 수준과 연관된 문화적 요소, 개인과 임상가의 관계에 있어 문화적 요소, 진단 및 평가에 있어 종합적인 문화적 평가라는 각 범주에 대해 이야기식으로 요약하라"라고 지시한다(DSM-IV; APA, 1994: 844~845; 미국정신의학회, 1995: 1079~1080). 그러나 이런 지시들은 내담자의 진단을 공식화하는 데 이런 정보를 어떻게 사용할지에 대해 말하지 않는다. 마지막으로 단일 문화적 가정은 문화 특유 증후군의 색인에 들어 있다. 커친스와 커크(Kutchins and Kirk, 1997)는 문화적 항목들은 맥락이 빠져 있고 의미는 사라졌다고 주장한다. 그들은 항목이나 문화를 선택하는 데 보편적인 것으로 봐야 할지 부분적인 것으로 봐야 할지에 대한 고민을 하지 않았다고 주장한다. 서양 문화에서 주로 발견되는 섭식 장애와 광장 공포증 같은 진단명은 문화 특유 증후군 예의 목록에 있지 않다.

비록 문화적 축인 VI는 예를 들면 상담자에게 인종 차별주의가 야기한 억압을 병인으로 진단할 수 있게 허용하지만, 의료보험 회사는 축 I과 II의 진단만을 요구한다. 그래서 환경적·문화적 원인은 보험 처리가 되지 않는다는 의미에서 '진정한' 정신적 질병으로 간주되지 않는다. 본질적으로 실제의 정신적 질병은 문화적 맥락을 인정하지 않는다(Brown, 1994).

인종 차별주의는 DSM 체계에 스며들어 있다(Brown, 1994; Kutchins and Kirk, 1997). 억압적인 환경에서 생존하기 위해 필수적인 건강한 편집증과 둔화된 감정은 정신 분열증으로 오진될 수 있다. 예를 들어, 아프리카계 미국인은 예상보다 높은 비율로 정신 분열증이라 진단되고, 또 예상보다 낮은 비율로 정서 장애라고 진단된다(Adebimpe, 1981; Snowden, 2003). 나아가 흑인들은 위험하고 폭력적이라고 기술되고, 동일한 모습을 보이는 백인들은 분노하는 것으로 기술된다(Caplan, 1995). 정신건강 체계에서 인종적 정체성과 정신 의학 진단의 관계에 대한 연구(Flaskerud and Hu, 1992)는 인종이 일관되고 유의미한 관계가 있음을 보여준다. 백인보다 흑인과 아시아인 환자들이 훨씬 더 높은 비율로 정신증적 장애를 진단받는다. 라틴계 환자는 백인 환자보다 이런 진단을 덜 받는다. 그에 반해 백인과 아시아인 환자는 흑인이나 라틴계 환자보다 우울이나 불안 같은 정서 장애 진단을 더 자주 받는다.

3. 정치적 의제/사회적 통제

정신적 질병을 정의하는 것과 정신적 질병의 원인을 결정하는 것은 시대 정신의 영향을 받는 주요 정치적 이슈이다(Erickson and Kress, 2005; Fassinger, 2000; Hernandez and Seem, 2001). 어떤 집단, 전문적 조직, 회사로부터의 외적 압력은 수행되는 연구와 DSM 체계에 포함되거나 배제되는 진단에 영향을 끼친다(Kutchins and Kirk, 1997). 정신적 질병의 정의는 정적이지 않고 시대에 따라 변화하기 때문에 여러 사람들 중에서 커친스와 커크(Kutchins and Kirk, 1997)와 엔스(Enns, 2000)는, 진단명은 사회적 구성의 결과이고 결과적으로 사회적 통제의 형태로 이용될 수 있다고 주장한다(Caplan, 1995; Chesler, 1972; Greenspan, 1993; Kutchins and Kirk, 1997; Marecek and Hare-Mustin, 1991).

사회적 통제는 정치적 의제를 가지고 있으며, 한 시대의 정치적이고 사회적 분위기는 진단적 범주에 영향을 끼친다. 병리적이고 정상적이라고 여겨지는 것들은 특정한 시대의 지배 집단의 가치와 믿음을 반영한다. 예를 들면, DSM 질병 분류학에서 호르몬의 동요 때문에 생기는 여성의 기분 변화는 병리화되는(월경 전 불쾌 장애) 반면에, 호르몬 때문에 생기는 남성의 기분 변화는 병리화되지 않는다(Chesler and Caplan, 2002; Kutchins and Kirk, 1997). 동성애 공포증, 성차별주의, 여성 폭력 등과 같이 개인과 사회 전체에 해를 끼치는 사고와 행동은 DSM 체계에 병리적인 문제로 성문화되어 있지 않다(Kutchins and Kirk, 1997). 그것들은 병리적이라고 여겨지지 않는데, 왜냐하면 지배 집단의 정책과 권력을 지지하기 때문이다.

DSM이 사회적으로 수용된다는 근거는 진단에 대한 DSM 접근이 다음의 경우에 요구된다는 데 있다. (a) 사적·공적 건강보험 회사를 통해 보험 지불을 받으려는 임상가, (b) 미국 국립정신건강연구소로부터 연구 기금을 받으려는 연구자, (c) 정신 병리에 대한 교재를 저술하려는 학자들은 DSM 기준으로 작업해야 한다(Kutchins and Kirk, 1997). 게다가 정신 병리 교과목은 자주 DSM을 모델로 사용하면서 신참 정신건강 임상가가 빨리 그리고 '정확하게' 내담자의 문제를 진단하도록 가르쳤다. DSM에 대한 과도한 의존은 우리가 무엇을 아는지와 우리가 내담자, 연구 참여자, 학생과 어떻게 상호작용하는지를 구성하고 한계 짓는다.

젠더화된 행동과 현재의 사회적 역할과 관련해, 쿠퍼스(Kupers, 1997)는 진단적 기준은 양성(남성과 여성)에게 사회적으로 장려되는 특성에 대한 허용치의 상한선을 반영한다고 주장한다. 예를 들어, 전통적으로 백인 여성의 젠더 역할 행동은 여성이 의존적·수동적·순종적·정서적·양육적이기를 기대한다. 그러한 전통적인 여성 행동에 과도하게 순응한 사람들은 의존성 인격 장애나 히스테리성 인격 장애라고 진단받기 쉽다(Brown, 1994; Caplan, 1992; Kaplan, 1983; Reinzi and Scrams, 1991). 의존성 인격 장애와 히스테리성 인격 장애의 기준을 검토함으로써 그 기준과 여성적인 젠더 행동이 관련 있음을 설명할 수 있다. 같은 방식으로, 전통적인 남성 행동에 대한 과도한 순응은 남성을 반사회성 인격 장애, 편집성 인격 장애, 강박성 인격 장애라고 진단받게 할 수 있다(Reinzi and Scrams, 1991). 쿠퍼스(Kupers, 1997)는 남성과 여성에게 전형적으로 진단되는 정신 장애는 남성과 여성 사회화가 격려하는 행동을 통제하는 방법이 된다고 주장한다. 예를 들어, 소년들은 거칠고, 공격적이고 능동적이고, 성적으로 공격적이고, 모험적이고, 합리적이 되라고 격려받지만, 너무 공격적이 되면 행동 장애 또는 간헐적 폭발성 장애라는 진단을 받을 수 있다. 남성은 너무 합리적이 되면 강박성 인격 장애라는 진단을 받을 수 있고, 성적 영역에서 규칙을 심하게 어기면 변태 성욕이라는 진단을 받을 수 있다(〈표 5.2〉 참조).

요약하면, DSM 범주와 정신건강 진단은 역사적으로 사회적이고 정치적인 믿음과 권력 체계를 반영하기 쉽지만 그것들은 또한 정신건강 문제를 진단하는 우리의 현재 양식과 방법으로 계속해서 사용되고 있다.

상담자 편견의 가능성

젠더와 문화에 대한 상담자의 가정은 임상적 판단에 영향을 끼친다(Broverman et al., 1970; Hernandez and Seem, 2001; Seem and Clark, 2006; Worell and Remer, 2003). 그러한 개념은 무의식적일 수도 있고(Bem and Bem, 1970) 인식 과정의 오류인(Arkes, 1981; Darley and Gross, 1983; McLaughlin, 2002; Morrow and Deidan, 1992) 개인적 믿음과 가치에서 나올 수 있다(Bem and Bem, 1970). 결과적으로 이를 통해 진단적 편견이 생길 수 있다(Becker, 2001; Becker and Lamb, 1994; Broverman et al., 1970; Brown, 1994; Landrine, 1989; Reinzi and Scrams, 1991; Robertson and Fitzgerald, 1990; Seem and Clark, 2006; Seem and Johnson, 1998).

개인적 믿음

다른 사람들과 마찬가지로, 정신건강 임상가들도 정신건강과 병리에 대한 지배적 문화의 가치와 믿음에 의해 사회화되고, 진단 실행에 영향을 끼치는 의식하지 못하는 이데올로기(Bem and Bem, 1970)를 얻게 될 수 있다(Hernandez and Seem, 2001). 성차별주의, 계층 차별주의, 인종 차별주의, 연령 차별주의, 이성애주의, 신체 능력 차별주의는 이러한 의식하지 못한 이데올로기의 일부일 수 있다. 많은 증거들이 고정관념화와 여성 및 유색 인종의 관점을 무시함으로써 생기는 임상가의 편견과 오진이 있음을 말하고 있다

(Kutchins and Kirk, 1997). 진단하는 과정에서 지배적 문화의 편견을 되풀이하지 않으려면 자신의 믿음과 가치에 대한 여성주의 의식이 필요하고 지속적으로 이를 자각해야 한다.

부가적으로, 오진은 상담자의 주관성 때문에 생기기도 한다. DSM은 상담자의 해석에 열려 있는 정의와 언어들로 가득 차 있다. 여러 저자들이(Brown, 1994; Caplan, 1992; Kutchins and Kirk, 1997; Russell, 1986) 다음과 같은 여러 형태의 임상가 편견이 있음을 확인한다.

1. DSM-IV는 상담자 개인의 판단을 허용하는 용어를 사용한다(APA, 1994: 2). 무엇이 '가벼운', '중간의', '심각한' 증상, '임상적으로 의미 있는', '지속되는', '심각한' 증상을 구성하는지에 대한 진단적 결정은 상담자의 판단에 맡긴다.

2. DSM-IV(APA, 1994)의 정신 장애에 대한 정의는 상담자가 가진 편견의 영향을 받아 해석되기 쉽다(Brown, 1994; Caplan, 1992; Russell, 1986). DSM-IV-TR(APA, 2000)에 나오는 정신 장애에 대한 정의는 다음과 같다.

   개인에게 발생하고 있는 임상적으로 의미 있는 행동적·심리적 증후군이나 양상으로서, 이러한 증후군이나 양상은 현재의 고통(예: 고통스러운 증상)이나 무능력(예: 한 가지 이상의 중요한 기능 영역의 손상)을 동반하거나, 고통스러운 죽음이나 통증, 무능력이나 자유 상실의 위험을 증가시킨다"(APA, 2000: xxxi).

   이 정의는 해석을 허용하고, 따라서 상담자가 예를 들어, 무엇이 '의미 있는지' 또는 무엇이 '고통'인지를 결정해야 하는 주관성을 허용한다.

3. DSM-IV-TR(APA, 2000)는 상담자에게 내담자가 진단의 기준들에 맞지

않는 증상들을 보일 때 진단을 할지 말지를 결정하는 임상적 판단을 사용할 것을 허용한다.

예를 들어, 임상 진단이 어떤 장애의 진단 기준을 모두 충족하는 것은 아니라 할지라도 현재 드러난 증상이 지속적이고 심하다는 임상적 판단에 따라 그러한 진단을 내리는 것이 정당화될 수 있다(APA, 2000: xxxii).

그러므로 임상가들은 진단을 할지를 결정할 때 재량을 가지게 되고, 임상가의 편견과 주관성이 진단적 판단에 영향을 끼칠 수 있다.

인식 과정의 오류

인간은 많고 다양한 정보에 대한 질서를 창조하고 의미를 만드는 인식 기제를 발달시킨다. 그러므로 심리학자, 정신건강 임상가, 상담자는 다른 모든 인간들처럼 젠더, 인종/민족, 사회 계층 등을 다른 사람들을 이해하는 조직화 범주로 사용하고, 그런 범주를 기반으로 다른 사람들에 대한 결론을 내린다(Hernandez and Seem, 2001; Unger and Crawford, 1996). 사람들은 정보를 조직하고 이해하게 하는 여러 개의 인식 기제를 사용한다. 이런 인식 기제 중 많은 것이 과정의 오류나 오진으로 이끌 수 있다.

추론적 편향은 선택적인 회상(Arkes, 1981; Hernandez and Seem, 2001; Morrow and Deidan, 1992)이나, 고정관념이나 생생하게 느껴지는 자료를 사용(Enns, 2000; Garb, 1996; McLaughlin, 2002)하는 결과를 가져올 수 있는 사고의 과정이다. 예를 들어, 임상가는 이미 존재하는 편견을 확인하거나 무언가를 범주화하기 위해 '익숙하거나 편하거나 떠오르거나 두드러진다는 근거로' 세부 사항에 선택적인 주의를 줄 수도 있다(McLaughlin, 2002: 260). 여기에서 진단적 판단은 획득하기 어려운 정보보다는 정보의 생생함이나 획득 가능성과 그 현저성(사회적 역할, 가족, 고정관념)에 의해 내려진다. 왜냐하면 자료의 생생함은 제한적이고 고정관념은 경직되기 때문에, 기억은 정보의 현저성으로 영향을 받을 수 있고 오진을 불러일으킬 수 있다(Darley and Gross, 1983).

근본적 귀인 오류는 개인이 성격의 효과를 과대평가하고 행동에 대한 환경적 영향이나 상황적 영향을 과소평가하는 경향이다(Enns, 2000; Jackson and Sullivan, 2003; Morrow and Deidan, 1992). 본질적으로 이 오류는 문제의 원천을 개인 안에 두고 내담자 고통의 원천으로서의 환경을 최소화하거나 무시한다. 이런 유형의 편향은, 자주 차별받는다는 정당한 주장을 하고 중요한 환경적 압력을 흔히 받을 수 있는 여성과 유색 인종에게 특히 강력하게 영향을 끼친다(Morrow and Deidan, 1992).

또 다른 인식 과정의 오류는 총평 편향으로 이끌 수 있는 **초두성 효과**이다(McLaughlin, 2002). 이런 유형의 편향으로 상담자는 내담자에 대해 자신이 얻은 첫 번째 정보의 영향을 받는다. 예를 들어, 이전 상담자의 총평의 결과로 누군가를 오진한다. 초두성 효과는 **재구성적 기억**이라고 불리는 또 다른 인식 과정의 오류와 유사하다(Morrow and Deidan, 1992). 기억에 있어서의 빈틈은 채워지거나 변경되어 임상가가 기억하는 것은 무엇이든지 내담자에 대한 자신의 현재 가설과 맞아 들어가게 된다.

상담자는 또한 **확증 편향**에 취약하다(Darley and Gross, 1983; Jackson and Sullivan, 2003; McLaughlin, 2002; Morrow and Deidan, 1992). 이런 유형의 편향으로 상담자는 자신의 가설을 확인하는 정보에 초점을 맞추고, 초점을 맞춘 정보에만 근거하여 내담자를 진단한다. 상담자들은 또한 내담자에게 기대하고 그 기대에 맞는 것을 내담자에게서 확인하는 **자기 충족적 예언**으로 진단할 수도 있다(McLaughlin, 2002).

비록 그런 인식 기제들은 자료 처리 과정을 돕지만, 내담자에 대한 오진이라는 결과를 가져오는 인식 과정의 오류로도 이끌 수 있다. 그러므로 이런 과정 오류를 자각하고 있다면 진단과 진단적 사고에 대한 영향을 줄일 수 있을 것이다.

요약

우리가 사는 세상과 주어진 현실에서, 여성주의상담자는 진단·총평을 무시할 수 없다. 아마도 직업적 책임감 때문에 진단을 해야 할 것이고 제3자가 지불하는 상담료를 받아야 할 것이다. 나아가 내담자들은 자신들만의 공식적이거나 비공식적인 진단을 가지고 올 것이다. 내담자들은 다른 기관에서 오기도 하고, 때로는 정신건강 관련 병력을 가지고 오기도 한다. 게다가 그들은 풍부하고 다양한 처세술 책(예를 들어, 공동 의존증, 성인 알코올 중독자에게서 나타나는 심리적으로 아이 같은, 근친상간 등에 대한)이나 미디어(예를 들어, 제약 회사 웹사이트, 텔레비전 광고)에서 알게 된 진단을 가지고 온다. 아마 가장 중요한 점은 내담자들도 자신들의 상담자처럼 애매한 것을 좋아하지 않고 질문에 대한 확실한 대답을 원하는 문화에 살고 있다는 점일 것이다. 그러므로 여러 면에서 애매함과 다양성의 건강한 측면을 긍정적으로 보는 여성주의상담은 여전히 내담자들이 자신을 더 잘 이해하고 더 만족스러운 삶을 살도록 돕는 방식을 찾아야 한다. 유능하고 윤리적인 정신건강 임상가인 여성주의상담자는 내담자의 경험을 존중하고 정신건강에 대한 환경적 영향을 인정하는 방식으로 평가하고 진단할 수 있어야 한다.

6장

여성주의 사례 개념화

●●●●●

개념화에 대한 여성주의 관점은 다양한 경험을 가치 있게 여기는 자세를 요구한다(그런 경험 중에는 전통적이지도 않고 지배 사회가 가치 있게 여기지 않는 경험도 있다). 여성주의 개념화에는 여성주의 의식과, 내담자와 작업하는 데 영향을 끼치는 믿음과 가치를 지속적으로 점검할 수 있는 의지가 필요하다. 여성주의 개념화를 실행하는 특정한 질문과 기술을 배울 수는 있지만, 여기서 가장 중요한 요소는 내담자와 그들의 호소 내용을 대하는 우리의 태도이다. 만일 내담자의 산 경험과 그들 문제의 맥락을 가치 있게 여기는 태도로 사례 개념화에 접근한다면, 여성주의 개념화는 자연스럽게 따라올 것이다. 그러나 만일 개념화와 평가 과정에 내재되어 있는 권력 이슈를 다루는 데 실패한다면, 진정한 여성주의상담자가 될 수 없고, 개념화과정은 여성주의적인 것이 아니다.

여성주의 개념화: 필수 요소

여성주의 개념화에는 두 가지 필수 요소가 있다. 첫 번째는 비판하는 지식, 즉 세상이 어떻게 작동되는지에 대한 의심 없이 받아들여지는 가정들에 대해 의문을 제기해야 하는 여성주의상담자의 의무이다. 두 번째는 여성주의 의식, 즉 여성주의상담자가 자신의 가정과 편견을 성찰하는 것과 관련된 요소이다. 이 두 가지 개념은 정치적인 영역(세상이 작동되는 방식) 및 개인적인 영역(우리의 주관적 경험)과 연결되는데, 이 주제는 여성주의상담에서 반복된다.

비판하는 지식

앞 장에서 우리는 정신건강과 병리에 대한 여성주의 관점을 언급했고, 여성주의를 세상이 작동되는 방식에 대한 의심 없이 받아들여지는 가정과 믿음에 질문할 의무를 가진 '비판하는 지식의 형태'라고 제시했다(Marecek and Hare-Mustin, 1991: 524). 비판하는 지식은 여성주의 개념화에 필수이지만 보통 임상가에게 가르치지는 않는다. 비판하는 지식이 무엇인지 처음으로 접하기에는 여성 심리학 교재만 한 것이 없다. 이런 교재는 입문서로서 젠더가 무엇이며 젠더가 어떻게 인간 발달과 사회질서에 영향을 끼치는지 알려준다. 브라운(Brown, 1994)과 워렐과 리머(Worell and Remer, 2003)는 사람들의 삶에 영향을 끼치는 젠더와 문화를 이해하는 것의 중요성에 대해 알려준다.

4장에서는 상담에서 젠더 이슈를 다룬 연구들을 잘 알아야 한다고 말했고, 5장에서는 어떻게 젠더가 정신건강의 임상적 판단에 영향을 끼칠 수 있는지를 논했다(예를 들어, Broverman et al., 1970; Seem and Clark, 2006 참조). 이 연구들은 훈련 중인 임상가와 상담자의 정신건강 이해는 전통적인 남성 젠더 역할을 반영하고, 내담자의 젠더는 정신건강에 대한 지각에 영향을 끼침을 발견했다. 관련된 문헌을 참고하면, 젠더와 인종/민족, 성적 지향, 사회 계층, 연령, 문화 그리고 다른 인구학적 변수의 상호작용에 대해 좀 더 이해할 수 있다(Brown, 1986, 1990, 1994; Espin, 1993; Greene and Sanchez-Hucles, 1997; Robinson-Wood, 2009; Worell and Remer, 2003). 젠더와 성격 발달에 대한 지식, 특히 포스트모던이나 구성주의적 접근 같은 유럽계 백인의 남성 중심적 규범을 고취하지 않는 이론을 반드시 자각해야 한다. 마지막으로, 한 젠더가 어떤 경험을 하는 비율이 더 높고 그 결과 전 인구가 영향을 받음을 자각하는 것 또한 핵심이다(Brown, 1994). 예를 들어, 여성이 삶에서 폭력을 경험하는 비율이 남성보다 훨씬 더 높음을 아는 것이 중요하다. 그래서 여성 내담자의 삶에서 모든 형태의 폭력(예를 들어, 언어폭력부터 강간과 가정 폭력에 이르기까지)에 대해 묻는 것이 중요하다. 폭력은 하나의 예일 뿐이다. 다음에 열거한 것들을 포함한 다양한 예들이 있다. 남성은 알코올 중독의 비율이 더 높고, 여성은 우울증으로 흔하게 진단받는다. 여성은 남성보다 임금을 덜 받지만 더 오래 산다. 남성은 산업과 정부에서 권력을 가진 위치에 있을 가능성이 더 높고, 여성은 말라야 한다는 사회적 기대 때문에 다이어트를 할 가능성이 더 크다. 유색 인종이 직면하는 억압의 경험에 대해 아는 것과 그런 경험에 대해 질문하는 것은 똑같이 중요하다.

비판하는 지식은 상담자가 자신의 경험이 내담자의 원형이라고 가정하지 말 것을 요구한다. 비판하는 지식은 상담자가 자신의 경험을 넘어서 나아갈 수 있도록 정보를 제공한다. 또한 내담자의 경험을 가치 있게 여기고, 자신의 경험에 대한 내담자의 정의를 존중하며, 이러한 관점이 인정될 수 있는 공간에 우리 상담자들이 있도록 돕는다. 그리고 상담자가 내담자를 신뢰하고 그들이 무시하거나 간과할 수 있는 잠재적 경험을 묻도록 돕는다.

여성주의 의식

여성주의 의식은 여성주의상담자가 세상과 세상이 작동하는 방식에 대한 어떤 믿음과 가치를 가지고 있음을 알기를 요구한다. 여성주의상담자는 대부분의 상담에 가치중립적으로 임하지 않는다. 그래서 상담자는 자신의 편견과 가정을 꾸준히 점검하고, 알고 이해하려고 노력한다. 상담자의 세계관은 건강과 병리에 대한 가정을 만들고 사회 제도와 인간의 성장과 발달에 대한 믿음을 만든다. 이 모든 것은 우리가 내담자를 생각하고 개념화하는 방식과 우리가 내담자와 상호작용하는 방식을 정하는 데 핵심적인 역할을 하는 요인이다.

여성주의상담자는 내담자와의 작업에 어떤 가치와 태도를 가지고 있다. 2장에서 논한 여성주의상담의 네 가지 원리는 여성주의 의식을 발달시키고 유지하는 데 핵심적이다. 개인적인 것은 정치적인 것이라는 믿음은 내담자의 삶의 맥락에서 그들을 보도록, 세상에서의 그들의 산 경험을 생각하도록, 억압과 성차별주의가 대개 심리적 고통의 뿌리임을 이해하도록 추동한다. 여성주의상담자는 상담 회기에서의 권력과 억압의 가능성을 자각한다. 의식적으로 내담자와 **평등한** 관계를 형성하려고 한다. 내담자에 대한 이런 태도에는 상담자가 내담자를 존중하고 내담자가 자신의 경험에 대한 전문가이고 자신의 경험을 정의할 수 있음을 믿는 믿음이 필요하다. 이것의 예는 **여성 경험을 존중하는** 실천이다. 즉, 여성들과 작업할 때 여성주의상담자는 여성 내담자의 경험을 무엇이 적절한 행동으로 여겨지는지에 대한 남성의 규범과 비교하지 않고, 유색인 내담자를 백인의 규범과 비교하지 않는다. 대신에 개인들과 작업할 때 상담자의 작업은 젠더와 상관없이 무엇이 내담자를 위한 건강한 행동인지를 내담자와 함께 정의하는 것이다. 마지막으로 여성주의 의식은 내담자를 강점의 관점에서 본다는 것을 의미한다. 증상을 내담자가 잘못되었다는 표시로 보지 않고 내담자의 행동과 느낌을 그들의 산 경험에 대한 소통의 방법으로 관찰한다. 여성주의상담자는 다른 이론적 접근이 병리를 볼 수 있는 지점에서 치유를 위한 회복력(resilence)을 본다. 결과적으로 여성주의상담자는 내담자가 자신의 증상들의 의미를 이해함으로써 권력강화되도록 돕는다. 예를 들어, 자해하는 젊은 남성은 분노의 느낌을 자신의 통제 아래 두기 위해 자해를 할 수도 있다. 여러 측면에서 이것은 친사회적이고 비병리적인 행위이다. 젊은 남성은 분노를 타인에게 드러내고 타인을 해해서는 안 된다는 것을 안다. 혼자서 자신에게만 상처를 내면, 학교에서 분노를 폭발하지도 않고 좋은 성적도 유지할 수 있다. 그러나 아직 그는 자신의 분노를 이해하여 스스로에게 상처 내지 않는 방법을 배우지 못했다. 여성주의상담자는 젊은 남성이 느낌과 경험 사이에 필수적인 연결을 만들고, 분노를 표현하는 더 적절한 방법을 확실하게 배울 수 있도록 작업할 것이다.

여성주의 의식은 젠더, 문화, 행동과 관련한 자신의 의식적·무의식적 편견과 기대를 점검하라고 요구한다. 상담자는 내담자와의 관계와 개념화의 과정에서 인간으로서의 우리를 드러내게 된다. 그래서 우리의 젠더 역할 사회화와, 억압과 특권과 관련한 우리의 경험과, 그런 경험이 우리 자신을 보는 방식과 어떤 식으로든 우리와 다른 타인을 보고 타인과 작업하는 방식에 끼치는 영향을 반드시 자각해야 한다.

인종적 정체성 이론과 문화적 정체성 이론의 전통(Cross, 1971; Atkinson, Morten and Sue, 1979)과 다우닝과 루시(Downing and Roush, 1985)의 여성주의 정체성 모델을 따라서, 워렐과 리머(Worell and Remer, 2003)는 개인적·사회적 정체성 발달 모델(〈표 6.1〉)을 개발했다. 개인은 일련의 차원 중 자신이 어디에 속하는지 이해하기 위해 그리고 정체성의 차원들이 자신이 사회적 특권을 반영하는지, 억압을 반영하는지, 또는 둘 다의 결합을 반영하는지에 의해 어떻게 영향을 받는지를 이해하기 위해 이 모델을 사용할 수 있다. 저자들은 자신들의 모델이 "자기 집단과 다른 집단 모두의 긍정적 특질을 자각하고, 이해하고, 평가하는 과정"을 반영한다고 말한다(Worell and Remer, 2003: 37; 워렐·리머, 2004: 75). 이 모델은 상담자가 다른 집단을 위해서뿐만 아니라

표 6.1   개인적·사회적 정체성 모델

수준 1: 전 자각

특권/유리한 집단

- 다수 집단의 규범과 가치를 확신하며 이것들이 보편적이라고 믿는다.
- 억압받는 집단에 대한 문화적 고정관념을 받아들인다.
- 자신의 집단이 다른 집단보다 낫다고 믿는다.
- 자신의 특권적 지위를 자각하지 못하거나 부인하며, 그것을 정상적이고 가치 있는 것으로 받아들인다.
- 가치 있는 사회적 자원에 접근한다.
- 능력이 개인의 결과를 결정하는 정당한 세계에 살고 있다고 믿는다(나는 내 삶에서 내가 가진 좋은 것들을 받을 가치가 있다).

억압/불리한 집단

- 다수 집단의 규범과 가치를 확신한다.
- 자신의 집단을 업신여기고, 다수 집단을 좋게 평가한다.
- 자신의 집단에 대한 부정적 고정관념을 받아들인다.
- 자기 비하와 자기 비난을 한다.
- 사회적 자원에 거의 접근하지 못한다.
- 정당한 세계에 산다고 믿는다(나는 내가 가진 것 이상으로 받을 가치가 없다).

수준 2: 만남

특권/유리한 집단

- 특권적 지위에 대해 자각하게 된다.
- 특권은 집단의 지위와 연관이 있다는 것을 안다.
- 차별과 고정관념화를 자각하게 된다.
- 자신이 억압자일 수 있는 가능성에 대해 불편해한다.
- 인식의 불일치, 갈등이나 죄책감을 경험한다.
- 이미 가지고 있던 자신과 타인에 관한 관점에 대해 내적으로 갈등을 겪는다.

억압/불리한 집단

- 자신이 속한 집단의 구성원으로서 억압을 자각하게 된다.

- 자신과 타인에 대해 모순된 관점을 가진다.
- 자신을 가치 있게 여기고 지배 집단을 가치 있게 여기는 데 갈등을 느낀다.
- 자신이 속한 집단 전체의 억압받는 지위를 자각한다.
- 해방을 경험한다(그것은 내 잘못이 아니야).
- 자신과 집단에 가해지는 불공평과 상처에 분노하게 된다.

수준 3: 빠져듦

특권/유리한 집단

- 억압받는 집단과 그들의 관심에 대해 알게 된다.
- 억압받는 집단에 대한 차별 행위의 영향을 이해한다.
- 억압받는 집단의 긍정적 특질과 가치를 평가한다.
- 억압받는 집단의 구성원과의 접촉을 늘리도록 애쓴다.
- 억압받는 집단과 경쟁적 관계를 갖기보다는 협력적 관계를 갖는다.
- 억압자로서 자신에 대한 자각이 증가한다.

억압/불리한 집단

- 자신의 진가를 알아보게 된다.
- 집단의 진가를 알아보게 된다.
- 억압받는 집단에 대한 지식을 증가시킨다.
- 억압과 억압자에 대한 분노가 늘어난다.
- 자신이 속한 집단에 초점을 맞춘 활동에 자신을 몰입시킨다. 억압자를 배제한다.

수준 4: 통합과 행동

특권 집단과 억압 집단이 결합함

- 개인적 · 공적 자원을 기꺼이 공유한다.
- 두 집단의 세계를 편안하게 넘나든다.
- 두 집단의 가치와 특질을 긍정적으로 평가한다.
- 두 집단의 사회적 · 정치적 · 경제적 지위를 이해한다.
- 부정적 고정관념과 차별 행위를 직면하고 이를 거부한다.
- 사회 정의를 향한 변화를 촉진하기 위해 적극적으로 노력한다.

자료: Worell and Remer(2003: 36~37); 워렐 · 리머(2004: 74~75).

자신을 위해서도 억압, 특권과 관련된 자각의 수준을 확인하는 것을 돕는 지침으로 사용할 수 있다. 여성주의상담자가 다른 사람들과 어울리는 일에 노출되는 것도 가정과 편견을 자각하는 데 도움이 될 수 있다. 여성주의 및 다문화적 슈퍼비전과 다양한 배경을 가진 전문가의 자문은 자각을 개선시키는 또 다른 방법이다. 이 지식과 자각은 개념화의 행위에 앞서 가져야 한다(Brown, 1990).

　여성주의상담자가, 개념화의 과정이란 여러 방식으로 가정(세상이 어떻게 작동하는지, 개인으로서 우리가 그것을 어떻게 바라보는지에 대한 가정뿐만 아니라 이러한 관심사와 자신의 삶에 대한 내담자의 가정)에 대해 질문하는 과정임을 이해하여 편안하게 느끼게 되면, 여성주의 개념화의 과정을 시작할 준비가 된 것이다.

여성주의 개념화의 기술

이 과정에 대한 이해를 개선하기 위해, 사례 연구를 통해 우리의 작업을 검토할 것이다. 여성주의 개념화를 안내하는 가정들을 읽으면서 다음 사례에 대해 생각해 보라.

사례 연구　제러드는 19세, 백인 남성이다. 그의 가족은 헝가리계 미국인이고 고향에 있는 많은 남자 어르신들은 여전히 헝가리어로 말한다고 한다. 그는 유명 주립 대학교 학생으로, 현재 1학년 2학기를 보내고 있다. 그는 그가 전도유망하지만 동기가 없다고 믿는 교수가 의뢰하여 상담하러 왔는데, 그 교수는 제러드가 우울한 것 같다고 말했다.

제러드는 지방의 노동 계층 가정의 막내이다. 그는 확대 가족 중에서 처음으로 대학에 간 사람이다. 그는 고교 시절 내내 한 명의 여자 친구가 있었으나, 대학에 입학한 첫 학기에 헤어졌다. 그는 고등학교 때 농구를 했다. 그의 전공은 공학이고 괜찮은 학점을 받았으나, 문학

개론을 제외하고는 책을 읽는 것에 흥미를 빨리 잃어가고 있다고 말한다.

그는 급우들과 공통점이 없어서 친구를 사귀기 어렵다고 한다. 첫 학기에 그의 사투리가 룸메이트의 조롱거리가 되었다. 제러드는 대학에 친구가 없고, 자유 시간 대부분을 방에서 음악을 듣거나 온라인 게임을 하면서 보낸다고 한다. 그는 외롭고 친구가 있었으면 한다고 말한다. 그는 고등학교 때 사회생활을 잘했다.

그는 또한 대학에 오기 전에 아버지와 관계가 좋았다고 말한다. 그들은 자주 사냥을 했고, 주말에는 함께 대학 농구를 시청했다. 지금은 아버지와 가깝다고 느끼지 않고 아버지에게 속내를 털어놓지 않는다. 그는 자신이 변했다고 믿지 않는다. 그는 어머니에게 외로움에 대해 계속 말하는데, 어머니는 대학이 어떤 곳인지 이해하지 못하는 듯하다. 그에게는 어린 나이에 결혼한 누나가 한 명 있다. 누나에게는 어린 두 자녀가 있고 누나는 부모님과 가까운 곳에 산다. 제러드는 누나와 친하지 않다.

여성주의 개념화의 주요 가정

여성주의 개념화를 이끄는 주요 가정들은 다음과 같다. (a) 내담자의 고통을 완전하게 이해하는 데 젠더가 핵심적이다, (b) 내담자의 사회문화적 맥락을 인정해야 한다(개인적인 것은 정치적인 것이다), (c) 병리의 원천들 간에는 구별이 존재한다, (d) 증상들은 재구조화되어야 한다.

다른 핵심적 요인들의 맥락 안에서 젠더의 중요성

여성주의상담은 상담에서 젠더 역할의 분석이 얼마나 중요한지 자각하면서 발달했다. 다시 말해, 젠더로서 존재하지 않고서는 상담을 시작하거나 상담을 진행하지 않는다. 젠더는 모든 사람의 삶에서 중요한 표시이다. 젠더는 개인적이고 사회적인 자아를 형성하는 문화, 민족/인종, 성적 지향, 연령, 사회 계층, 그리고 다른 사회적 표시와 밀접하게 관련 있다(Worell and Remer,

2003). 여성주의 개념화는 억압이 젠더와 상호작용하는 방식을 분석한다(Ballou, Matsumoto and Wagner, 2002). 개념화할 때 이런 표시 그리고 이런 표시들과 살아온 내담자의 사회적 경험은 반드시 고려되어야 한다. 상담의 초기 개념화 단계에서 젠더 역할 분석을 수행하면서 우리는 좋은 개념화에 필수적인 내담자의 산 경험에 대한 정확한 그림을 더 쉽게 얻을 수 있다. 지난 20년 사이 남성 젠더 역할과 젠더 역할 갈등과 긴장에 대한 연구가 등장했다. 제러드의 상담자가 이런 자료에 대해 아는 것이 도움이 될 수 있다. 젠더 역할 갈등은 문화적으로 처방된 젠더 역할이 개인에게 부정적인 결과를 가져올 때 생긴다. 젠더 역할 긴장은, 경직되고 성차별적이고 제한적인 젠더 역할이 개인적 제한, 평가 절차, 타인이나 자신에 대한 침해라는 결과를 가져올 때 생긴다(O'Neil, 2008; O'Neil, Goode and Holmes, 1995). 비록 여성이 젠더 역할과 긴장을 더 경험할 수 있지만, 여성은 남성과 남성 역할이라는 맥락에서 더 자주 연구되었다.

형식적인 젠더 역할 분석은 8장에서 논할 것이지만, 지금으로서는 제러드의 젠더가 그에게 무엇을 의미하는지 이해하는 것이 중요하다. 즉, 남성이라는 것에 대한 그의 기대와 믿음은 무엇인가? 우리는 제러드가 남자는 어떠해야 한다는 것에 대한 가치를 배웠다는 것과 그가 그에 따라 사는지 살지 않는지를 가정할 수 있다. 우리는 또한 문학이 아니라 공학을 전공한 그의 선택이 젠더와 관련이 있다고 가정할 수 있다. 공학은 대개 남성이 우세한 분야로 여겨지고 그래서 남성이 가질 만한 직종으로 생각한다. 다른 남학생들에게 무시를 당하는 것에 대한 그의 반응도 젠더 사회화와 관련이 있을 수도 있다. 제러드가 인종과 젠더로 인해 누릴 수 있는 특권을 이해하는 것이 중요하다. 어쩌면 가족 내 유일한 아들인 제러드는 대학에 진학하라는 기대를 받았고, 그의 누나는 그런 기대를 받지 못했을 수도 있다.

사회문화적·정치적 맥락: 개인적인 것은 정치적인 것이다

'개인적인 것은 정치적인 것이다'는 또한 내담자 경험을 진정으로 이해하는 데 핵심적이다. 내담자 고통에 대한 사회정치적 이해는 내담자를 문제의 유일한 원천으로 보지 않도록 하는 데 필수적이다. 그러나 많은 경우에, 개인적·환경적인 요인 둘 다 개인의 고통의 원인이 됨을 기억하는 것이 중요하다. 그래서 불안은 해로운 환경뿐만 아니라 걱정을 악화시키는 혼잣말의 결과일 수 있다. 모든 문제를 맥락적 요인에 귀인시키는 것 또한 가능하다. 병리적 환경은 정상적이고 심리적으로 건강한 사람을 짧은 시간에 병리적이되게 한다는 것이 증명되었다(Collins, 1998; Worell and Remer, 2003). 비록 내담자가 제시하는 문제의 뿌리가 정치적인 영역에 있다고 가정하더라도 여성주의 개념화는 내담자의 경험을 정확하게 이해하기 위해 내담자 고통의 다양한 원천을 알아내려고 애쓴다.

제러드의 사례는 여러 가지 사회정치적 요인들이 관련되어 있다. 제러드의 사회경제적 지위와 지리적 출신은 그를 학생들 사이에서 두드러지게 만들었다. 비록 제러드와 같은 학생을 입학시키는 것은 대학의 다양성을 넓히는 데 도움이 되지만, 제러드가 재학 중인 대학에는 그런 학생이 새로운 환경에 적응하도록 돕는 지지 체계가 자리 잡지 못한 것으로 보인다.

고통의 여러 가지 원천 중에서 구별하기

전통적 개념화와는 대조적으로, 내담자와 그들의 호소 내용에 대한 여성주의 개념화는 내담자의 고통을 다음의 세 가지 주요 원천으로 구분한다(Brown, 1994: 142).

1. 주관적인 고통

2. 문제가 되는 행동에 대한 상호작용적 경험
3. 주로 개인의 외부에 있으며 사회적이고 정치적인 구조에 있는 병리

이렇게 원천을 구별함으로써 내담자의 증상 이상의 것을 탐색할 수 있다 (Brown, 1990, 1994; Enns, 1997; Morris, 1997; Worell and Remer, 2003). 개인적인 고통뿐만 아니라, 내담자의 문제적 행동을 가져온 타인 및 환경과의 내담자 경험도 검토된다. 여성주의상담자는 다음과 같은 질문들을 통해 이러한 구별을 할 수 있다.

젠더가 있는 사람으로서 이 사람의 지위와 경험은 그의 문화에서 어떻게 특정한 성격이나 심리적 역기능을 형성하는가? 이 특정한 개인의 현실 경험이 어떻게 현실을 이해하고 현실에 대처하는 독특한 방식으로 이끌어갔는가? 특정 사회 계층에서 이 개인의 소속이 어떻게 외부 사건에 대한 대인 관계 경험을 탈바꿈시켰는가?(Brown, 1986: 18~20)

내담자의 고통을 이해하기는 언제나 의식적으로 내담자의 사회적이고 정치적인 맥락에 기반을 둔다(Brown, 1994)(예를 들어, 개인적인 것은 언제나 정치적인 것이다). 내담자의 주관적인 경험을 이해하기 위해서는 심리사회적 환경에 초점을 두고 검토해야 한다. 개인적인 경험은 그 경험을 형성한 사회적이고 정치적인 세력 안에서 이해된다. 나아가 사람들은 복합적이기 때문에, 여성주의 개념화는 사람들이 세상 안에 존재하는 방식의 여러 가지 기원을 이해하는 데 초점을 맞춘다. 브라운(Brown, 1990, 1992, 1994, 2000)과 워렐과 리머 (Worell and Remer, 2003)는 내담자와 검토할 영역을 다음과 같이 제시한다.

1. 가부장제가 사람들의 삶 – 정체성 발달, 개인적 권력과 무력과 정서적 표현의 스타일 – 에 자리 잡는, 보이지 않고 때로 무의식적인 방식(Brown, 1994, 2000)

2. 억압과 특권의 경험 그리고 발달에 대한 그것들의 영향(Brown, 1990, 1994, 2000; Worell and Remer, 2003)

3. (개인의 고유한 기저선 및 문화적·사회적 맥락과의 관계에서 정의된) 고통(Brown, 1990, 1994, 2000)

4. 사회적 규범과 행동에 대한 순응과 비순응의 경우와 의미 그리고 순응과 비순응에 따른 강화와 처벌(Brown, 1990, 1994, 2000)

5. 직접적이고 해롭거나 반복적인 학대와 트라우마(Brown, 1990, 1994, 2000)

6. 다양한 스트레스 요인(학대, 성차별주의, 인종 차별주의, 동성애 공포증 등)과 학습된 무기력, 수동적이고 의존적인 행동 같은 행동 패턴과의 연관성(Brown, 2000)

7. 젠더 이슈와 젠더 사회화(Brown, 1990, 1994, 2000; Worell and Remer, 2003)

8. 내담자가 성장한 가족과 문화 그리고 현재 속한 사회문화적 환경에서 어떤 젠더에 속하는지의 의미, 일생에 걸친 젠더 의미의 변화(Brown, 1990, 1994, 2000)

9. 내담자의 사회적이고 개인적인 정체성의 의미(Brown, 1990, 1994, 2000; Worell and Remer, 2003)

10. 개인 내에서의 힘의 원천과 개인들의 문화/환경에서의 힘의 원천(Brown, 1994; Worell and Remer, 2003)

비록 여성주의 모델에서 내담자의 고통을 이해하기가 더 복잡해 보일 수 있지만, 여성주의상담은 훌륭한 상담이고 이미 다른 상담에서 사용하는 상담 기술을 확대시킨 것이다. 내담자의 삶에서 고통의 다중 원천을 검토하면서, 상담자는 그들과 그들이 살아낸 경험을 가치 있게 여긴다. 상담자는 이전 장에서 서술한 대로 판단의 오류를 범하지 않으려고 노력한다. 본질적으로 상담자는 내담자가 고통 속에 있을 때 내담자의 한순간이 아니라 내담자의 '전체 그림'을 보려고 노력한다.

제러드의 고통을 이해하는 과정에는 다음과 같이 세 부분이 있다.

1. 제러드와 작업하면서 상담자 자신의 편견을 잘 살펴본다.
2. 내담자 고통의 세 가지 원천을 검토한다(Brown, 1994: 142).
   • 주관적인 고통
   • 문제가 되는 행동에 대한 상호작용적 경험
   • 주로 개인의 외부에 있으며 사회적이고 정치적인 구조에 있는 병리
3. 앞에서 열거한, 내담자가 세상에서 존재하는 방식을 검토하는 아홉 개의 영역을 생각한다.

내담자의 고통 재구성하기

전통적인 진단은 증상을 결핍이나 질병, 병리의 근거로 본다(Worell and Remer, 2003). 비록 여성주의상담만이 강점에 초점을 맞추는 것은 아니지만 여성주의상담은 치유 회복력에 초점을 맞추는 것이 핵심이다(Brown, 1994). 여성주의 개념화는 증상에 대한 전통적 견해를 재구조화한다. 증상은 "제한하거나 억압하는 환경에 영향을 끼치려는 노력에서 나온 반응으로" 본다(Enns, 1997: 10). 메어첵(Marecek, 2002: 18)은 증상을 "문화에 특화되어 있고, 그 문화의 다른 구성원이 이해할 수 있게 형태를 취하고 의미를 전달하는"

표현 양식으로 본다. 그녀는 "고통의 표현 양식은 또한 어떤 대인 관계적 목표를 성취하는 관계적 실천으로 생각될 수 있다"라고 말한다(Marecek, 2002: 19). 이 분석에서는 심리적 고통이나 증상을 상황과 억압에 대한 반응으로 본다. 그래서 증상을 억압적이거나 해로운 환경을 다루는 적응적이고 창조적인 대처 기제로 보고(Enns, 1997; Worell and Remer, 2003), 따라서 대처 전략을 병리적이라고 보지 않는다(Brown, 1994). 이런 대처 전략이 내담자를 위해 잘 작동되지 않아도, 그것들은 억압적인 환경에서 개인의 심리적 고통과 경험에 대한 강력한 의사소통 양식이 된다. 그래서 '증상'은 그 맥락에 사는 개인이 아니라 환경이나 관계에서 무엇인가 잘못되었음을 나타내는 신호로 개념화된다.

워렐과 리머(Worell and Remer, 2003)는 증상을 힘의 근거로 재구조화하거나 재해석하는 여러 방식을 제안한다. 비록 워렐과 리머는 여성 내담자의 관점에서 증상 재구조화하기를 말하지만, 우리는 남성 내담자의 관점에서 증상을 재해석하는 것도 이로울 것이라고 믿는다.

여성의[남성의] '증상'은 다음과 같이 재해석된다(Worell and Remer, 2003: 133).

1. 전통적인 여성[남성] 역할에 따라 행동하기
2. 역할 갈등 재현하기
3. 모든 유형의 억압과 차별에서 살아남기에 대한 대처 전략 재현하기
4. 여성 [젠더] 사회화의 결과 반영하기
5. 전통적인 여성[남성] 젠더 유형화된 행동에서 벗어나는 것에 대해 사회에서 병리라고 진단명 붙이는 것을 재현하기

내담자 고통에 대한 재해석은 '증상'을 내담자 경험에 대한 적응적 소통의

형태로 보도록 상담자와 내담자 모두를 돕는다(Brown, 1994). 증상은 내담자의 이야기를 전하며, 그 이야기는 증상이나 증상들의 의미를 이해하도록 상담자와 내담자 모두를 돕는다. 예를 들어, 제러드가 슬픔과 외로움, 어색함을 느끼는 것을 개인의 병리를 드러내는 것으로 보는 대신에, 그가 살아온 경험과 물리적으로 다른 환경(작은 방을 낯선 사람과 같이 쓰기), 사회적으로 다른 환경(새 친구 사귀기뿐만 아니라 공학 예비 과정을 듣는 학생이라는 역할에 순응하라는 기대받기), 정서적으로 다른 환경(친구들과 가족으로부터 정서적 거리를 경험하기)에 대한 소통으로 재구조화할 수 있다. 이런 '증상들'은 제러드가 단지 자신의 학업이 아니라 자신의 전체 삶에 영향을 끼치는 어떤 의미 있는 일이 일어났음(대학 입학)을 알게 해준다. 또한 제러드가 이런 변화에 대처하는 건강한 방법을 발견하기 시작하는 방법이다. 내담자가 자신의 고통에 대한 관점을 재구조화하도록 도우면, 내담자는 자신의 힘을 발견하고 자신이 권력 강화하고 변화할 수 있는 가능성을 보게 된다.

그다음, 여성주의 개념화의 핵심 목표는 내담자의 자각과 자기 지식으로 확장하는 것이다. 여성주의 개념화는 내담자가 자신을 진정으로 알 수 있다는 믿음, 다르고 잘못되었고 이탈했다는 진단명 없이 자신의 느낌과 경험에 이름을 붙이는 권리와 권위를 가질 수 있다는 내담자의 믿음을 강화시킨다.

과정

여성주의 개념화에는 다음의 다섯 단계가 있다.

1. 상담자의 자기 점검: 자각과 지식

2. 치유가 필요한 이슈뿐만 아니라 힘의 영역을 포함하는 내담자의 일차
   적 호소 내용을 여성주의 관점에서 본 과거력
3. 심리적 고통과 심리사회적 고통과 관련된 가설 만들기
4. 협력적인 개념화
5. 내담자의 피드백이 보증한다면 개념화와 진단에 대한 협력적 요약

1단계: 상담자의 자기 점검: 자각과 지식

과정을 시작하기 위해서, 비판하는 지식과 여성주의 의식의 관점에서 우리가 서 있는 곳을 평가한다. 제러드의 상담자로서 우리는 배경이 지방의 노동자 계층인 남성에 대한 가정과 편견을 자각할 필요가 있다. 그렇지 않으면, 예를 들어, 노동자 계층 사람들은 교육을 못 받고 사회적으로 서투르다는 무의식적인 믿음을 작동시킬 수 있는데, 그런 고정관념은 대중문화에 얼마든지 있기 때문이다. 비판하는 지식은 우리가 근본적인 귀인 오류, 즉 제러드가 보여주는 증상에 대해 심리 내적이고 개인적인 원인만 찾는 것을 피하라고 요구한다. 귀인 오류에 빠지면 상담자는 제러드가 대학 생활에서 성장해 가는 데 필요한 기술이 없기 때문에 학업 능력도 부족하다고 판단할 수 있다.

여성주의상담자는 제러드가 화학적인 불균형이나, 유쾌하고 보람 있는 사회적인 상호작용의 부족 때문에 우울로 괴로워한다고 가정하는 의학적 모델을 기반으로 하는 그런 전형적인 작업을 하지 않는다. 의학적 모델 안에서 작업하는 상담자는 제러드에게 사회적 기술(규범이 되는 중산층의 기술을 의미한다)을 발달시키는 것을 목표로 하는 치료와, 우울증을 개선하는 약물 처방과 결합된 상담을 제안할 수 있다.

그러나 만일 자신의 사회적 규범과 대중문화의 영향과 믿음 체계에 대해

의문을 가진다면, 즉 제러드를 생각하는 데 여성주의 의식을 사용한다면, 우리에게 사회 계층에 대한 편견이 있고 내담자에게 자신의 행동에 대해 '책임을 지라고' 말하는 미국 문화의 경향이 있음을 자각하게 된다. 물론 이런 말이 어떤 사람에게는 좋은 의미에서 권력강화하는 것이 될 수 있지만, 보통은 호소 내용과 문제에 대해 내담자를 비난하는 것으로 해석된다. 그래서 만일 이 특정한 내담자와의 상담에 대한 우리 자신의 믿음과 가정을 점검한다면, 우리는 우리의 개념화에 영향을 미치는 지배적인 가정 없이 제러드의 이야기를 듣는 더 나은 입장에 있게 된다. 우리의 여성주의 의식은 제러드를 그의 삶의 사회정치적인 맥락에 초점을 맞추면서 여러 관점에서 볼 수 있게 한다.

2단계: 여성주의 관점에서 본 과거력

내담자의 과거력을 아는 것은 최초의 총평과 개념화의 중요한 측면이다. 전통적인 진단에서, 환자의 과거력은 진단을 결정할 주요한 정보를 준다(예를 들어, 증상은 얼마나 오래되었나? 얼마나 심한가? 반복되어 나타나는가?). 여성주의는 여성주의 개념화에 핵심적인 변수 ― 젠더, 인종/민족, 나이, 성적 지향, 계층, 영성, 문화, 신체 능력 ― 에 초점을 두고 과거력을 알고자 한다. 이런 영역은 "젠더란 인종, 계층, 위치(place)의 모든 경계를 교차한다"라는 이해로 탐색된다(Marecek and Hare-Mustin, 1991: 12). 제러드의 사례에서, 완전한 과거력은 헝가리계 미국인이라는 예기치 않은 노출에 주목할 것이다. 우리는 이 점을 더 탐색하여 이런 하부 문화에서 남성이라는 것이 의미하는 바를 이해하기를 원할 것이다. 우리는 또한 헝가리계로서의 자부심과 자신을 설명하라고 요청했을 때 그의 민족이 설명의 중요한 부분이었음을 기록해 둘 것이다. 그렇게 우리는 민족과 젠더에 대해 다룬다.

내담자의 '증상'과 고통을 맥락적으로 이해하는 것이 과거력 알기(history

taking)의 핵심이다. 증상과 고통을 치유 회복력의 신호로 봄으로써 상담자와 내담자는 이 특정한 행동이나 대처 전략으로 "내담자는 무엇을 하려고 하는가?"라는 물음에 답할 수 있다(Sarbin, 1997). 여성주의적으로 과거력 알기는 내담자의 산 경험의 맥락 안에서 내담자 행동의 가치나 유용성에 초점을 맞춘다. 상담자나 치료자는 고통스럽거나 손상을 받았다고 보는 행동(예를 들어, 자해 행동)조차도 내담자가 가치 있게 여기지만 말하지 못한 대인 관계나 심리 내적 목표를 이루게 도와주는 대처 기제로 볼 수 있다(Brown, 1994). 온라인 게임에서만 타인들과 상호작용하고 있다는 것을 알게 된 똑똑하고 젊은 청년 제러드에 대해 다시 한번 생각해 보자. 그러면 (a) 그는 대인 관계가 가져올 수 있는 고통을 마주하지 않아도 되고(예를 들어, 아무도 그가 사투리를 쓴다고 놀리지 않을 것이고), (b) 고등학교 시절 농구를 할 때처럼 게임에 계속 참여할 수 있다. 상담자는 스스로에게 제러드가 우울하고 그의 행동이 병리적인지 물을 수도 있고, 그가 고통을 완화시키며 동시에 욕구를 충족할 수 있는 길을 찾은 것인지를 물을 수 있다. 내담자의 심리-사회-문화적 과거력을 알게 될 때, 상담자는 그들의 약점뿐만 아니라 강점도 확인한다. 과거력을 아는 것의 궁극적 목표는 내담자가 고통에 이름을 붙이도록 돕는 것이지, DSM 진단으로 이끄는 패턴에 맞게 내담자의 과거력을 구성하는 것이 아님을 기억한다(Brown, 1994).

젠더 역할 총평은 과거력 알기의 또 다른 중요한 부분이다. 브라운(Brown, 1986, 1990)은 조사를 위한 다음의 영역을 설명했다. 내담자에게 있어 젠더의 의미 그리고 젠더 역할 순응과 비순응의 실제와 의미, 내담자의 젠더에 대한 임상가의 반응, 상담자의 젠더에 대한 내담자의 반응이 그 영역이다. 제러드를 다시 한번 생각해 보라. 제러드는 전통적으로 남성이 지향하는 영역인 공학을 전공하고 있지만, 그가 흥미 있어 하는 유일한 과목은 문학이다. 그의

| 표 6.2 | 총평에 젠더 이슈를 통합하는 개요의 제안 |

예비 총평

임상가들은 젠더와 정신건강에 대한 임상적 판단과 젠더의 관계에 대한 학문과 연구에 익숙해진다.

- 젠더와 인종, 계층, 연령, 연령 집단, 문화 그리고 다른 인구학적 변인과의 상호작용에 대한 문헌을 검토한다.
- 남성 중심적 규범을 촉진하지 않는 이론에 특별한 주의를 기울이며, 젠더와 성격 발달에 대한 문헌을 점검한다.
- 한 젠더에 높은 비율로 생기는 경험과 그것이 젠더 전체의 경험에 끼치는 영향에 대해 지식을 갖도록 한다.

임상가들은 자신의 의식적이고 무의식적인 편견과 젠더와 관련된 기대를 점검한다.

- 역전이가 생길 때 젠더의 미묘한 양상에 민감한 동료로부터 슈퍼비전과 자문을 구한다.
- 자신의 젠더화된 행동과 관련된 기존의 믿음, 고정관념, 타인의 지각에 순응하는 것과 변화하는 것의 이득과 손해를 따져본다.

총평 과정

내담자에게 소속된 젠더의 의미를 적극적으로 묻는다.

- 내담자의 가족과 양육 문화에서 젠더의 의미
- 내담자의 현재 사회문화적 환경에서 젠더의 의미
- 일생에 걸친 젠더의 의미 변화

내담자에게 있어 젠더 역할 순응과 비순응의 실제와 의미에 주의를 기울인다.

- 과거와 현재, 순응이나 비순응에 어떤 보상과 처벌이 주어졌는지를 총평한다.

총평자의 젠더에 대한 내담자의 반응과 내담자의 젠더에 대한 총평자 자신의 반응에 주의를 기울인다.

- 다른 젠더에 대한 한 젠더의 지각된 매력이라는 이슈가 상호교류와 내담자에 대한 총평자의 의견에 영향을 끼치는지를 눈여겨본다.
- 내담자와 총평자 사이의 상호작용에서 젠더 측면에 대한 가설을 발달시킨다.
- 젠더화된 현상 중 높은 비율로 나타나는 것과 낮은 비율로 나타나는 것을 묻는다.

자료: Brown(1990).

가족과 계층 배경을 전제로 할 때, 이것은 어떻게 젠더 역할 갈등과 연결될
수 있을까? 과거력 알기에 젠더 이슈를 통합하기 위한 브라운의 개요를 〈표
6.2〉에서 볼 수 있다. 브라운이 젠더 역할 분석에 특권과 억압 이슈를 통합했
음을 주목하라. 인종/민족, 성적 지향이나 사회 계층 같은 사회적 지표는 젠
더보다는 내담자의 경험에 더 중요할 수 있다. 주변성, 억압 그리고 인종, 계
층, 이성애, 연령 같은 해로운 '주의(isms)' 관련 이슈를 묻는 것이 중요하다.

젠더는 제러드의 삶에서 두드러진 이슈이다. 그는 집에서, 전통적인 남성
이 하는 일에서 자신은 소외된다고 말한다. 그의 원가족은 그가 받고 있는 대
학 교육을 약간 경멸하면서, 동시에 대학교에 다니는 그를 자랑스러워한다.

상담자 제러드가 외롭고 소외된다고 느끼는 것을 알겠어요. 집에 가면 다른가요?

제러드 네. 더 편안해요. 음식도 입에 맞고, 가끔 고등학교 친구를 만나요. 걔는
주 경계 지역에서 수리 일을 해요. 하지만 최근에는 거기에도 못 어울리는
것 같아요. 내 친구들은 직장 동료와 놀아요. 몇몇은 결혼했고 애까지 있
어요. 집에 가도 다들 나에 대해 자주 깜빡하는 것 같아요. 지난 가을 아
빠, 삼촌, 사촌 모두 삼촌네 사냥터에 갔는데, 어디에 가는지 아무도 나한
테 알려주지 않았어요. 많은 일에서 나를 빼놔요. 그런 일에 어떻게 느껴
야 하는지도 모르겠어요. 어떤 때는 화가 많이 나고, 어떤 때는 그냥 상관
하지 않아요.

제러드와 이야기하면서, 아버지가 그를 '대학 소년'이라고 부른다는 것을 알게 되었다. 이것은 대학이 19세인 제러드를 덜 남성적으로 만들었음을 함축한다. 그가 같은 나이의 사촌이나 고등학교 친구들과 동일한 방식으로 남성의 삶을 살지 않는다는 의미이다.

우리는 또한 제러드의 삶에서 젠더와 젠더 역할을 더 잘 이해하기 위해 사회관계와 연애 관계에 대해 묻는다.

상담자　전에 말한 것을 보면, 연애 관계가 없는 것으로 보여요.

제러드　겨울 방학 때 고향의 여자 친구와 헤어졌어요. 우리는 서로 다른 것을 원하는 듯이 보이지만, 아마도 내가 대학에 갔기 때문이라고 생각해요. 그리고 어쩌면 내가 좀 잘난 척했기 때문인지도 몰라요. 가끔씩 그 애가 말하는 방식에 움찔해요. 그 애는 내가 자기 말에 움찔하고 또 내가 있는 곳에 다녀가라고 한 번도 말하지 않았다고 싫어했어요. 나는 걔가 당황할 일을 만들 거라고 생각했던 것 같아요. 걔가 못 어울릴 것을 알았어요. 잘 모르겠어요, 난 그냥 대학 생활과 고향 집 모두에서 어려움을 겪는 것 같아요. 너무 어려워요.

이 대화에서 제러드에게 대학과 가정에서 계층 갈등과 문화 갈등이 너무 커서 그의 남녀 관계를 방해한다는 것을 알게 되었다. 또한 고통을 야기하는 대인 관계를 피하는 대처 기제에 대해 더 알게 되었다.

사회경제적 계층과 특권은 제러드에게 특별한 의미를 가진다. 그는 특권을 가지기도 했고 가지지 못하기도 했다. 그는 지적인 백인이다. 미국에서 이런 요인들은 큰 특권이다. 그러나 제러드는 자신의 문화적 유산과 강하게 동일시하는, 전통적 가치를 가진 지방의 노동자 계층 빈곤 가족 출신이다. 계층과 가족 배경은 그의 삶에서 특권과 갈등을 일으키는 차이의 중요한 원천이다. 본질적으로 제러드는 대학과 가족, 공동체 모두에서 주변화되고 있다.

제러드의 가족과 문화는 대학과 교육이란 진짜 남자는 하지 않는 것으로 여긴다. 이것이 젠더, 문화, 계층의 교차 지점이다. 문화와 계층은 사람이 젠더를 '수행하는' 방식에 영향을 끼친다. 대부분의 부모는 자녀가 자신보다 사회경제적으로 더 잘살기를 원하는데, 그렇게 하려면 자녀가 가족과 가족 문화의 규범과 관습을 뒤로하고 떠나야 한다. 가족이 원하는 것을 하기 위해, 중산층으로 다가가기 위해, 제러드는 가족의 눈에 '남자 이하'가 되어야 한다. 이 지점에서 우리는 가설을 만드는 데로 나아가는데, 왜냐하면 우리는 제러드가 혼란스러워하고 고통을 받는 이유와 대학에서 타인과 상호작용하기보다는 자신을 소외시키는 고통을 더 편하게 여기는 이유를 이해하기 시작했기 때문이다.

3단계: 가설 만들기

여성주의 개념화는 하나의 행위가 아니라, 내담자 관련 내용이 내담자 경험 전체라는 더 큰 그림 안에서만 고려되는 과정이다. 상담자와 내담자는 내담자 고통의 본성, 원인, 의미에 대한 가설을 만들기 위해 협력하여 작업한다(Brown, 1994). 이런 가설들은 치료와 상담을 위한 지침으로써 다음의 질문에 대답하는 틀을 제공할 것이다. "만일 내담자가 Y 맥락에서 X 경험을 했고 Z 문화에서 왔다면, 그리고 Q 증상을 보고하고 상담자에게 A와 B 방식으로 말한다면, 그것은 상담 과정에서 무엇을 의미하는가?"(Brown, 1994: 129). 제러드를 생각할 때, 제러드와 그 가족은 대학의 목적이란 졸업 후 수입이 좋은 영역에서 전문직을 갖는 것이라고 믿고(X), 그는 가족 중 대학에 간 첫 번째 사람이고(Y), 그는 직업 안정성이 낮은 지방의 가난한 사회경제적 지위에서 왔고(Z), 그는 동기 결여와 과학 교과목에 집중하지 못함을 보고했고(Q), 어떻게 하면 나아질지 듣고 싶어서 상담에 왔으나 동시에 상담에 큰 노력을 기울이지 않는 것처럼 보이는데(A, B 방식), 이는 개념화와 상담 계획에서 무엇을 의미하는가? 이는 제러드가 우울하고 또 그 우울증 때문에 자신에게 동기 부여를 할 수 없다는 의미인가, 아니면 제러드가 자신보다는 남녀에 대한 전통적인 가치를 가진 낮은 사회 경제 계층 가족을 만족시키라는 압박에, 자신에게 유일하게 주어진 동기와 집중 결여라는 방식으로 반항하고 있다는 의미인가? 고통의 다양한 원천에 대한 토론은 가설 만들기의 중요한 부분이다.

내담자 고통의 세 원천

어떤 내담자를 이해하는 데 있어서, 상담자는 언제나 고통에는 세 가지 원천이 있음을 명심한다. 브라운(Brown, 1992, 1994, 2000)과 워렐과 리머(Worell and Remer, 2003)가 제시한 영역을 총평하면서 제러드의 이런 원천을 탐색한다. 가설들은 가능한 근거를 기반으로 한 최선의 추측임을 기억하라. 여성주의상담자로서 우리의 근거는 개인 고통뿐만 아니라 개인 내담자 삶의 사회정치적 맥락에 대한 우리의 지식과 자각이다.

1. 개인적·주관적 고통

제러드는 슬프고, 처져 있고, 혼자라는 느낌이 든다고 말한다. 그는 대학이 어색하고 자신이 거기에 맞지 않는다고 말한다. 자신이 무엇이 잘못되었는지 의아해한다. 그는 룸메이트에게 자주 화가 나지만, 말로 표현하지는 않는다. 작년에 그는 친구를 사귀려고 하지 않았다. 그는 기숙사 방에서 음악을 듣고, 자고, 온라인 게임을 한다. 고등학교 시절 농구 팀이었던 제러드는 뛰어난 학생은 아니었지만 좋은 학생이었고, 강한 유대감을 가지고 있었고, 여자 친구가 있었다. 그는 사냥을 했고, 아버지와 농구를 봤다.

제러드 속할 곳이 있었던 때가 그리워요. 여기서도 소속감을 느낄 수 없고, 집에서도 더 이상 소속감을 느낄 수 없어요. 나는 아빠와 함께 무언가 하는 것을 좋아했는데, 아빠조차도 나를 '대학 소년'이라고 부르며 다르게 대해요. 나는 단지 두 시간 거리에 있을 뿐인데, 거기에 진짜 친구가 남아 있지 않아요. 집에 가봤자 무슨 소용 있어요? 거기서 하는 것이라곤 하루 종일 자거나 공부하는 것이에요. 그것은 여기서도 할 수 있어요. 선생님은 내가 우울하다고 생각하세요? 나는 분명히 우울한 게 맞아요. 끔찍하게 느껴져요.

가설: 제러드는 본질적으로 새로운 문화(민족적으로 제한된, 지방의 가난한 노동자 계층의 전통적인 미국 문화와 대조적인 백인, 중산층의 교육받은 미국 문화) 때문에 정체성 혼란을 경험하고 있다.

가설: 남성성에 대한 개념은 민족과 계층에 근거하여 달라지기 때문에, 자신의 젠더 정체성과 남성이라는 것의 의미에 대한 제러드의 개념에 의문이 생겼고 이것은 고통을 야기했다. 그는 젠더 역할 갈등을 경험하고 있다.

2. 골칫거리인 행동과 관련된 경험

관계적 경험은 타인과의 관계와 자기 자신과의 관계 모두를 가리킨다. 제러드는 대학의 사회제도에서 어색하고 서투르다고 느낀다. 그는 자신의 말투를 동기들이 자주 비웃는다고 말한다. 그는 기숙사에서 사람들과 어떻게 이야기를 해야 할지 모르며, 자신이 놀림을 받을지도 모를 이야기를 할까 봐 두려워한다. 제러드는 자신에게 일어나는 일들을 더 이야기한다.

상담자　지금까지 말한 것을 볼 때, 대학은 고등학교와는 많이 다르고 더 나은 곳 같진 않네요. 매우 외롭겠어요.

제러드　맞아요. 수업 조교인 수에게 내가 겪는 어려움에 대해 털어놨을 때 그녀는 내가 사회적 기술이 없다고 말했어요. 그런 말은 무례하다고 생각해요. 나는 대학생이에요. 고향에는 친구가 있었어요. 그녀가 그렇게 말한 이유가 무엇일까요? 그녀는 무례해요. (침묵)

　　가설: 제러드는 자신의 삶에서 이 특정한 장소에 있는 이 특정한 사람들과 이 특정한 시간에 어떻게 상호작용을 해야 하는지 그 규범을 모른다. 그는 한때 상호작용을 했다. 그는 기술과 능력이 있으나, 이 상황에서는 그것을 적용할 수 없다. 이것은 고통과 인지 부조화를 야기한다.

　　계층과 교육의 이슈가 제러드의 고통에서 핵심적임을 깨달았기 때문에, 우리는 그가 가족 중 대학에 입학한 첫 번째 사람이라는 경험에 초점을 맞춘다.

상담자　가족 중 대학에 간 첫 번째 사람으로서 좋은 점과 나쁜 점을 말해주세요.

제러드　음, 아빠가 친구들에게 내가 엔지니어가 될 거라고 언제나 자랑하는 것이 좋아요. 또 무엇인가 할 수 있고 원하는 직업을 가질 수 있는 이 대학촌에서 사는 것도 좋아요. 하지만 집에서 모든 사람이 나를 다르게 대하는 것이 나빠요. 낚시와 사냥처럼 내가 좋아하던 것을 하면 안 된다는 듯이 대해요. 작년 가을에 집에 갔을 때 아빠가 사냥을 가려고 했어요. 그래서 나도 가고 싶다고 했더니, 아빠는 내게는 더 중요한 할 일이 있다고 집에서 공부를 해야 한다고 말했어요. 또 친구들이 내가 다른 단어를 쓰거나 여기 학교 사람들이 하는 식으로 말하면 우스워한다는 게 나쁜 점이에요. 나는 대학 생활에 대해 얘기하고 싶지만 집에서는 더 이상 얘기하지 않아요. 아빠는 이해하지 못하는 듯이 보이고, 더 이상 가깝게 느껴지지 않아요. 가까웠던 때가 그리워요. 방학 때 나는 누나인 수에게 대학에서 행복하지 않다고 말했더니, 수는 나한테 소리를 질렀어요. 수는 내가 학교에서 아무리 기분 나빠도 행복하게 느껴야 한다고 했어요. 수는 집 근처 대학 분교에 다니고 싶지만 매형이 아이들만 남겨놓는 것을 원치 않는다고 했어요. 수는 나를 질투하는 것 같아요. 모든 게 잘못된 것처럼 느껴져요.

가설: 제러드는 대학에 다니는 것이 아빠와의 관계에 영향을 끼쳤다는 것을 인식한다. 그는 혼란스러워하고 아빠로부터 성장하고 남자가 된다는 것에 대해 이중적인 메시지를 받고 있다. 이것 때문에 슬픔, 상실감, 혼란을 경험한다.

3. 개인 고유의 병리

제러드가 우리에게 말한 것을 볼 때, 여러 증상은 중간 정도의 우울증을 나타내는 것으로 보인다. 그는 슬프고, 처져 있고, 혼자라고 느낀다. 다음은 이런 느낌에 대해 물었던 상담 회기에서 발췌한 것이다.

제러드   나는 밖에 나가서 사람들을 만나고 싶어요. 기숙사 같은 층에 살던 아이가 있어요. 지금은 기숙사에서 나가서 방을 얻었어요. 그 아이는 지난주에 기숙사 같은 층에 살던 아이들을 모두 파티에 초대했어요. 나는 가려고 했어요. 샤워를 하고 옷을 입고, 그러나 그때 나는 …… 모르겠어요. 두려워졌어요. 초대받은 아이들 중 몇몇은 …… 음, 나는 걔들과 어울리지 못하고, 그 애들이 하는 개 같은 말을 건디기 싫었어요. 이런 말을 해도 돼요? 그래서 나가지 않고 온라인 친구들과 게임을 했어요.

상담자　이 상황에서 제러드의 행동이 무엇을 의미한다고 생각하나요? 그날 밤 사람들과 어울리지 않도록 당신을 가로막은 생각이나 느낌은 무엇인가요?

제러드　음, 그에 대해 나도 생각해 봤어요. 모든 아이들은 단지 여자를 낚으려고 나가요. 무슨 뜻인지 아세요? 나는 그렇게 배우지 않았어요. (그는 1분 동안 생각한다.) 물론 나도 대학에서 여자 친구가 있었으면 하지만, 고등학교 때와는 달라요. 여기 여자들은 내가 있는지도 모르는 듯하고, 나는 그 이유를 몰라요. 지난 금요일에 이것을 생각하면서 '내가 무엇이 잘못됐지?'라는 생각을 멈출 수가 없었고, 그러자 사람들과 있을 수가 없었고, 얼마 후에 온라인 게임조차 하고 싶지 않았어요. 그래서 그냥 자러 갔어요.

가설: 제러드는 남녀 관계라는 맥락에서는 데이트에 대해 전통적 가치를 가지고 있고, 사실일 수도 있고 아닐 수도 있는 대학의 데이트에 대한 가정들을 가지고 있다. 이런 가치와 가정은 젊은 여성을 만나고 상호작용하려는 능력과 욕망을 방해한다.

최근에 제러드는 전공과목에서 그저 그런 학점을 받았다. 그에 대해 물어봤을 때, 제러드는 더 이상 흥미가 없고 동기가 없다고 답했다. 흥미의 결핍과 낮은 동기는 우울증의 표시일 수도 있다. 우리는 공학에 흥미가 없는 이유에 초점을 맞추기보다는 그의 강점, 즉 그가 흥미 있어 하는 것에 초점을 맞춤으로써 이 이슈를 탐색했다.

상담자   스미스 교수님처럼 나도 제러드의 수학 능력에 깊은 인상을 받았어요. 스미스 교수님은 제러드는 유망한 학생인데, 수강하고 있는 공학 과목에 정말 흥미가 없다고 말했어요. 무엇에 흥미가 있는지 더 이야기해 줄래요?

제러드   음, 나는 공학의 어떤 부분은 좋아하지만 …… (침묵). 좋아요, 나는 문학 수업을 정말 좋아해요. 나는 내가 하는 온라인 게임에 기반한 소설을 쓰고 있어요. 판타지요.

가설: 제러드는 가족이 가진 그의 젠더 역할에 대한 개념(남성은 엔지니어는 될 수 있지만, 소설을 쓰지는 않는다)에서 벗어나고 있고, 이 때문에 젠더 역할 갈등을 경험하고 있는데, 그가 학업에 흥미를 잃은 곤란한 상황이 그 명백한 근거가 된다.

가설: 제러드는 자신이 겪는 모든 것을 근거로(예를 들어, 친구가 없고, 젊은 여성들에게 거부당하고, 전공과목에 흥미가 없고, 집안 남성들의 활동에서 소외되는 등) 자신에게 근본적으로 잘못된 것이 있다고 결론 내렸다. 그는 무력감을 느낀다. 제러드는 세상에 대한 도구적 견해를 가지고 있다. 그는 무엇인가 원하면 그것을 얻어야 한다고 믿는다. 만일 얻을 수 없으면, 세상이 아니라 자신에게 잘못된 것이 있는 것이다. 그는 더 이상 세상에 영향을 끼칠 자신의 능력을 믿지 않는다.

가설: 제러드의 경험 안에서 그리고 그의 삶의 맥락에서 볼 때, 비록 그가 우울한 상황을 경험하고 있지만 그가 보고하는 생각, 행동, 정서는 그의 고

유한 우울증이 반영된 것으로 보이지 않는다.

가설: 제러드가 공학 예비 과정에 동기와 성과가 없는 것은 흥미가 없기 때문으로 보인다. 제러드의 경험 안에서 그리고 그의 삶의 맥락에서 볼 때, 이런 행동은 그가 우울한 상황을 겪고 있기는 해도 고유한 우울증이 반영된 것으로 보이지 않는다.

4단계: 협력적인 개념화(그리고 진단)

여성주의상담자는 상담자만 전문가로 여겨지는 전통적 상담 관계의 기존 질서를 따라가기를 원하지 않기 때문에, 상담에서 진단명 붙이기와 진단이 어떻게 생기는지에 매우 주의를 기울인다. 여성주의 개념화 과정의 중요한 부분은 문제를 정의하는 데에 대한 협력적 접근이다. 제러드의 경우 우리는 그와 함께 그의 이야기와 과거 경험을 그의 기능에 대한 기준점으로 해서 그의 고통에 대한 이해에 이르렀다. 우리는 고통의 주관적 경험과 대학 환경과 가정에서 문제가 되는 행동의 관계적 경험을 검토했다. 또한 계층과 젠더의 사회정치적 맥락에서 그의 우울한 증상을 탐색했다. 개념화의 과정에 제러드를 참여시키면서 그리고 생각, 느낌, 행동에 영향을 끼치는 다양한 환경적 요인에 주의를 기울이면서, 정신건강 임상가들이 이런 행동을 소통과 고통에 대한 대처 방법으로 보기보다는 병리의 증상으로 보도록 하는 제도 밖에서 작업했다.

제러드에 대한 최초의 평가와 총평에서, 그의 개인적이고 주관적인 고통, 관계적 어려움, 삶의 상황에 대한 고유한 반응들을 그의 사회정치적 환경의 검토를 중심에 둔 틀에서 탐색했다. 그와 함께 탐색한 영역은 먼저 다음과 같이 가부장제가 그의 삶에 박힌 방식이다. 전반적인 문화뿐만 아니라 특정한 하부 문화에서 남자가 되기를 배운 방식과 남자가 되는 의미, 백인 남성으로서 부여받은 특권의 측면이다. 그리고 억압의 경험 부분으로, 대학에서의 계층주의와 가족에 내면화된 계층주의, 노동자 계층의 규범 및 중산층의 규범과 관련된 순응과 불순응, 처벌과 보상, 그리고 계층주의라는 스트레스 요인과 제러드의 최근 행동과 느낌 사이의 연결, 젠더와 커리어 이슈, 사회화와 소속, 사회적 정체성과 개인적 정체성의 의미 등을 탐색했다.

　여성주의상담자로서 우리는 제러드의 말을 들으며 제러드가 남자가 되기 위해 자신의 감정을 인정하지 않으며 자신에게 기대되는 것을 해야 한다는 것을 자각하게 된다. 지방의 가난한 노동자 가정의 아들로서 제러드는 대학에 간 것을 명예롭게 느껴야 한다는 기대를 받는다. 제러드의 부모는 전통적인 남성 영역인 공학 학위가 제러드에게 안정되고 고소득의 전문 직업을 갖게 하리라고 기대한다. 대인 관계 면에서 볼 때 제러드가 부모님을 존경하고 부모님을 기쁘게 해드리고 싶어 하는 것은 명백하다. 특권 또는 특권의 결핍은 제러드의 고통에서 중심적 이슈이다. 제러드의 경우는 사회경제적 특권의 결핍이다. 재정적으로 안정된 학생들만이 대학 생활의 사회적 측면과 다른 발달 측면에 대해 걱정할 여유를 가질 수 있다. 모든 형태의 특권과 억압에 대한 자각은 여성주의 개념화를 이해하는 핵심이다. 그래서 제러드의 고통을 결핍이 아니라 계층주의, 내면화된 계층주의, 그리고 젠더와 커리어 이슈에서 그를 살아남게 돕는 대처 기제로 재구성할 수 있다. 그리고 이 개념화를 제러드와 나누고, 그에 대한 그의 통찰과 관점을 추가하기 시작한다.

상담자　지금까지 서로를 아는 시간을 가졌으니까, 이제는 제러드에 대해 내가 받은 인상을 나누고 싶어요. 지금부터 말하는 것은 이번에 한 번 만나고 느낀 인상이라는 것을 알아주세요. 내 말에 대해 생각해 보고 잘못된 부분이 있으면 바로잡거나 제러드의 생각을 말해도 좋아요. 질문을 해도 좋고요. 왜냐하면 이것은 제러드에 관한 이야기이고, 나보다는 자신을 더 잘 아니까요.

제러드의 불행과 외로움은 대학 환경과 가족, 배경 간 갈등과 연결된 것으로 보여요. 제러드가 자신에 대해, 남자인 것과 어른인 것에 대해 배운 것은 대학에서 일어나는 일과 언제나 잘 맞지는 않지요. 대학에서 배우는 것은 고향에서 자기 자신과 자신이 존재하는 방식에 대해 배운 것과 언제나 잘 맞지는 않아요. 제러드의 가족은 남성과 여성, 옳고 그름 등에 대해 확실한 전통적 가치와 믿음을 가진 것으로 보여요. 그중 어떤 것은 좋고, 어떤 것은 혼란과 고통을 야기할 수 있어요. 왜냐하면 대학에서 발견하고 경험하는 가치 및 믿음과 잘 맞지는 않기 때문이지요.

제러드　네. 나는 어디에도 소속되지 못한 것처럼 느껴져요. 그 느낌이 밖으로 나가는 것을 막거나 수업에서 사람들에게 말하는 것을 막아요. 또한 집에 갔을 때 고향 친구들과 더 이상 어울리고 싶지 않은 이유이기도 해요.

상담자　자, 내가 맞는지 말해주세요. 제러드는 전통적인 가족 가치를 가진 지방의, 경제적으로 넉넉하지 않은 가정 출신이라는 배경이 있어요. 민족 문화성이 강한 작은 마을에서 자랐고요. 그것은 또한 제러드를 대학의 규범 밖으로 내몰아요. 집 근처에서나 주변 지역에서 대학에 가는 사람은 거의 없어요. 한편, 제러드는 대학에서 다른 사람들이 가지지 못한 특권도 가지고 있어요. 지적이고, 백인이고, 남성이지요.

제러드　내게 특권이 있다고 느끼지 않아요.

상담자　알아요. 이해해요. 그러나 제러드가 가진 특권 중 하나는, 조용히 혼자 있고 싶으면 배경으로 사라지는 방식을 취할 수 있다는 거예요. 남성이 아니거나 백인이 아닌 사람은 할 수 없죠. 그리고 그렇게 했어요. 나는 또한 이것이 고통스럽고 제러드가 진짜 원한 것이 아니라는 것을 이해해요. 백인이고 남성이라는 것이 언제나 쉬운 일이 아니라는 것에 동의해요. 예를 들어, 작년의 룸메이트나 그와 같은 사람들은 제러드가 자신들처럼 행동하고 말할 것을 기대하지요. 그러나 당신이 자신의 흥미나 가치 때문에 그들의 규범에 맞게 행동하지 않으면, 억압하거나 조롱하지요. 제러드는 가족과 가족의 존재 방식을 가치 있게 여기기 때문에 그들에게 순응하거나 행동을 변화시키지는 않지요. 이것은 나쁜 일이 아니지만, 대처할 다른 방식을 찾아야 한다는 것을 의미해요.

제러드 대처는 너무 어렵고 너무 시간이 많이 들어요. 어떤 사람들은 내가 내 자신을 나쁘게 느끼게 만들어요. 엄마는 자신이 도시에 맞지 않는 사람이라 느끼게 되기 때문에 도시에 가는 것이 싫다고 말하곤 했어요. 사람들은 고향에서와는 다르게 엄마를 대해요. 이제 엄마가 말한 것을 알겠어요. 나도 그래서 사람들을 만나러 나가지 않는 것 같아요. 그렇다고 기분이 나아지는 데 도움이 되지는 않아요. 내가 아는 것은 모두 시도했어요.

상담자와 제러드는 가설과 자신 및 적응에 대한 제러드의 믿음에 대해 더 이야기한다. 제러드는 다소 좌절하고 혼돈된 것으로 보인다. 이 시점에서 제러드는 자신의 증상과 해야 할 일에 대해 상담자에게 직접적으로 질문한다.

제러드 내가 우울하다고 생각하세요? 나는 텔레비전에서 우울증 약 광고를 많이 봤고, 내게 그런 증상이 있다고 생각해요.

제러드는 자신의 질문에 대한 답을 원하고, 여성주의상담자로서 우리는 그것을 존중하여 대답한다. 이것은 우리의 개념화를 제러드와 나누는 것에서 중요한 부분이다. 약물 처방을 요청하는 것은 제러드에게 문화적이고 젠더적인 고려 사항이라는 점도 유의해야 한다. 우울증이 다른 질병에 걸리는 것과 유사한 생물학적인 것이라면, 그는 자신의 느낌에 대한 책임이 없다. 그는 약하지 않다. 약함은 전통적으로 젠더와 연결되어 판단된 속성이다. 남성은 약해서는 안 된다. 약함은 여성의 특성이다. 우리는 제러드가 젠더에 전통적인 관점을 지닌 미국의 하부 문화 출신임을 안다. 제러드에게는, 우울증을 일차적으로 개인 고유의 질병이라고 정의하는 의학적 패러다임을 수용하는 것이 더 쉬운 일임을 이해한다.

상담자   제러드, 그런 증상을 가지고 있기는 하지만 몇 가지일 뿐이에요. 제러드의 말을 들어보면, 그런 증상 중 대부분은 현재의 삶과 직접 연관되어 있어요. 정서적 호소 내용은 신체적 호소 내용과 언제나 같지는 않아요. 우리가 느끼고 경험하는 것은 세상이 우리가 누구이고, 우리 가족이 누구이고, 우리가 어디서 왔는지, 우리의 문화적 가치 등에 기반해 우리를 어떻게 대하는지에 달려 있어요. 좋은 예는 룸메이트가 제러드의 가족 배경과 어디서 왔는지를 이해하지 않고, 그것 때문에 제러드를 형편없이 대한 것이지요. 이것은 많은 고통을 야기할 수 있어요. 또한 대학에 오기 전에 우울증의 병력이 없었지만, 우리가 함께 이야기하면서 제러드가 처지고 외롭게 느끼는 이유에 대한 명백한 생각을 하게 되었어요. 우리는 제러드의 삶에서 일어나는 사건과 그에 대한 반응을 더 잘 통제할 수 있는 방식을 함께 이야기하고 탐색할 수 있어요. 그리고 다른 방식이 효과가 없으면 약물 치료를 고려할 수 있어요. 지금은 제러드가 할 수 있고, 통제할 수 있고, 소외감과 외로움을 덜 느끼게 도울 수 있는 것이 무엇인지 생각해 내는 일을 함께하도록 해요.

제러드　나는 고향으로 돌아가 집 근처 기술전문대학에 가야겠다고 생각해 왔어요. 이미 거기에 간 친구들이 있기 때문에 잘 적응할 수 있을 거예요. 그 생활은 고등학교 때와 비슷할 거예요. 어쨌든 공학은 정말 공부하고 싶지 않아요.

상담자　그렇게 한다면 지금의 문제는 확실히 해결되겠지만, 제러드는 대학에서 좋아하는 것들도 이야기했어요. 아버지가 자랑스러워하고, 대학촌에서 가능한 기회를 즐기고, 문학 과목을 좋아하고, 친구들과 컴퓨터 온라인 게임을 하지요. 대학을 떠나는 것은 손해일 수 있어요. 거기에 대해서는 어떻게 생각해요?

제러드　진짜로 그만둘 수는 없어요. 아빠를 실망시킬 수 없어요. 생각해 보면 지금 고향 친구들과는 별로 공통점이 없어요. 여기 대학에 올 때 너무 신났어요. 내 진심은 여기에 있고 싶은 거예요. 그러나 무엇을 해야 할지를 모르겠어요. 내가 얼마나 많은 것을 감당할 수 있는지를 모르겠어요.

상담자　음, 오늘 제러드와 이야기하면서, 나는 제러드가 자신을 더 잘 이해하고 자신의 목표를 이루게 하는 강점을 많이 가지고 있다고 생각했어요. 제러드는 똑똑한 청년이에요. 자신을 잘 표현해요. 분명한 가치도 가지고 있어요. 다른 모든 사람이 기대하는 것은 아닐지라도 제러드는 자신의 삶에서 하고 싶은 것에 대한 생각이 있어요. 게임이나 문학처럼 흥미 있는 분야에 아주 큰 관심이 있어요. 또한 가족과 자신의 배경을 아끼고 있어요. 우리는 제러드의 기분이 더 나아지게 하는 데 이런 강점들을 어떻게 쓸 수 있는지 이야기해 볼 수 있어요.

　우리의 개념화를 제러드와 점검하고 그가 수정하고 확장하도록 하면서, 우리 또한 그와 함께 그가 지닌 강점들을 점검한다. 그에게 그가 무엇이 **잘못**

되었는지 말하지 않고, 오히려 강점이 되는 부분을 점검한다. 이것은 병리를 발견하기보다는 강점을 증가시키는 데 초점을 맞추는 여성주의 원리의 예시이다. 우리는 제러드에게 희망을 주었고, 그와 그의 경험을 존중한다는 것을 알려주었다. 그저 총평하고 평가하지 않는다. 여성주의상담자는 내담자를, 우리와의 관계를 기대하고 관계를 하는 사람으로 이해한다. 제러드와 주변성에 대해 이야기하면서, 제러드가 사회적으로 유능하고 자신감 있다고 느끼는 4학년 때, 룸메이트가 제러드의 집을 방문한다면 어떨 것 같냐고 물었다. 이 물음은 제러드가 자신이 가정한 중산층의 편견을 이해하고 현재 자신의 느낌과 행동을 보다 넓게 보도록 해주었다. 그의 룸메이트는 그에게 무엇을 말할지, 어떻게 행동할지 모를 수 있음을 이해하게 했다. 이런 방식으로 제러드는 상담이 자신의 염려를 해결하게 도울 것이라는 믿음(또는 희망)으로 첫 회기를 마쳤다.

5단계: 협력적 개념화와 진단에 대한 토론(필요하다면)

제러드가 첫 회기를 끝내고 가기 전에, 면접 보고서나 첫 평가 보고서에 무엇을 쓸지 점검한다. 그의 증상에 대한 우리의 가설과 가정에 대해 논의하고 반박하기 위해 제러드와 함께 각 요점을 검토한다. 예를 들어, 그가 자신을 고립시키는 것은 그가 현재 경험하고 예전에 경험했던 것에 기반한 중산층 편견에 대항해 자신을 보호하는 방식이라는 우리의 가설을 나눈다. 우리는 그가 다른 사람들과 사귈 수 있다는 것을 안다. 주변성이 그의 외로움의 원천이며 또한 슬픔의 원천임을 다시 이야기한다. 또한 그가 느낀 슬픔을 상심과 상실로 재구성한다. 그는 대학에 오기 전에 집에서 느꼈던 안락함을 잃었다. 삶은 결코 같아질 수 없을 것이고, 그건 슬픈 일이다. 우리는 그의 학업적 흥미와 그것이 그에게 위협적인 이유 그리고 미래를 위한 그의 계획에 대해 이야기하기 시작한다. 우리는 그의 이슈를 성장과 발달 프레임 안에 둔다. 그리고 그가 자신의 사회생활 목록에 중산층의 사회적 기술과 중산층의 규범과 기대에 대한 지식을 포함시킬 수 있는 방식들을 함께 열거한다. 그리고 이것들을 그의 상담 계획에 포함시킨다. 또한 그의 강점에 대해서도 이야기를 나누는데, 이는 여성주의 개념화와 우리의 최초 보고서에서 중요한 부분이기 때문이다. 이 사례에서, 제러드는 어려운 상황을 살아내는 자신의 능력이, 요즘 자신이 겪는 계층주의를 포함해 힘든 시간을 이겨내게 할 강점임을 분명하게 말할 수 있었다. 또한 제러드는 문학에 대한 은밀한 흥미에 대해 의논할 수 있었고, 강한 가치를 갖게 되었으며, 외떨어진 듯 느끼기는 하지만 가족에 대한 마음도 표현했다. 여성주의상담자로서 우리가 보는 그의 또 다른 강점은 자신의 강점을 찾아내 경험을 재구조화할 수 있는 융통성이다.

우리의 최초 보고서와 최종 개념화 또는 진단 보고서(〈표 6.3〉과 〈표 6.4〉 참조)는 제러드가 제시하는 문제, 그의 강점, 그의 성장 영역, 그의 삶에 대한 억압/특권의 영향, 젠더 역할 갈등 이슈, 우리가 함께 합의한 목표나 상담 중에 탐색한 영역을 포함한다. 여성주의상담자로서, 제러드에게 진단명을 붙이지 않는다. 우리는 그를 진단 범주 안에 놓지 않는다. 협력적으로 개발한 제러드의 짧은 초상을 제시하려고 한다. 우리가 이 보고서의 저자인 만큼 제러드도 저자이다.

표 6.3   기관에서 활용할 수 있는 여성주의 초기 면접 기록의 예

주립대학 상담센터

초기 면접 보고서

날짜: 1/21/----   내담자: 제러드
초기 면접자: E. K. 케스

내담자 묘사: 제러드는 19세의 대학교 1학년생이고, 키는 183cm 정도이고, 갈색 머리칼과 푸른 눈을 가졌다. 그는 면접을 위해 단정하고 편안하게 입었다.

행동 관찰: 내담자는 천천히 웃었고 면접을 시작할 때 말하기를 약간 주저했다. 하지만 면접이 진행됨에 따라 좀 더 유창하게 말했다. 그는 면접 초반에는 의자에서 잠시도 가만히 있지 못했다. 하지만 역시 시간이 지남에 따라 좀 더 시선을 맞추고 좀 더 자유롭게 질문하고 질문에 답을 했다.

문제의 제시와 관련된 과거력(보고된): 제러드는 그가 우울해 보인다고 말한 담당 교수가 의뢰했다. 제러드는 학업에(문학 과목을 빼고는) 흥미를 잃었고 친구가 거의 없고 대학의 사람들과 사귈 실제 동기가 없다고 말했다. 그는 또한 고향 집에 가서 아동기 친구들과 어울릴 욕구도 없었다. 그는 자신이 우울한지를 몰랐고 그런 행동들이 우울을 의미하냐고 물었다.

대인 관계적/사회적 과거력: 내담자는 대학에 친구가 거의 없고 그가 아는 학생 몇몇에게서 조롱당하고 놀림을 받았다. 그는 (2시간 거리의) 고향 친구들과도 교류가 없는데, 그가 대학에서 2년을 공부하느라 그들과 떨어져 지냈기 때문이거나 친구들이 같은 이유로 그를 잊고 끼워주지 않기 때문이다. 그는 정기적으로 어울리는 온라인 친구들이 있다. 그는 대학에서 알게 된 사람들보다 온라인 친구들을 더 좋아한다.

문화적 배경: 제러드는 지방에서 성장했는데, 그곳은 직장 구하기가 힘들고 가족의 가치가 젠더 역할에 대한 기대처럼 전통적인 곳이다. 그의 가족은 여러 대를 이어 가난한 노동 계층에 속했다. 그들은 중산층의 가치관을 맹렬히 비난하지만, 중산층의 소득과 지위를 얻기를 원한다. 그래서 제러드는 대학에 입학했다.

정신 의학적 병력: 제러드는 개인적으로 정신 의학적 문제를 가진 적이 없다고 보고하고 그

가 아는 한 정신 장애 가족력도 없다.

가족사: 제러드는 1남 1녀 중 막내이고 확대 가족 내에서 대학에 간 첫 번째 아이이다. 그가 대학에 간 이후 아버지와 유대가 약해지고 있지만 그는 원가족과의 강한 유대를 보고한다. 그는 어머니와 좋은 관계를 유지한다. 누나와 누나 가족과는 최소한의 관계만 유지한다.

젠더 사회화: 제러드의 가족은 그에게 전통적인 젠더 역할과 태도를 가르쳤다. 그는 사냥과 낚시를 배웠고, 선수로든 관중으로든 스포츠를 즐길 것을 배웠다. 아버지는 그의 대학 입학을 자랑스러워하는 듯이 보이지만, 또한 '대학 소년'이라고 부르면서 제러드를 깎아내리기도 한다. 전통적 사회화의 다른 근거는 제러드가 고소득을 올릴 수 있는 '남성적'인 직업을 선택했다는 것이다.

의학적 병력: 어떤 의학적 이슈도 보고되지 않았다. 그러나 제러드는 전보다 훨씬 많이 자는 것 같다고 했다. 그는 이것이 대학에 오면 겪는 일인지 아니면 그가 우울해서인지 확신하지 못했다.

약물과 알코올 사용: 제러드는 가끔씩 여럿이 술을 마시고 마리화나를 피워본 적이 있다고 보고한다. 그는 둘 다 그렇게 많이 즐기지는 않고 파티에서만 실컷 한다고 한다.

내담자는 18세 이전에 향정신성 약물(기분 장애, 주의력 결핍 및 과잉 행동 장애 등으로) 치료를 받은 적이 있는가?
네 _____ 아니오 ___X___

내담자는 '자살/살해'를 생각해 본 적이 있거나 자살 시도까지 한 적이 있는가?
네 _____ 아니오 ___X___ 노트/논평:

내담자 강점: 제러드는 자신의 가족을 아끼는, 똑똑하고 표현을 잘하는 청년이고, 가족은 그를 아낀다. 지금 여러 가지 도전이 그를 힘들게 하지만, 그는 그것들을 감당할 만큼 강하다. 그는 도움을 요청하러 상담센터에 왔는데, 이것은 그의 강점이나 성격 그리고 개선하고자 하는 결단성을 증명한다.

임상적 인상/추천(예상되는 치료 기간, 치료 유형, 그 외 임상적 고려를 쓰시오): 제러드는 커리어/인생 의사 결정 과정에 대한 젠더 사회화의 영향을 탐색하는 남성 집단 프로그램 중

하나에 참여해야 한다. 문화적으로 다양한 집단의 집단원이 되어 계층주의와 특권의 이슈를 탐색해 보는 것이 특히 중요하다. 그가 집단에 10회기 참여하고 그때 목표를 다시 정하는 것을 추천한다.

초기 면접 시 전반적 기능 평가 ___65___

추정해 본 작년의 전반적 기능 평가 최고치 ___95___

상담자 노트: 전반적 기능 평가 수치가 낮아진 이유는 새로운 환경과 대학의 사회문화적 현실에 대한 적응 때문이다.

E. K. 케스_____   _____
상담자 서명   슈퍼바이저 서명

사례 관련 행위(동그라미나 밑줄을 치시오)   우선성 수준: 1   X2   3
  초기 면접에서 끝냈는가?   ___ 네 ___ 아니오
  대기 명단에 있는가?   ___ 네 ___ 아니오   날짜 _____
  집단에 의뢰되었는가?   _X_ 네 ___ 아니오
  그렇다면 어떤 집단인가?   _남성 집단_
  외부로 의뢰되었는가?   ___ 네 ___ 아니오
  그렇다면 어디인가?   _____

표 6.4   DSM 모델을 사용할 때 여성주의 과정을 사용하는 방법의 예

형식적인 진단을 할 때는 여러 가지 요인이 작용한다. DSM 체계와 건강 관리 제도는 심리 내적 요인에 초점을 맞추고 질병의 원인을 개인 내부에 둔다는 것을 기억하라. 비록 DSM-IV -TR(APA, 2000)가 축 4를 통해 문제의 맥락적 원인과 환경적 원인을 인정했지만, 보험 회사는 축 1의 목록에 있는 정신 장애에 해당할 때만 보험금을 지불한다.

이런 사실은 제러드의 사례에서, 누가 상담료를 지불할 것인지를 우리가 고려해야 한다는 것을 의미한다. 만일 제러드가 보험에 가입했다면, 우리는 축 1에 있는 정신 장애를 반영하는 진단을 고려할 수도 있다. 만일 그런 경우라면, 축 1 진단은 우울한 기분이 있는 309.0 적응 장애가 될 수 있고, 급성으로 여겨질 것이다. 제러드는 대학 1년생이고, 사회적 문제와 학업 문제로 고전하고 있다. 그는 슬프고 외롭다고 느끼고 전공인 공학 과목에는 전반적으로 동기 부여가 되지 않는다고 느낀다. 이런 증상이 나타난 지는 6개월이 되지 않았고, 그래서 급성이

다. 스트레스 요인은 대학 환경에 적응하는 어려움과, 계속되는 사회성과 학업에 있어서의 도전이다. 그의 고통은 그에게 중대한데, 왜냐하면 그는 집안에서 대학에 간 첫 세대이고, 그래서 이런 새로운 문화적 환경에서 어떻게 방향을 잡아야 할지 모르기 때문이다.

만일 제러드가 보험을 적용받지 않는다면, 우리는 자유롭게 제러드를 사회적 맥락에서 보고, 그가 현재 겪고 있는 고통의 원인으로 환경에 주목한다. 축 4는 심리사회적 문제와 환경적 문제를 언급한다. 심리사회적 문제 또는 환경적 문제가 치료의 일차적 초점일 때, DSM-IV-TR(APA, 2000)는 임상가에게 축 1에 있는 진단명을 사용하라고 지시한다. 제러드의 사례에서 우리는 그의 고통의 뿌리가 환경에 있다고 개념화한다. 그는 노동 계층 출신으로 현재 다른 문화인 중산층 문화에 있으며, 지금 차별을 경험하고 있다. 룸메이트가 그의 사투리를 놀린 일로 인해 그는 자신만의 동굴로 들어갔고 그 후로 친구를 사귀지 않고 있다. 고등학교 시절에 친구가 있었다는 사실은 그에게 친구를 사귈 능력이 있음을 보여주고, 이것은 또한 원인이 환경에 있음을 보여준다. 그래서 보험금 지급이라는 문제가 없다면, 중산층 문화에 적응하는 도전을 받는 제러드에게 축 1에 있는 '문화적 적응 문제'(V62.4)라는 진단을 할 수 있다. 게다가 우리는 또한 제러드에게 '달리 분류되지 않는 관계적 문제'(V62.18)라는 진단을 할 수 있다. 왜냐하면 제러드는 대학에 온 이후로 최근 아버지와의 관계에서 어려움을 겪고 있기 때문이다.

제러드는 축 2 '인격 장애'(V71.09)나 축 3 '일반적인 의학적 상태'(V71.09)의 진단을 받지는 않는다. 그는 중요한 부적응적 성격 특성이나 방어 기제를 보이지도 않았고, 또한 그가 제시하는 호소 내용을 이해하고 치료하는 데 관련된 잠재성 있는 의학적 상태를 현재 보이지 않기 때문이다.

DSM 체계는 개인의 기능 손상과 관련된 판단을 허용하는 축 5 '전반적인 기능 평가'를 제공한다. 제러드는 사회적·직업적 어려움, 이 경우에는 학교생활에서의 기능의 어려움을 가져오는 약한 증상이 있기 때문에 V65의 진단을 받는다.

제러드의 경우, 고통은 그의 사회적·문화적인 맥락과의 관계에서 정의된다. 그의 고통을 평가하는 데 있어서, 그의 행동과 느낌이 두 개의 다른 세계를 타협하느라 투쟁하고 삶에서 계층주의와 젠더 역할 갈등을 통제하려는 사람에게서 전형적으로 나타나는 것이라는 결론에 이른다. 우리는 이것을 보는 다양한 방식을 제러드와 토론했다. 회기 끝에 제러드는 자신에게 우울하다고 진단명을 붙이기보다는 자신의 호소 내용을 '중간에 있는 남자'라고 재명명한다. 그는, 이 이름은 두 세계 사이에 낀 자신의 주변성뿐만 아니라 중산층으로 가라는 대학 환경의 압력도 가리킨다고 설명한다. 고통에 이름을 붙이고 그것을 사회적·문화적 맥락과 연결시키는 작업은 제러드에게 권력강화된 느낌을 준다. 그는 상담에서 주체성을 느끼고 좀 더 동기화되면서 첫 회기를 마친다. 그는 상담을 계속하겠다고 결정하는데, 상담자가 자신의 이야기를 경청해 주었고 자신의 산 경험이 가치 있게 여겨졌기 때문이다. 제러드에 대한 최초 보고서에서 우리는 그의 호소 내용을 기술하는 데 그의 언어인 '중간에 있는 남자'를 사용한다.

공식적 진단

제러드와 함께하는 여성주의 개념화는 정신건강과 질병에 대한 의학적 모델에 얽매이지 않는 계몽된 기관에서 일한다는 전제하에서 이루어진다. 그러나 업무적인 필요로 제러드에게 공식적인 진단명이나 코드 번호를 부여해야 한다면, DSM 체계의 한계를 명심하며 제러드의 '증상'과 가능한 진단을 생각할 것이다. 예를 들어, 제러드의 호소 내용을 진단하는 데 DSM의 'V' 코드를 사용할 수 있다는 것을 알지만, 이런 코드는 제러드의 고통의 강도와 심각성을 놓친다고 생각한다. 게다가 V 코드는 '건강한' 또는 '합리적' 반응이라기보다는 '정상적' 반응을 논한다. 여성주의상담의 관점에서 보면 제러드의 고통은 사회정치적 문제에 대한 건강한, 적어도 합리적인 반응이다. 건강한 반응은 진단이 아니다. 제러드와의 작업에서 우리의 초점은 그의 고통과 주어진 사회문화적 맥락에서의 경험에 대한 정확하고 복합적인 이해이지 분류의 범주나 진단을 찾는 것이 아니다(Brown, 1994). 이 초점에서부터 공식적 진단은 주어질 수 있다. 그의 고통의 성격, 원인, 의미에 대한 가설을 만들기 위해서(Brown, 1994), 여성주의 개념화에 맞추어 제러드와 작업한다. 제러드를 자신의 문제에 대한 전문가로 보고 그가 자신의 경험, 고통, 그것들이 가지는 의미를 가장 잘 안다는 입장에서 작업을 한다. 진단 과정에서 자신의 고통과 의미에 대한 제러드의 이해와 우리의 이해는 똑같은 무게를 가진다. 다시 한번 말하지만 여성주의상담자와 내담자는 그들 자신만의 지식과 경험 영역에서 동등한 전문가이고 둘 다 동등하게 여겨진다. 상담자는 내담자의 생각, 느낌, 행동에 진단명을 붙이기보다는 함께 협력해서 내담자 행동의 의미를 이해하려고 한다. 만일 어떤 행동에 대한 제러드의 총평과 우리의 총평에 차이가 있다면, 우리는 이런 차이가 둘 다에게 그리고 상담 관계에서 무엇을 의미하는지에 대한 가설을 만든다. 예를 들어, 여성주의상담자로서 우리는 제러드의 고통을 외적인 사건(인종 차별주의, 계층주의, 젠더 역할 갈등)의 표시로 보고, 제러드는 자신의 고통을 임상적 우울증을 표시하는 생물학적 조건으로 본다면, 차이가 존재하는 이유에 대한 일련의 최선의 추측과 가설에 이를 것이고, 그런 가설들은 우리 진단의 일부가 될 것이다. 최초의 평가를 통해 진단의 의미와 정신건강 체계 안에서 진단이 어떻게 이루어지는지를 논할 것이다. DSM과 다른 출처에서 얻은 정보를 그와 적절하게 공유할 것이다. 우리의 진단을 그와 상세하게 공유할 것이고, 진단에 이를 때 사용한 기준들뿐만 아니라 이 진단이 계층주의 같은 외적인 스트레스 요인을 어떻게 설명하지 않는지와 그런 진단이 그에게 끼치는 영향을 논할 것이다. 마지막으로 DSM-IV-TR(APA, 2000)를 통한 공식적인 진단이 의학 기록으로 남기 때문에, 후에 그에게 영향을 끼칠 수 있음을 알리는 것은 필수적이라고 본다.

만일 제러드의 증상이 좀 더 식물인간에 가까웠다면, 만일 그가 좀 더 분노 행동을 보였다면, 아니면 정서적 문제를 다루기 위해 약물과 알코올에 의존하고 자해 행동을 했다면, 만일 그가 친구를 좀 더 의식적으로 소외시켰다면, 만일 자살에 대한 생각을 분명하게 표현했다면 우리는 공식적 진단을 고려해 볼 수 있다. 우리는 제러드의 병을 환경이 원인이 된 신체의 병과 유사한 것이라고 생각해 볼 수 있다. 자신에게 해로운 환경에 살기 때문에 신체적으로 병들게 된 사람들은 진짜 아픈 것이다. 제러드를 이런(우리의 해로운 사회가 그에게 그런 증상을 일으키거나 만들었다는) 방식으로 아픈 사람으로 개념화할 수 있고 진단을 정당화할 수 있다. 만일 제러드가 앞서 열거한 증상보다 더 심각한 증상들을 표현했다면, 우리는 적응 장애/우울 기분(309.0)이라는 진단을 그와 편하게 상의할 수 있을 것이다.

그러나 앞서 열거한 몇몇 증상의 가능성을 볼 때, 새로운 중산층 환경에 저항하는 제러드의 지방 빈곤층 세계관이 그의 증상을 야기했으며 그것이 우리의 개념화 보고서에 있어야 한다는 것을 안다. 여성주의상담자로서 우리는 진단명만 요구받는다고 해도 그저 DSM 진단명을 주는 것으로 끝내지는 않는다. 진단명을 확장시킬 방법을 찾을(때로 싸울) 필요가 있고 그렇게 진단을 하는 이유를 설명할 필요가 있다. 만일 손으로 서류에 써야 한다면, 가장자리 공간에 설명을 추가할 수 있고, 만일 컴퓨터로 서류에 입력해야 한다면, 다른 부분에 우리의 생각을 입력하거나 파일을 첨부하는 방법을 찾을 수 있다. 비록 보험 회사가 DSM 축 1 진단명 이상의 것을 **요구**하지 않더라도, 필요한 것을 넘어 정확하고 윤리적인 것으로 가야 한다고 슈퍼바이저와 행정가들에게 설득력 있게 주장한다. 여성주의 정신건강 공급자로서, 우리는 소속 조직이 윤리적 서비스 제공 조직이 되도록 이를 주장할 **필요**가 있다. 적어도 **완전한** DSM 진단 평가 없이 어떤 것도 지불 기관에 보내서는 안 된다고 주장할 수 있다. 즉, 진단을 내릴 때 모든 축, 특히 축 4(심리사회적 스트레스 요인)와 축 5(높은 수준의 기능)를 진단할 때 사용해야 한다.

왜 사례에 쓰인 대로 제러드에게 진단명을 붙이는 것을 선택하지 않았을까? 제러드는 병든 것이 아니다. 그의 증상은 건강하지 못한 사회문화적 환경의 결과이다. 제러드의 사례는 일차적으로 계층에 대한 것이며 억압, 인종, 젠더에 대한 것이다. 제러드가 백인 남성이라는 것을 우리가 알아서 이렇게 이해하는 것일까? 제러드는 지방의 가난한 가정 출신 백인 남성이다. 대학에 오면서, 제러드는 경제적으로 빈곤한 지방 출신이라는 배경은 중상류층 가치를 가진 대학에서 낮은 위치에 처하게 함을 발견한다. 그는 또한 백인 남성으로서의 권력을 발견하고 있다. 그에게는 멘토가 되려고 하는 남자 교수가 있고, 그는 자신이 꽤 똑똑하다는 것을 깨닫는다. 그의 가족이 제러드가 자신들의 경제 수준 '이상으로 가주기'를 바라고, 그가 받은 대학 장학금을 그 바람을 이루어줄 방법으로 본다는 것을 안다. 제러드는 이런 특성을 아직 가치 있게 여기지 않고, 사회에서의 그 가치도 이해하지 못한다. 그는 대학을 그만두고 고향 친구들과 함께 기술전문대학에 다니는 것을 생각한다. 그는 '앞서 나가는 것'보다 (아버지, 가족, 친구와의) 관계에 가치를 두는 것으로 보이는데(남성 젠더 역할 고정관념과는 반대로), 그것은 가까운 가족의 가치 체계와 문화적 차이 때문일 수 있다. 외로움은 무시될 수 있는 것이 아니다. 그는 부모가 바라는 대로 백인 중산층 남성이 되면 무엇을 잃을지를 인식하기 시작하고 있다. 공학 교수, 룸메이트, 다른 대학 지인들은 그에게 전형적인 백인 남성 젠더 역할에 순응하라는 압력을 가한다. 여성주의상담자로서 우리는 주의를 기울여 경청하고 그가 무엇을 원하는지 이해할 필요가 있다. 만일 우리가 다른 고려를 하지 않고 그에게 우울증 또는 적응 장애/우울한 기분이라는 진단명을 붙인다면, 우리 역시 계층주의, 젠더 고정관념, 억압에 대한 그의 반응을 질병으로 구체화하는 의학적 모델에 들어가는 것이 된다.

요약

여성주의상담자로서 우리는 진단과 개념화가 내담자와 우리 그리고 그 정보에 접근할 수 있는 모든 사람들에게 어떤 의미를 가지는지를 내담자와 논한다. 이것은 여성주의상담 윤리 지침(3장 참조)이 지지하는 좋은 여성주의상담 실천이다. 만일 제러드의(또는 다른 내담자의) 증상이 계층주의, 성차별주의, 인종 차별주의 또는 다른 형태의 억압의 결과라고 진심으로 믿는다면, 총평을 하고 개념화하고 진단하는 데 내담자를 동등한 파트너로 인식할 필요가 있다. 개념화 과정을 통해 내담자에게 트라우마를 재경험하게 하고, 내담자를 피해자화하고 억압할 수 없다. 우리는 그들 삶의 전문가가 아니며, 윤리적인 여성주의상담자로서 그들 삶의 전문가로 행세할 수 없다. 우리는, 모든 상담은 공동의 작업이고 상담은 내담자와 상담자 관계에서 생기는 작업임을 인식하는, 숙련되고 정보가 풍부하며 돌보는 전문가로서만 행동할 수 있다. 그래서 우리는 내담자와 질병을 앓는다는 것이 무엇을 의미하는지에 대해 개방적으로 이야기하는데, 왜냐하면 그것으로 다른 사람들이 진단이 있었다고 볼 것이기 때문이다. 정신건강과 질병에 대한 견해를 내담자와 이야기하고, 그들과의 상호작용에 대해 우리가 생성하는 보고서에 무엇을 쓰기를 원하는지 내담자에게 묻는다. 내담자와 함께 진단명 없는 개념화나 진단명 있는 개념화에 이르지만, 결코 통용되는 DSM 코드만을 기입하지는 않는다.

7장

평등 관계의 확립과 유지

여성주의상담은 깊게 온전히 성찰적이고, 선택과 의미 부여와 관련해 내담자와 함께 창조하는 과정을 수반한다. 게다가 평등한 관계에 대한 헌신은 여성주의상담자와 내담자가 선택과 결정에 대해 협력하여 생각하고 상호적인 결정에 도달할 것을 요구한다.

—발루와 웨스트(Ballou and West, 2000: 286)

내담자와 상담자는 관계적 공간을 서로 창조하는데, 그곳에서 우리는 존중받는다고 자각하고 성장에 대해 우리를 개방한다. 우리는 상담 관계에 스며들어 있는 권력을 의식적으로 나누면서 공간을 창조한다. 평등한 관계는 우리의 회기와 상호작용에서 협력과 상호 존중의 특정한 틀을 만든다. 이 공간 안에서 우리는 지식과 성장을 추구하는 복합적이고 다양한 인간으로 연결된다. 우리는 우리의 유사점뿐만 아니라 차이점도 인정한다. 관계 안에서 동등하게 존중받기에, 우리는 권력과 의미를 논하는 데 개방적이다. 우리는 상대에 대해 추측하지 않지만, 관계의 상호성이 자유롭게 질문할 기회를 제공하고 상대의 판단이 개입되지 않은 생각이나 의견을 제시한다는 것을 안다. 내담자의 건강한 성장을 추구하며 우리는 서로에게 정직하다.

—엘리자베스 킨케이드, 여성주의상담자

●●●●●

앞서서 무엇이 여성주의상담을 '여성주의적'으로 만드는지를 물었다. 상담이 여성주의적으로 진행되기 위해 반드시 필요한 양상이 하나 있다면 그것은 평등한 관계, 즉 상담 관계 안에서 권력을 함께 분배하는 데 초점을 맞추는 관계를 수립하고 유지하는 능력이다(Ballou and West, 2000; Rader and Gilbert, 2005; Simi and Mahalik, 1997). 앞서 여성주의상담의 네 가지 본질적 원리 중 하나로서 평등한 관계를 확인했다. 여성주의 관점에서 개념화할 때, 상담 관계는 가능한 한 평등하게 하려고 애를 쓴다. 다시 말해, 상담자로서 우리는 내담자와의 관계에서 권력의 균형을 잡으려고 지속적으로 애쓴다. 이 장에서는 한발 나아가 평등 관계와 상담 관계에서 권력의 원천을 정의하고, 내담자와 상담자 사이에 권력이 공평하게 분배되는 상담 관계를 수립하고 유지하는 방식을 제시한다.

치료 관계에서의 권력의 중요성

평등한 관계에 대한 강조가 없다면, 상담 관계에서 권력은 상담자가 갖게 된다. 상담자는 내담자의 문제에 대한 전문가로 행동한다. 이것이 내담자로 하여금 권력을 덜 가진 위치에 있게 하고 상담자 지식의 수용자가 되게 한다. 내담자의 지식도 존재하지만, 상담자의 지식에 종속적인 것이 된다. 이러한 권력 불균형의 결과로 상담자는 사회적 통제의 대행자로 기능할 수 있고(알고든 모르고든), 제약을 가하고 불건전하며 해로운 환경에 적응하도록 부추기는 전통적인 젠더 역할 행동을 강화시킬 수 있다(Worell and Remer, 2003). 여성주의상담 틀 안에서는 상담자와 내담자 둘 다 건강한 권력을 소유하고 사용하는 사람으로 본다.

상담 관계 안에서 권력의 균형 잡기를 추구할 때 내담자에게 우리의 가치를 강요할 기회를 줄일 수 있다(Worell and Remer, 2003: 71). 게다가 권력의 균형으로 여성과 다른 주변화되고 억압된 집단이 사회에서 대면하는 권력의 불균형을 되풀이하지 않을 수 있다(Worell and Remer, 2003). 또한 건강한 성장과 발달을 방해할 수 있는 사회의 위계적 구조를 상담 관계 안에서 피할수 있다(Ballou and West, 2000). 전반적으로 여성주의상담자는 상담 관계라는 제약 안에서 상담자와 내담자의 관계를 상호성과 평등성을 가진 것으로 본다. 이것은 여성주의상담자가 상담 관계에서 자신들이 정신건강 임상가로서의 역할, 신뢰에 기반을 둔 역할 때문에 권력을 더 가졌음을 자각하고 있고, 불균형이란 상담을 진행하려면 어느 정도 존재해야 함을 알고 있음을 의미한다(Brown, 1986). 여성주의상담의 윤리적 고려사항을 되짚어 볼 때(3장), 관계에서 균형 맞추기 – 또한 평등 관계의 수립과 유지라고 불리는 것 – 는 여성주의상담자에게 원리이고 기술일 뿐만 아니라 윤리적 원리임을 알게 된다.

관계에서의 정신건강 전문가와 내담자

평등한 관계라는 개념은 자주 오해되어, 상담자와 내담자는 관계에서 동등하다고 말하기도 한다. 동등하다는 것과 권력을 나눈다는 것의 의미 차이는 미미해 보일 수 있으나 실제로는 꽤 크다. 다음의 예들을 생각해 보라.

1. 타이라는 관계에 대한 호소를 하며 상담에 온다. 상담실에 들어와 의자에 앉자마자 파트너가 일주일 동안 했던 모든 부정적인 일들을 늘어놓는다. 상담자는 타이라의 말을 듣지만 아무 말도 하지 않는다. 몇 분 후 타이라는 말을 멈춘다. 상담자는 주의를 기울이며 앉아 있다. 타이라는 "음, 뭐라고 말하지 않을 건가요?"라고 말한다. 상담자는 "이 시간은 타이라의 상담 시간입니다. 내가 무슨 말을 하기를 바라세요?"라고 대답한다.

2. 타이라는 관계에 대한 호소를 하며 상담에 온다. 상담실에 들어와 의자에 앉자마자 파트너가 일주일 동안 했던 모든 부정적인 일들을 늘어놓는다. 상담자는 타이라의 말에 끼어들지 않는다. 타이라가 말을 멈추었을 때, 상담자는 "당신이 얼마나 기분 나빴을지 잘 알겠어요. 이번 주에 내 파트너도 설거지 때문에 징징거렸어요"라고 말한다. 그리고 상담자는 개인적인 불평거리들을 타이라와 나눈다.

3. 타이라는 관계에 대한 호소를 하며 상담에 온다. 상담실에 들어와 의자에 앉자마자 파트너가 일주일 동안 했던 모든 부정적인 일들을 늘어놓는다. 타이라가 몇 마디 말한 후에 상담자는 말을 멈추게 하고 "이런 일들이 타이라를 화나게 한 것을 이해해요. 그러나 지난 회기에 타이라의 관계의 장단점 목록을 만들어오라고 요청했지요. 나는 그 목록을 검토하고 이번 주 숙제를 이야기하고 싶어요"라고 말한다.

4. 타이라는 관계에 대한 호소를 하며 상담에 온다. 상담실에 들어와 의자에 앉자마자 파트너가 일주일 동안 했던 모든 부정적인 일들을 늘어놓는다. 상담자는 "이것이 중요하다는 것을 알아요. 그렇지만 타이라가 잠시 멈추고, 지난 일주일 동안 경험했던 존중받지 못한 일들에 대해 이야기하기보다는 타이라의 느낌에 대해 생각해 보았으면 해요"라고

말한다. 타이라는 "선생님이 제 말에 끼어드는 것은 무례하다고 생각해요. 전 쏟아낼 필요가 있어요"라고 말한다. 상담자는 침묵하다가 말한다. "네, 그것은 존중받지 못한 일이었고 사과할게요. 계속 이야기하기 전에, 내가 타이라의 말에 끼어들 필요를 느낀 이유를 말해도 될까요?"

앞의 각 상호작용에서 권력은 어디에 있으며, 어떤 것이 가장 치료적인 상호작용일까? 첫 번째 예에서는 내담자가 더 큰 권력을 가지고 있고, 두 번째 예에서 상담자와 내담자는 친구 같은 동등한 관계이고, 세 번째 예에서 상담자는 전문가이고 관계에서 우세하다. 네 번째 예에서 상담자는 '무례'라는 단어를 '존중받지 못한'으로 바꾸면서, 권력의 균형을 잡고 내담자에게 반응하는 길을 적극적으로 찾는다. 무례는 가치 판단을 담고 있는 반면, 존중과 비존중은 권력관계에서 자신을 어떻게 보는지와 관련된 단어이다. 상대를 존중하지 않음을 보이는 것은 상대가 우리에게 권력이 없음을 보이는 것이다. 이 예에서 상담자는 내담자가 지각한 권력 불균형을 내담자의 욕구와 지식을 존중하고 그 욕구를 이해함으로써 동등한 것으로 만들려고 시도한다.

평등한 관계에서 내담자는 자신과 자신의 삶, 자신의 욕구에 대한 궁극적인 권위자로 그들 자신을 아는 데 전문가로 여겨진다(Brown, 2004; Worell and Remer, 2003). 상담자의 입장은 신뢰에 기반하고 있다. 내담자가 자신이 무엇을 필요로 하는지 가장 잘 알고 있다는 신뢰뿐만 아니라 내담자의 지식과 경험에 대한 신뢰이다. 비록 내담자가 자신에 대한 전문가이지만, 상담자는 상담 과정에 전문성으로 기여한다. 상담자는 상담 과정, 특권, 억압, 차이점, 그리고 사회 구조에서 내담자의 위치가 그들의 발전과 호소 내용에 어떤 영향을 끼치는지에 대한 지식을 가지고 있다. 나아가 상담자는 평등한 관계에서 사람들이 어떻게 행동하고 반응하는지 모델이 되어준다. 상담자는 내담자를 존중하며 대하고, 상담 목표와 결과를 위해 협력하며 작업한다. 상담자는 권력을 나누고 평등을 가치 있게 여기는 관계가 어떤 것인지에 대한 모델이 되어준다.

평등한 관계의 목적과 의도

평등한 관계에서 관계의 목적과 의도는 다르다. 상담자가 그 차이를 보는데 실패한다면 평등한 관계는 비효과적인 것이 된다.

치료적 관계의 **목적**은 내담자를 보다 나은 정신건강이나 개인적 성장을 향해 움직이게 하는 것이다. 평등한 관계의 목적도 비슷하여, 내담자가 상담자와 내담자 양측이 상호적으로 동의한 정신건강이나 개인적 성장의 목표를 향하도록 한다. 그러나 평등한 관계의 의도는 치료적 관계 안에서 권력을 평등하게 분배하는 것이다. 평등한 관계를 효과적으로 사용하는 것은 권력 나누기라는 우리의 의도와 내담자의 성장과 건강이라는 우리의 목적을 혼동하지 않는 것이다. 평등한 관계의 틀 안에서 개입은 언제나 내담자를 위한 것이다. 타이라의 예를 생각해 보라. 내담자가 생활에 대한 불평을 할 때 상담자가 동참한다면 이 관계에서 권력은 확실하게 나뉜다. 평등한 관계의 의도는 충족된다. 내담자의 불평과 상담자의 불평은 평등하게 여겨지지만 관계의 **목적**은 부정된다. 초점은 이제 상담자에게 있다. 상담자의 자기 노출은 내담자를 자신의 목적을 향해 움직이게 하지 않는다. 타이라를 상담한 다른 예를 생각해 보라. 네 번째 예에서만 목적과 의도 둘 다 충족된다. 타이라의 호소 내용과 정서가 존중되었고 중요한 것으로 대해졌다. 그러나 타이라를 더 큰 개인적 성장을 향해 움직이게 하는 상담자의 역할도 강조된다. 상담자는 타이라의 직면을 정당한 것으로 수용하고 자신의 동기를 타이라에게 설명하려고 하는데, 이는 관계 내에서의 권력 균형을 평등하게 한다.

평등한 관계의 수립과 유지를 위한 전략

치료적 접근은 임상가에게 치료와 인간 본성에 대한 가치와 믿음을 가질 것을 요구하는데, 이는 치료적 접근의 이론과 실제가 가진 가치 및 믿음과 일치해야 한다. 일반적으로 가치와 믿음은 치료적 접근에 따라 조금씩 다르다. 우리는 내담자가 더 건강한 존재 방식을 향해 움직인다고 가정하고, 치료적 개입이 이 과정을 돕는다고 믿는다. 예를 들어, 인지행동치료는 사회학습 이론에 근거를 두고 있다(Bandura, 1986). 다양한 인식적 접근에서, 고통은 자신과 세상에 대한 역기능적인 사고와 믿음으로 개념화된다(Dobson and Block, 1988). 그래서 사람들은 건강하지 못한 사고와 믿음을 대치할 새롭고 더 건강한 것을 배울 수 있다고 가정된다. 인간중심치료에서 일차적인 가치는 선하고 온전한 인간으로서 존재하는 내담자에 대한 믿음이다(Rogers, 1987). 치료자의 태도는 인간중심치료의 치료 방법인 무조건적인 긍정적 관심의 한 형태이다. 내담자와 작업하는 전략은 이러한 믿음과 태도의 틀 안에서 개발되고 사용된다.

여성주의상담자로서 우리는, 내담자 고통에는 사회정치적 요인과 의미 있는 관계의 깨짐을 포함하여 다양한 원인이 있다고 믿는다(Miller, 1988; Jordan and Hartling, 2002). 평등한 관계를 수립하고 유지하는 것은 내담자가 비착취적이고, 상호적이고, 보살피고, 존중하는 관계의 가치를 이해하도록 돕는 일차적인 기술 중 하나이다. 이런 관계 경험을 통해 내담자는 자신과 자신의 능력을 더 크게 존중하게 된다. 그들은 자신의 사회문화적 환경에서 건강한 방식으로 기능할 수 있게 된다.

평등한 관계는 여성주의 임상가들이 여성주의 가치와 전략을 통해 의식적으로 개발한다. 치료적 관계를 수립하고 유지하기 위해, 여성주의 임상가들은 상담에 대한 다음의 가치와 믿음을 가지고 있다. 첫째, 상담의 목적은 내담자를 권력강화하는 것이다. 둘째, 치료 과정은 신비로운 과정이 아니라 열리고 나누는 과정이다. 셋째, 내담자와 상담자는 상담 과정에 대한 동등한 권력과 책임을 가진다. 마지막으로, 강점을 격려하고 증가시키는 치료적 초점은 약점을 교정하는 초점보다 더 가치 있다(Ballou and West, 2000; Brown, 1986, 2004; Rader and Gilbert, 2005; Worell and Remer, 2003). 이들 각 부분에 대해 좀 더 자세히 살펴보자.

1. 내담자의 권력강화

여성주의상담자는 내담자를 자신의 호소 내용에 대한 전문가로 여기는 협력적 과정으로서 상담을 본다(Ballou and West, 2000; Brown, 1986, 2004; Rader and Gilbert, 2005; Worell and Remer, 2003). 내담자를 전문가로 여기면, 자신의 호소 내용과 산 경험을 결정하는 내담자의 권력을 존중하게 된다. 치료적 관계의 시작에서, 여성주의상담자는 상담과 변화 과정에 대한 자신의 적합한 가치와 믿음(Worell and Remer, 2003)과, 생활방식 및 배경을 내담자에게 말한다(Simi and Mahalik, 1997). 결과적으로 내담자를, 정보를 가지고 특정한 상담자와 상담을 하기로 결정할 권리와 능력을 가진 사람으로 본다. 이런 가치를 명확하게 하면 상담자가 자신의 가치를 내담자에게 강요할 기회를 최소화할 수 있다.

2. 상담 과정의 탈신비화

여성주의상담자가 가진 사회에 대한 적절한 믿음과 가치를 나누는 것도 상담 과정을 탈신비화하는 것을 돕는다(Enns, 1988). 여성주의상담자는 내담자에게 여성주의상담의 이론과 과정에 대해 교육한다. 상담 비용과 혜택에 대해 논의하고, 양쪽의 권리와 책임의 윤곽을 보여준다(FTI, 2005). 상담자와 내담자의 기대에 대해 상의하고, 상담 초기에 상담 이외에 시도할 수 있는 것도 내담자와의 토론 주제가 된다(Enns, 2000). 여성주의상담자는 적당할 때 내담자에게 치료 기술을 가르친다(Worell and Remer, 2003). 예를 들어, 상담자는 내담자에게 정치적이고 문화적인 분석뿐만 아니라 젠더 역할 전략을 가르칠 수 있는데, 이는 내담자가 자신의 심리적 건강에 해로울 수 있는 젠더 역할 사회화와 그 결과인 행동을 비판적으로 검토하는 것을 돕기 위해서이다. 이런 기술을 가르치는 것은 내담자에게 관련 정보를 얻기 위해 정신건강 전문가에게 의존하기보다는 자신의 산 경험의 권위자가 되는 수단을 제공한다. 내담자가 존중받는 평등한 관계에서, 그들은 상담자에게 "내가 무엇이 잘못된 것이지요?"라고 물을 필요가 없다. 오히려 기술을 배움으로써 그들은 자신에 대한 답을 찾는 데서 지지받고, 자신의 삶에 대한 지식으로 존경받고 존중받는다.

여성주의상담자는 상담 목표를 정하고 치료 성과를 내기 위해 내담자와 협력해서 작업한다(Worell and Remer, 2003). 상담 빈도, 치료 기간, 상담료, 치료 방식은 내담자와 상담자가 함께 결정한다(Ballou and West, 2000). 이 협력은 또한 자신의 치료와 관련된 결정에서 권위 감각을 가질 수 있도록 내담자의 권력강화를 돕는다. 이것은 또한 3장의 FTI 윤리 지침에서 윤곽이 그려진 윤리적 원리이다.

3. 관계에서 권력의 균형

여성주의상담자는 사회에서의 위계적 관계를 되풀이하려고 애쓰지 않는다. 그들은 상호성과 돌봄에 기반한 관계 모델을 추구한다. 그래서 여성주의상담자는 치료적 관계에서 권력에 특별한 주의를 기울인다(Brown, 2004; Simi and Mahalik, 1997; Worell and Remer, 2003). 관계 안에서 권력에 대한 주의는 여성주의상담을 설명하는 내내 공통된 주제이고, 여성주의상담의 독특한 점이다. 다시 타이라의 예를 보면, 마지막 시나리오에서 상담자가 그녀와 적절한 권력을 나누려 하고 그래서 "존중의 윤리에 참여한다"(Ballou and West, 2000: 285). 관계 내의 권력에 주의를 기울이면, 상담자와 내담자 간에 협력적 결정 과정이 만들어진다. 이런 협업의 감각은 여성주의상담자와 내담자 사이에 수립된 관계로 스며든다. 내담자의 의견, 필요, 욕구는 중요하게 여겨지고 상담자는 그것을 깊이 존중한다. 게다가 권력을 적절하게 사용하는 상담 모델은 내담자가 삶에서 경험할 수 있는 권력의 남용에 대한 강력한 해독제가 될 수 있고, 상담의 초점이 젠더 관련 이슈일 때 특히 중요해질 수 있다(Enns, 2000). 다시 한번 여성주의상담자가 타이라를 적절하게 대하는 예시에서, 상담자가 말을 잇기 전에 타이라의 허락을 구한다는 것에 주목하라.

여성주의상담자가 상담 관계에서 권력 불균형을 줄이는 또 다른 방식은 선택적 자기 노출이다(Worell and Remer, 2003). 여성주의상담자는 자기 노출이 상담자와 내담자 사이의 권력 차이를 감소하고, 평등한 관계를 촉진하고, 내담자에게 역할 모델 선택지를 제공한다고 믿는다(Simi and Mahalik, 1997). 상담자가 자신의 현재와 과거 경험에 대한 노출을 신중하고 존중하는 마음으로 선택할 때, 내담자는 자신들도 도전을 극복할 수 있음을 배운다(Worell and Remer, 2003). 예를 들어, 상담자가 자신도 젊은 여성으로서 친지 강간을 경험했다고 자기 노출을 하면, 여성 내담자는 강간에서 회복될 수 있다는 것

(모델)과 강간이 다른 '좋은' 사람들에게도 일어나듯이 자신의 책임이 아니라는 것(보편성)을 듣게 된다. 그러면 내담자는 자신의 경험을 좀 더 쉽게 사회정치적 맥락에 놓을 수도 있다. 내담자와 상담자가 젠더나 인종/민족성에서 다를 때조차도, 상담자의 자기 노출은 내담자로 하여금 자신들이 받은 젠더역할 메시지가 생물학에 기반을 둔 것이 아니라 사회적으로 구성되었음을 이해하도록 돕는다. 왜냐하면 상담자와 내담자 둘 다 어떻게 되어야 한다는 문화적 메시지와 씨름하고 있기 때문이다(Worell and Remer, 2003). 이것은 8장에서 논의할 젠더 역할 분석과 권력 분석의 기술과 함께 사용될 때 특히 유용한 기술이다.

상담의 지금 여기에서 자기 참여 반응을 사용함으로써 상담자는 내담자에게 피드백을 제공하고, 자신의 인간적인 측면을 나누고, 효과적인 의사소통 기술의 모델이 될 수 있다(Worell and Remer, 2003). 상담자는 자신이 어떻게 내담자에게 영향을 받는지 이야기할 수 있고, 내담자에게 자신에 대한 가치 있는 정보를 제공하고, 그들이 어떻게 관계하고 있는지를 이야기할 수 있다. 더 나아가 상담자는 내담자나 내담자의 경험과 관련한 느낌을 나눔으로써 자신의 인간성을 드러낼 수 있다. 마지막으로, 자신의 느낌을 나눌 때, 상담자는 느낌을 직접적으로 표현하는 모델이 될 수 있다. 여성주의상담자가 타이라와 작업하며 자신이 의도한 개입이 내담자를 존중하지 못한 것이었음을 인정하고 사과할 때, 상담자는 자기 노출을 한 것이다. 상담자는 자신이 실수했다고 타이라에게 말한다. 만일 사과한 후에 상담자가 "타이라가 지난주에 겪었던 고통에 대해 말할 때 내 개인적으로 화가 가시지 않은 사건이 떠올랐고, 그래서 타이라의 호소 내용을 도와주기에는 인내심이 부족하게 되었어요"라고 말한다면, 상담자는 더 평등한 관계를 만들게 될 것이다.

상담자의 자기 노출과 자기 참여는 매우 신중하게 사용해야 하고 오직 내담자를 위해서만 사용해야 한다는 점에 주의하는 것이 중요하다. 타이라와의 두 번째 시나리오에서 상담자는 자신의 파트너에 대해 불평하기 시작한다. 이것은 수용할 수 있는 자기 노출이 아니고, 비록 상담자 역시 관계 문제에서 씨름하고 있음을 자기 노출하는 것이라 해도 이런 방식으로 한다면 초점이 내담자의 호소 내용에서 상담자의 호소 내용으로 바뀌게 된다. 내담자가 상담자의 정서적 필요를 돌보는 입장이 된다. 치료적 관계는 관계에서 각자 평등한 역할을 하는 평등한 파트너가 있다는 의미에서 평등하다. 이것은 동일한 역할을 한다는 것이 아니라 평등하게 중요하고 존중을 받는 역할을 한다는 것이다.

다음의 가이드라인은 자기 노출에 대한 연구에서 나온 것이다. 여성주의 문헌에서 나온 것은 아니지만, 상담 관계에서의 권력 사용에 대한 FIT 윤리 지침 가이드라인과 함께 참고한다면 치료적이고 윤리적인 자기 노출에 대한 모델이 될 것이다.

1. 상담자는 자기 노출을 되도록 적게 해야 한다. 여러 연구가 상담자들이 아주 어쩌다 자기 노출을 한다는 것을 보여준다. 이는 자기 노출을 드물게 해야 도움이 되기 때문일 수도 있다.
2. 상담자가 자기 노출을 하는 데 가장 적절한 주제는 전문적인 배경과 관련된 것이고, 가장 부적절한 주제는 성적 행동과 신념이다.
3. 상담자는 일반적으로 현실을 정당화하고, 정상화하고, 모델이 되고, 상담 동맹을 강화하는 데, 즉 생각이나 행동에 대안을 제시하는 데 자기 노출을 사용해야 한다.
4. 상담자는 일반적으로 다음과 같은 자기 노출은 피해야 한다. 상담자 자신의 필요를 위하거나, 초점을 내담자에게서 옮겨오거나, 회기의 흐름

을 방해하거나, 내담자에게 부담이나 혼돈을 주거나, 거슬리거나, 상담자와 내담자의 경계를 흐리거나, 내담자를 과도하게 자극하거나, 전이를 오염시키는 자기 노출이다.

5. 상담자의 자기 노출은 내담자의 비슷한 자기 노출에 대응할 때 특히 효과적일 수 있다.

6. 상담자는 자신의 노출에 내담자가 어떻게 반응하는지를 주의 깊게 관찰해야 하고, 내담자에게 반응에 대해 물어야 한다. 그리고 그 정보를 내담자를 개념화하고 다음에 어떻게 개입할지를 결정하는 데 사용해야 한다.

7. 상담자가 상담자의 자기 노출이 도움이 되는 특정 내담자에게 자기 노출을 더 하는 것은 특히 중요할 수 있다(Hill and Knox, 2002).

4. 내담자 강점에 초점 맞추기

인간은 다양한 이슈에 대해 도움을 받고, 조언을 받고, 지지를 받기 위해 상담에 온다. 우리 문화에서 도움을 청하는 사람은 권력이 적은 자리에 처하게 된다. 도움을 구하는 자는 약하여, 도움을 주는 자에게 해답과 강함을 구하러 가는 것이다. 이것은 명백하게 평등한 관계의 수립과 유지를 손상시킨다. 여성주의상담자는 권력 불균형을 인식하고 자신의 내담자와 함께 이것을 인정한다. 여성주의상담자가 이런 권력 불균형을 평등화하는 데 사용하는 기술 중 하나는 내담자가 자신의 약점보다는 강점을 확인하고 그에 초점을 맞추도록 조력하는 일이다. 여성주의상담자는 내담자를 손상된 부분들과 증후군의 집합체로 보는 것이 아니라 강점과 약점 모두를 가진 온전한 인간으로 본다.

세 번째 시나리오에서 타이라의 상담자는 그녀의 말에 끼어들어 그녀의 느낌을 과소평가한다. 상담자는 느낌을 개방적으로 표현할 수 있는 등의, 타이라가 가진 강점보다는 숙제에 진척이 없다는 것에 초점을 맞춘다. 이런 방식으로 상담자는 내담자를 처벌하고, 타이라의 강점보다는 약점을 강조한다. 예를 들어, 상담자는 타이라의 정서성(emotionality)을, 느낌에 대한 이해와 느낌을 개방하려는 의지로 재구성할 수도 있다. 내담자는 정서적인 행동에 대한 사회적 가치를 무의식적으로 수용하여, 그에 대한 남성 중심적이고 인종 중심적인 낙인을 이해하기보다는 그런 행동을 하는 자신을 비난할 수 있다(Worell and Remer, 2003).

상담자의 관점

3장에서 지적했듯이 여성주의상담자의 윤리적 입장은 개인적이고 문화적인 자각이다. 평등한 관계를 수립하고 유지하기 위해 내담자와 작업하면서 내담자가 제시하는 이슈에 대한 상담자 자신의 경험과 생각, 느낌, 지식뿐만 아니라 치료 관계에서의 권력 역동도 계속해서 접촉하게 된다. 이번 절에서는 상담자가 평등한 관계라는 맥락에서 내담자와 작업하는 여성주의상담자의 상담 과정을 강조한다.

앨리슨은 개업을 한 상담자이다. 그녀의 상담소는 행정 비서, 간호사, 임상적 사회복지사, 면허가 있는 전문 상담자인 자신이 포함된 작은 조직이다.

사라는 스스로 끔찍한 슬픔이라고 부르는 일에 대한 도움을 받고자 앨리슨을 찾아왔다. 그녀는 57세이고, 교외에 있는 중학교 수학 교사로 35년간 일했다. 그녀는 30대 후반에 이혼했고 재혼은 하지 않았다. 그녀에게는 30세인 아들이 하나 있는데, 아들과는 더 이상 연락하지 않는다.

앨리슨은 사라와 전화로 이야기는 했지만 만난 적은 없다. 사라가 상담소에 전화하여 행정 비서를 통해 첫 약속을 잡았는데, 앨리슨은 약속 확인도 하고 자신도 소개하고 사라가 상담 과정에 대해 물어볼 건 없는지 알아보기도 할 겸 사라에게 직접 전화했다. 전화했을 때 앨리슨은 사라에게 어떻게 불러주면 좋겠냐고 물으면서 자신은 내담자가 편안하게 느낀다면 앨리슨이라고 불러주는 것을 좋아한다고 짧게 말했다.

상담일에 앨리슨은 대기실로 가서 이름을 부르며 사라를 맞았고 "앨리슨이에요"라고 인사한다. 같이 상담실로 걸어갈 때, 앨리슨은 권력 이슈가 될 수 있는 거리와 공간을 자각한다. 임상 훈련을 받을 때 앨리슨은 대기실 문에 말없이 서 있던 상담자가 내담자를 손짓으로 부르자 내담자가 상담실까지 종속적인 위치에서 따라가는 것을 관찰한 적이 있다. 앨리슨은 언제나 내담자 옆에서 걸으려고 하고 내담자의 보조를 맞추려고 한다. 상담실에 들어가기 전에도 앨리슨은 내담자의 대체적인 기분이 어떤지 자각하려고 노력한다. 적절하다면, 앨리슨은 내담자의 불안을 완화하기 위해 담소를 나눌 것이다.

앨리슨은, 상담실에 들어서자마자 사라 자신과 그녀의 과거에 대해 질문하지 않는다. 그녀는 치료 과정이 불안을 일으킬 수 있음을 안다. 특히 사라 같이 상담 경험이 없는 사람에게 더. 게다가 앨리슨은 상담이 매우 사적인 경험이기는 하지만 본질적으로 완전히 낯선 타인에게 매우 속 깊은 생각과 느낌, 경험, 행동을 이야기하는 일임을 안다. 앨리슨은 사라가 상담 과정과 상담자로서의 앨리슨을 좀 더 잘 알게 된 후에 이들에 대해 질문하리라는 것을 안다. 그녀는 자신을 다시 소개하고 상담의 틀을 만들면서 시작한다. 그녀는 처음에 상담은 비밀이 보장되는 관계이며 비밀 보장이 내담자에 대한 존중의 표시임을 설명한다. 상담에서 오가는 내용은 내담자의 삶에 대한 정보(산 경험)이고 그것은 내담자에게 속한 것이다. 앨리슨은 또한 비밀 보장의 한계와 사라가 사는 주(그리고 앨리슨이 면허를 취득한 주)에서 정한 한계가 무엇인지 설명한다. 앨리슨은 만약 비밀 보장을 못 지키게 된다면 되도록 사라를 존중하는 방향으로 이루어질 것이라고 말한다. 그녀는 질문이 있느냐고 묻고, 상담을 시작하는 것이 복잡할 수 있으므로 질문에 대해 진심으로 열려 있다고 사라를 안심시킨다. 이런 과정들로 사라는 자신이 상담에서 수동적이고 종속적인 참여자가 아님을 이해한다. 앨리슨은 사라의 질문에 정직하게 대답한다. 앨리슨은 자신이 잘 모르는 것에 대해 질문을 받으면 다음 회기 때까지 답을 찾아서 알려주거나 사라가 그 전에 정보가 필요하면 더 빨리 알아내겠다고 안심시킨다. 앨리슨은 또한 사라와 자신이 인간 본성과 심리치료 과정에 대해 어떻게 생각하는지 이야기한다. 그녀는 사라에게 "나는 여성주의상담자입니다"라고 말하지 않는다. 앨리슨은 대부분의 상담자는 자신의 치료적 지향에 대해 말하지 않음을 안다. 왜냐하면 내담자 대부분이 치료적 양식의 차이를 완전히 이해하지 못하기 때문이다. 대신 앨리슨은 자신이 어떻게 상담을 하는지를 설명한다. 만일 사라가 치료적 지향에 대해 묻는다면 대답할 것이다. 앨리슨은 사라에게, 사라는 자신의 삶의 전문가이고 상담자는 상담의 전문가임을 믿는다고 설명할 것이다. 동등한 두 영역의 전문성이 사라의 호소 내용에 대한 최선의 해결책을 가져오기 위해 결합될 것이다. 앨리슨은, 자신은 사람들과 그들의 삶은 복잡하다고 믿으며, 삶은 특정한 문화 속에서 살아가는 것임을 이해하며, 내담자를 만날 때 그런 것을 고려한다고 말한다. 또한 사라에게 그들이 함께 작업하는 동안 과정의 어떤 부분에 대해서든 자신의 배경에 대해서든 언제든지 질문할 수 있고, 자신의 능력이 닿는 한 대답할 것이라고 알려준다. 앨리슨은 "우리의 관계는 함께 나눌 경험과 지혜가 많은 동등한 사람들의 관계입니다. 당신은 당신 삶의 전문가이고, 내 전문성은 당신 삶의 목표를 달성하도록 돕는 데 있습니다"라고 말한다.

첫 회기의 처음 몇 분 동안 앨리슨은 사라를 내담자로뿐만 아니라 스트레스 상황에 있는 인간으로 자각한다. 앨리슨은 회기 내내 사라가 얼마나 편안하게 느끼는지를 사라의 단어와 목소리 톤, 신체 언어를 통해 평가한다. 이것이 상담자의 전문성 부분이다. 사라는 회기에 대해 조금 불안해 보인다. 앨리슨은 "상담, 특히 첫 회기는 다소 스트레스가 될 수 있음을 알아요. 이상한 입장에 처하게 되지요. 완전히 낯선 사람에게 사라의 삶과 슬픈 느낌(그녀는 사라가 쓰는 단어와 개념을 사용한다)에 대해 말하려고 여기 있는 것이니까요"라고 말한다. 사라는 자신의 불안을 인정하지만 대면을 하는 지금 앨리슨과 있는 것을 더 편하게 느낀다고 말한다. 앨리슨은 이제 자신에 대한 이야기를 시작할 수 있겠느냐고 묻는다. 사라는 그러고 싶은데 어디서부터 시작해야 할지 모르겠다고 말한다. 첫 몇 분 동안 사라를 관찰할 때 앨리슨은 사라의 불안한 행동이 문제와 관련된 특성이라고 가정하지는 않고 상담하러 오는 것에 내재한 불안이라 생각하고 사라에게 그 점을 확인한다. 앨리슨은 만일 사라에게서 더 큰 심리적 스트레스를 나타내는 다른 행동을 본다면, 자신이 또한 거기에서 받은 인상을 사라에게 확인할 것임을 안다. 앨리슨은 자신이 사라의 삶과 대처 전략의 전문가라고 가정하지 않는다. 그녀는 내담자 삶의 사회정치적 맥락을 이해하고 그것을 내담자에 대한 깊이 있고 임상적인 지식과 통합하려고 지속적으로 애쓴다.

일단 앨리슨과 사라 두 사람 다 사라가 상담을 계속할 수 있게 충분한 정보를 가지게 되었다고 만족하면, 앨리슨은 사라의 현재 삶에서 어떤 일이 상담자에게 이야기해야겠다는 마음을 일으켰는지 물음으로써, 상담의 틀에서 사라의 호소로 초점을 옮긴다. 이 질문을 통해 앨리슨은 사라가 가진 문제의 심각성과 그 문제를 견디어 왔음을 이해하게 된다.

앞서 보았듯이, 내담자를 만나는 첫 몇 분 안에 평등한 관계를 수립하는 것이 중요하다. 이것은 단어와 목소리 톤, 질문의 유형, 신체 언어를 통해 이루어진다. 6장에서 우리는 제러드의 사례를 개념화와 진단과 관련해 제시했다. 이것은 평등한 관계를 발달시키고 유지하면서 검토해 봐야 할 중요한 개념과 기술이다. 진단하는 권력은 평등한 관계를 위험에 빠뜨릴 수 있는 것이어서 의식적으로 다룰 필요가 있다. 3장에서 FTI 윤리 지침을 논할 때, 우리는 상담자가 내담자에게 가지는 권력의 유형에 대해 살펴보면서 여성주의상담자들이 그 권력을 분산시키려는 시도를 하고 권력이 내담자에게 해를 입히지 않도록 어떻게 윤리적으로 의무를 지는지를 논했다.

평등한 관계가 한번 수립되면 그것을 유지하는 것은 상담자의 책임이다. 어떤 면에서 젠더가 같을 때 치료적 관계가 쉬울 수 있다. 여성주의상담에서 여성-여성일 경우 상담자는 내담자에게 더 깊이 공감하고, 효과적인 역할 모델이 될 수 있으며, 젠더 권력이 없기 때문에 평등한 관계를 더 쉽게 발달시킬 수 있다(Worell and Remer, 2003). 여성주의상담에서 남성-남성일 경우 역시 상담자는 더 깊이 공감하고, 내담자는 상담에서 평등하고 관계적인 행동을 모방할 수 있는 비전형적인 남성 역할을 제공받는다. 여성주의상담자가 여성이고 내담자가 남성일 때, 내담자는 비전형적인 여성의 가치를 배우고 자신의 느낌도 더 쉽게 노출할 수 있다(Worell and Remer, 2003). 여성주의상담에서 남성이 상담자이고 여성이 내담자일 경우 가장 큰 문제가 생길 수 있는데, 이 상황에서는 젠더 역동이 특히 문제가 될 수 있기 때문이다. 남성 여성주의상담자는 여성 내담자에게 젠더 권력을 잘못 쓰지 않기 위해 열심히 작업해야 한다. 2장에서 우리는 여성에 대한 남성 권력을 논했고 여성의 경험에 가치를 부여했다. 우리 문화에서 남성은 더 큰 문화적 권력에 접근하고, 자주 전문가로 여겨진다. 이런 요인들은 평등한 관계에 방해가 된다. 그러나 이런 치료적 관계에서 평등한 관계가 일단 수립되면, 여성에게 혜택이 되는 것이 있다. 예를 들어, 여성주의 지향을 가진 비전형적인 남성 여성주의상담자는 여성 내담자에게 남성과의 긍정적인 경험을 제공할 수 있다(Worell and Remer, 2003).

다시 한번 앨리슨과 사라 사이의 평등한 관계와 그것이 어떻게 유지되는지를 살펴보자.

앨리슨은 언제나 사라를 만나기 전에 직전 회기의 상담자 성찰을 재검토한다(존중). 그리고 사라와의 상담 시간을 지킨다. 그러나 사라는 위기 사례를 상담자가 돌아가면서 담당하는 일정 때문에 앨리슨이 늦는 경우도 있을 수 있음을 안다. 만일 늦어지면 앨리슨은 사라가 그 이유를 알 수 있게 조처를 취한다(자신의 시간이 귀한 만큼 사라의 시간을 귀하게 여긴다). 세 번째 회기까지 사라와 앨리슨은 평등한 관계를 향해가는 치료적 관계로 작업한다.

앨리슨의 상담실로 가는 복도를 걸어가면서 사라는 자주 앨리슨에게 이야기를 먼저 하기 시작한다. 이때 앨리슨은 개인적인 정보를 담소로 바꾸어 이야기하지만, 중요한 세부사항은 기억했다가 상담실에 들어가서 다시 다룬다. 사라는 눈치를 채고 왜 그러는지를 묻는다. 앨리슨은 복도는 공개된 공간이고 또 사라의 호소 내용을 보호하고 싶기 때문에 복도에서 사적인 이야기를 하는 것이 불편하다고 대답한다(상담은 열려 있고 나누는 과정이다). 사라는 상담센터 자체를 안전하고 사적인 장소라고 여겼기에 그런 생각을 하지 못했다. 회기 중에 한 번, 앨리슨은 지난 회기에 이야기된 것을 간단히 요약하고(앨리슨이 사라와의 시간을 중요하게 여김을 보여준다 ― 평등한 권력), 이번 회기에는 무엇을 이야기하고 싶은지 생각해 봤느냐고 묻는다(사라에게 관계에서 동등한 목소리를 내게 한다 ― 평등한 권력). 앨리슨은 사라와 있을 때 그녀의 신체 언어를 자각한다. 또한 사라의 질문에 정직하게 대답한다. 고통스러운 사건을 구체적으로 드러낸 후에, 사라는 앨리슨에게 "아이가 있나요? 선생님이라면 이런 상황에서 무엇을 하겠어요?"라고 묻는다. 앨리슨은 오래전에 훈련을 받을 때 이런 종류의 질문에 직접 대답하지 말라고 들은 것을 기억한다. 그렇게 할 경우 내담자에게 너무 많은 정보를 주고 전이로 방해할 수 있다는 말을 들었다. 여성주의상담자로서 앨리슨은 대답을 하지 않을 때 평등한 관계가 가지는 치료적 권력이 손상을 입음을 인식한다(열려 있고 나누는 과정).

앨리슨은 신중하게 답변한다. "나는 아이가 없어요"라고 말한다. 그녀는 이유를 설명하지도 않고 사라와 같은 경험이 없는 것을 사과하지도 않는다. 그녀는 당면한 이슈에 적합한 자기 노출만 즉시, 되도록 짧게 하는 것이 중요함을 안다. "그러나 나는 아들이 사라에게 매우 중요하다는 것을 알고, 비슷한 문제를 가진 사람들과 작업한 적이 있어요. 상담에서의 나의 전문성과 사라의 상황에 대한 사라의 지식을 가지고 아들 문제를 함께 작업해 보도록 해요"(평등한 권력/강점 격려하기).

이렇게 이어지는 대화 속에서 앨리슨은 평등한 관계를 유지하는 네 가지 요소 ─ 내담자의 권력강화, 상담을 열려 있고 나누는 과정으로 만들기, 관계에서 평등한 권력 유지, 내담자의 강점 격려하기 ─ 를 모두 다룬다. 게다가 앨리슨은 권력을 오용하지 않으며, 내담자에게 무엇을 하라고 말하지 않고, 자기 노출의 초점을 내담자의 필요에 맞추고, 바른 답을 찾는 내담자의 능력에 대한 믿음을 보여준다.

요약

평등 관계의 수립과 유지는 여성주의상담에서 본질적이다. 여성주의상담 원리에 대한 배경을 이해하고 우리가 정신건강을 어떻게 보는지를 정의하는 사회문화적 요인을 확실하게 이해한 후에 우리는 평등한 관계를 유지하면서 내담자와 작업하기 시작한다. 이 장에서 우리는 상담자 행동뿐만 아니라 관계를 수립하고 유지하는 요인들을 검토했다.

토론거리

1. 상담 회기 안에서 어떤 정보가 사적인 것이고 어떤 것이 사적인 것이 아닌가?
2. 내담자와 나누지 않을 정보 세 가지는 무엇인가? 그것을 내담자와 나눌 상황이 있는가?
3. 내담자와 나누고 싶은 정보 세 가지는 무엇인가? 그것을 내담자와 나누지 않을 상황이 있는가?

연습 문제와 사례

다음의 상황에서 평등한 관계를 수립하고 유지하기 위해 어떤 개입을 사용할 것인가? 구체적으로 답하시오. 내담자와 무엇을 말하고 무엇을 할 것인가?

1. 우울증과 실패감 문제로 10회기를 만난 내담자가 2주 전에 지인 강간을 경험했다고 말한다. 그녀는 자기 탓으로 느껴지고 또 당신을 힘들게 하고 싶지 않았기 때문에 이 말을 하기까지 시간이 걸렸다고 말한다.
2. 당신은 제러미를 3회기 만났다. 그는 언제나 예의 바르고 회기에서 조금 형식적이다. 그는 느낌에 대해 쉽사리 이야기하지 않는다.

8장

젠더 역할 분석과 권력 분석

권력 분석과 젠더 역할 분석을 제시하기 전에 우리는 독자들이 다음의 두 사례에 대해 생각해 보기를 바란다.

내담자 1: 샐리

호소 내용: 샐리는 가족을 위해 식료품을 사러 갈 때마다 숨이 가쁘고 심장이 매우 뛰는 것을 느끼지만 의학적인 원인은 없다. 그녀는 경쟁적인 광고 회사에서 전일제로 일하는데 보통 하루에 10시간을 일한다. 집에 가면 식사 준비를 한다(대부분, 주말에 요리한 음식을 단지 데우기만 한다). 저녁 식사 후 그녀는 남편과 아이들이 텔레비전을 보는 동안 부엌을 치우고, 일곱 살과 아홉 살짜리 아이들이 잠자리에 드는 것을 돕는다. 남편은 보통 그녀보다 일찍 집에 도착해 아이들의 숙제를 돕는다. 샐리는 남편의 도움이 없었다면 이 모든 것을 할 수 없었기에 남편에게 매우 고마워한다. 그녀는 슈퍼마켓에서 경험하는 증상과 느낌 때문에 지금 큰 불안을 느끼고 있다. 자신이 "좋은 엄마 되기와 매일 저녁 차리기"라고 부르는 것을 계속 못 할까 봐 염려한다.

내담자 2: 조

호소 내용: 조는 영업소에서 최고의 자동차 판매사원인데 최근 실적은 예전만 못하다. 지난 5년간 그는 매달 월별 판매에서 꾸준히 톱 3에 들었는데, 지난 몇 달간은 들지 못했다. 지난 달 자기보다 어리고 경험이 적은 여성 동료에게 3등 자리를 뺏겼다. 조에게는 끔찍한 일이었

다. 최근에 조는 가정과 직장 모두에서 통제할 수 없는 격노의 폭발을 경험했다. 어디서 오는지 알 수 없는 격노였다. 그는 직장에 가는 것을 두려워하기 시작했고 아프지 않은데도 아프다고 거짓말을 하고 결근을 하기도 했다. 조는 주말을 텔레비전을 보고 맥주를 마시며 보낸다. 그는 가족과 친구와 무언가 해야 할 일이 있으면 핑계를 대고 빠져나온다. 7개월 전에 조의 여덟 살 난 아들은 심각한 천식 진단을 받았고, 가족은 아이의 질병에 적응하기 위해 생활 방식을 바꿔야 했다. 어느 날 직장에서 힘든 하루를 보내고 집에 왔을 때 조는 아들이 딸과 인형 놀이를 하는 것을 보고 격노에 사로잡혀 아들에게 고함을 질렀다. 그는 상담 접수 면접에서 이 일을 이야기할 때조차도 분노의 신호를 보였다. 그는 "아들이 스포츠를 할 수 없다는 것만으로도 충분히 기분이 좋지 않아요. 집 안에 머물러야 한다는 이유로 인형 놀이 같이 계집애들이 하는 놀이를 해야만 하나요?"라고 말했다.

●●●●

상담자는 거의 모든 내담자에게서 젠더 역할의 책임을 지라는 사회적 압력이 내담자가 호소하는 문제의 일부라는 것을 발견한다. 4장에서 젠더의 중요성과 그것이 여성주의상담과 상관됨을 이야기했다. 성별에 적절한 젠더 역할로의 사회화는 우리가 젠더에 대한 기대를 내면화시켰다고 자각하지 못할 정도로 어린 나이에 시작됨을 보여주는 연구를 검토했다. 이런 내면화된 젠더 역할 태도, 젠더 역할 스키마(Bem, 1993)는 자주 우리 자신과 다른 사람들에 대한 기대에 영향을 미친다. 샐리와 조는 둘 다 적절한 젠더 역할을 내면화했고 이상화했다. 그들은 적절한 젠더 역할 기대대로 살지 못하거나 기대에 미치지 못한다고 그들 자신과 다른 사람들을 비판한다. 그들은 자신의 젠더 역할 태도와 기대를 깊게 검토하거나 젠더 역할 분석을 함으로써 자신과 다른 사람의 행동을 이해할 수 있다(Brown, 1986). 이 장에서는 처음에 젠더 역할 분석을 검토하고 다음에 밀접하게 연결된 기술인 권력 분석을 살펴볼 것이다. 둘 다 이 책 전반부에 제시된 개념에 근거를 두고 있다. 그것은, 젠더 역할은 개인에게 긴장과 역기능을 야기할 수 있고, 남성을 여성보다 위라는 권력의 위치에 있게 하는 철학과 제도인 가부장제는 여성과 남성 모두에게 해롭다는 개념이다. 두 기술이 적용되는 과정은 기술을 보여주는 짧은 대화와 함께 단계별 형식으로 설명된다. 권력 분석 대화 후에는 독자가 자신만의 젠더 역할 분석과 권력 분석을 할 수 있도록 사례 하나를 제시한다.

젠더 역할 분석

젠더 역할 분석을 하면서 샐리와 조는 자신이 아이일 때 받았던 젠더에 대한 사회적 메시지와 그 젠더 역할 메시지가 어른이 된 지금의 삶에 어떻게 영향을 끼쳤는지를 탐색하도록 격려받을 것이다. 그러한 탐색을 함으로써 그들은 사회적 젠더 기대에 부응하려 했던 자신들의 노력이 상담실을 찾게 된 이유임을 알게 될 것이다. 예를 들어, 샐리는 자신을 불안하게 하는 원인 중 하나는 여성은 아내이고 어머니여야 하고 그래서 가사 운영과 자녀 돌봄에 궁극적인 책임을 져야 한다는 사회적 기대임을 발견할 가능성이 높다. 조는 남성성에 대한 사회적 정의가 남성이 된다는 의미에 대한 자신의 제한적 생각에 영향을 끼쳤고 자신(또는 자신이 사랑하는 사람)이 그 정의에 부합하지 못했다고 믿을 때 화가 나는 결과를 가져옴을 알게 될 것이다. 샐리와 조 둘 다 자신의 행동과 생각, 느낌을 변화시키기 위해서는 자신의 젠더 기대 중 많은 것이 비현실적이고 임의적이라는 것을 수용해야 한다고 판단할 수 있다. 그렇게 하면서, 전에 자신이 젠더의 결함이라고 지각했던 것이 실제로는 사회적 결함이며 변화의 책임은 개인에게뿐 아니라 사회에도 있음을 발견할 것이다.

권력 분석

젠더 역할 분석은 이야기의 절반일 뿐이다. 여성주의상담은 억압을 극복하려고 하기 때문에, 내담자가 권력이 자신의 삶에 어떻게 영향을 끼치는지를 이해하는 것이 중요하다. 샐리와 조 둘 다 자신의 증상의 또 다른 원인은

권력과의 경험 – 권력을 가정하고, 남용하고, 권력에 통제되는 – 임을 배울 것이
다. 권력 분석은 내담자가 관계와 자신의 삶의 다른 부분에서 권력의 영향을
이해하는 것을 돕는다. 여성주의상담자는 샐리와 조가 권력에 대해 더 효과
적으로 반응을 할 수 있도록 권력 자각을 사용한다.

젠더 역할 분석은 어떻게 도움이 되는가

상담자가 젠더 역할 분석을 적절하게 하기 위해서는 젠더 사회화와 사회
적 젠더 역할 기대에 대한 확실한 이해가 필요하기 때문에 4장에서 그에 대
한 정보를 제공했다.

젠더 역할 분석은 많은 방식으로 내담자를 조력할 수 있다. 상담자는 내담
자가 제시하는 이슈를 개념화하기 위해 분석을 사용할 수 있다. 내담자와 상
담자가 일단 젠더 역할에 대한 지각과 그것이 어디서 왔는지를 논의하면, 내
담자는 자신의 역할에 대한 지각이 도움이 되는지 해로운지를 결정할 수 있
다. 나아가 젠더 역할 분석은 자신의 젠더에 맞는 행동이 무엇인지에 대한
내면화된 메시지를 자각하게 한다는 점에서 치료적이다(Israli and Santor,
2000). 그런 메시지를 지키려고 할 때 심리적 고통과 수행 실패를 맛보고, 내
담자들은 삶에서 무엇인가가 변화될 필요가 있음을 발견한다. 그런 믿음의
해로운 결과를 자각할 때 내담자들은 '재사회화'의 과정을 시작할 준비를 한
다. 재사회화는 내담자들에게 남성과 여성의 역할에 대한 믿음을 재구조화
할 것을 지시한다. 그들에게 사회가 처방해 주지 않을 수 있는 역할을 하라
고 그리고 더 큰 사회가 보내는 신호와 반대되는 그런 역할에 대한 보상을
내적으로 구하라고 자극한다(Israli and Santor, 2000).

젠더 역할 분석 기술: 사례

젠더 역할 분석은 내담자에게 젠더 역할 기대 – 그들 자신과 다른 사람이 갖는 기대 – 가 어떻게 자신들의 생각, 행동, 느낌에 영향을 끼치는지를 인식하게 한다. 내담자들은 자신이 진심으로 가치 있게 여기는 젠더 행동을 유지할 수 있고, 가치 없게 여기는 젠더 행동 버리기를 배울 수 있다. 젠더 역할 분석은 개인 상담/치료, 심리 교육 환경, 개인 집단 워크숍, 치료적 집단 작업에서 쓰일 수 있다(Brown, 1986). 워렐과 리머(Worell and Remer, 2003)는 젠더 역할 분석이 특히 집단 환경에서 효과적이라고 믿는다. 집단원들은 서로 자극이 될 수 있고, 개인 상담 회기에서 상담자가 할 수 있는 것보다 더 효과적으로 서로의 믿음에 도전할 수 있다. 집단에서 하든지 개인과 하든지, 젠더 역할 분석은 워렐과 리머(Worell and Remer, 2003: 77~78)가 제시한 대로 여섯 단계로 행해진다.

- 1단계: 내담자에게 자신이 받은 젠더 역할 메시지를 확인하게 한다. 내담자가 직접적 메시지(여자들은 ~하면 안 된다, 남자들은 ~하면 안 된다)와 간접적 메시지(역할 모델의 행동과 미디어의 예들) 둘 다를 열거하도록 격려한다(Worell and Remer, 2003).
- 2단계: 내담자에게 자신이 1단계에서 열거한 젠더 역할 메시지의 결과를 확인하게 한다. 긍정적인 결과와 부정적인 결과 둘 다 탐색되어야 한다. 예를 들어, 양육적인 역할이 만들어낼 수 있는 긍정적인 결과는 여성들이 주변을 보살피고 오래가는 관계 맺기를 배운다는 것이다. 양육적인 역할의 부정적인 결과는 여성들이 다른 사람들의 필요에 부응하기 위해 과도하게 짐을 질 수 있다는 것이다. 남성들의, 성취하는 역할의 긍정적인 결과는 그들이 고등교육에 대한 재정적이고 정서적인 지지를 받을 수

있다는 것이다. 성취하는 역할의 부정적인 결과는 다른 사람과 언제나 경쟁하라고 압력을 받을 수 있다는 것과 자신을 충분히 성취하지 못하는 사람이나 충분히 훌륭하지 못한 사람으로 볼 수 있다는 것이다.

- 3단계: 내담자에게 자신이 내면화시킨 외적 젠더 역할 메시지를 확인하게 한다. 메시지는 보통 젠더 역할을 가르친 영향력 있는 어른의 훈계를 내담자가 자기 말로 모방할 때 내면화된다. 여성에게 전형화된 젠더 역할 자기 말은 "나는 그 일을 할 수 없어요. 남편에게 일주일 동안 아기를 보게 할 수 없어요"이다. 남성의 자기 말은 "나는 승진하기 위해 늦게까지 일해야 해서 아이의 학교 행사에 참석할 수 없어요. 그렇지 않으면 아내가 그토록 좋아하는 동네에 있는 집을 어떻게 살 수 있겠어요?"일 것이다.

- 4단계: 내담자는 자신이 지키고 싶거나 버리고 싶은 내면화된 메시지를 정한다. 내담자들이 그런 메시지의 이익과 손해를 확인했기 때문에 이론적으로 이 과제는 쉬워야 한다. 그러나 어떤 믿음은 너무 강해서, 자신에게 해로울지라도 내담자들은 그 믿음을 놓으려고 하지 않는다. 보통 이런 종류의 반응은 깊게 뿌리박힌 문화적 기대와 규범의 결과이다. 이렇게 깊게 새겨진 믿음을 변화시키도록 내담자를 종용하는 것은 상담자가 할 일은 아니다. 고통 때문에 내담자가 기꺼이 변화시키려고 할 때 내담자의 믿음에 대한 작업을 하는 것이 상담자의 일이다.

- 5단계: 내담자는 자신이 내면화시킨 메시지 중 하나를 변화시키는 계획을 세운다.

- 6단계: 내담자는 계획된 변화를 실행한다.

사례 연구

내담자 조앤은 접수 면접에 왔다. 상담자 캐시는 조앤을 만나기 전에 면담의 요약을 검토했다. 캐시는 여성주의를 실천하고 있기 때문에 모든 내담자를 여성주의상담이 기반하고 있는 철학적 입장 — 젠더 역할과 문화적 역할 사회화가 심리 건강에 영향을 끼친다 — 에서 면담한다. 그러므로 접수 면접은 매우 철저하게 이루어진다. 접수 면접에는 젠더, 연령, 인종, 민족, 국적, 문화, 문화적 집단 내에서 원가족이 가진 유사성과 차이점, 직업, 계층, 종교, 언어, 가족 구성원의 역할(내담자에게 중요한 확대 가족 포함), 교육적 배경, 신체적·성적 아동 학대 과거력, 성인에 대한 신체적·성적 학대(강간과 데이트 강간 포함) 과거력에 대한 정보가 포함된다. 접수 면접한 사례를 참고하려면 6장에서 다룬, 기관에서 젊은 남성을 접수한 사례를 참고하면 된다.

접수 면접 정보

확인된 정보

조앤은 37세 독신으로 아프리카계 여성이고, 유명한 회사의 변호사이다. 그녀는 8년간 변호사로 일했고, 현재 회사에서는 5년간 일했다.

제시된 문제

조앤이 제시하는 문제는 불면증과 불안(그녀의 표현)으로 인한 괴로움이다. 그녀는 의사에게 진료를 받았고 의사는 약을 처방했는데, 그녀는 불면증과 불안은 자신의 성격 결함 때문이라고 믿기에 약을 먹고 싶어 하지 않는다. 그녀는 약의 도움 없이 자신의 문제와 결함을 해결해야 한다고 믿는다. 그래서 그녀에게는 약물보다는 상담이 받아들일 만한 것이다. 조앤은 공포 공격을 두 번 받았는데, 한 번은 법정에서 변호를 시작하기 직전이었고, 다른 한 번은 소개팅을 하러 가기 직전이었다. 그녀는 삶에서 만난 모든 여성들이 강하고 삶의 스트레스를 잘 다루기 때문에 자신에 대해 혐오를 표현한다. 그녀는 어머니, 할머니, 이모들을 예로 든다. 직업뿐만 아니라 가족도 있는 그녀의 자매들까지도 더 잘 기능하는 것으로 보인다. 그녀는 자신이 아이도 없고, 남편도 없고, 의무도 없고, 삶에서 맞닥뜨리는 스트레스를 잘 다룰 수 없기 때문에 자신을 몹시 꾸짖는다.

관련된 과거력

조앤은 버지니아주 태생이고, 가족의 5, 6세대가 버지니아주에서 태어났다는 것을 안다. 조상 중 많은 사람이 부모가 지금도 다니는 교회 묘지에 묻혔다. 그녀는 부모와 언니 두 명이 사는 곳에서 3시간 떨어진 곳에 산다. 그녀는 많은 친구들보다 자신이 조금 더 세계시민적이라고 여기는데, 왜냐하면 그녀는 군인 가족으로 성장했고 독일과 괌에서 살았기 때문이다. 그녀는 또한 언니와 부모가 다른 인종 집단, 특히 백인 미국인을 더 잘 수용한다고 생각한다. 아프리카계 미국인 친구들은 백인에 대해 잘해야 회의적이고, 어떤 친구는 백인 미국인을 적이라고 믿는다.

현재 조앤은 확실한 중산 계층 생활 양식으로 산다. 장교의 딸로서 아동기에도 확실한 중산층의 생활을 했다. 부모와 언니는 대졸이고, 언니 중 한 명은 공학 석사이다. 중산층 배경과 발맞추기 위해 가족은 언제나 표준 영어로 말한다. 아이일 때 조앤은 아프리카계 미국 사투리 영어는 나쁜 영어라고 배웠다. 그러나 조앤은 그것을 더 이상 믿지 않는다고 말했으며, 가족과는 달리 여기에 대해 판단적이지 않다. 조앤은 자신이 사는 지역에서는 교회에 가지 않지만 부모님 집에 가면 언제나 고향의 교회에 간다. 그녀는 '실천하지 않는 기독교인'이다. 조앤은 신과 기도를 믿지만 그것은 영적 삶의 연장일 뿐이다.

조앤은 독신이고 결혼한 적이 없다. 이 점은 어머니께 큰 실망이라는 것을 안다. 조앤의 어머니는 손주들을 원하고 가치 있게 여기지만, 아이는 결혼한 후에 가져야 한다는 것을 분명히 한다. 조앤은 자녀를 원한 적이 없고, 언니들이 그런 것처럼 "손주를 보게 해달라는" 어머니의 압력을 느끼지 않는다. 조앤은 결혼하지 않았다는 것에 깊은 실망을 느낀다. 37세인 그녀는 이제 결코 결혼하지 못할 것이라고 느끼고, 그것은 그녀를 매우 슬프고 외롭게 만든다. 남자들과 데이트를 해보기도 했고, 어떤 남자들과는 몇 년 동안 매우 진지하게 만나기도 했는데, 관계는 언제나 슬며시 끝나버렸다. 그녀는 성적으로 학대받은 적도 없고 강간을 경험한 적도 없다.

상담자 캐시는 조앤보다 열 살 정도 많으며 조앤과 같은 아프리카계 미국 여성이다. 캐시의 배경이 인종, 민족성, 사회 계층의 측면에서 조앤의 배경과 비슷하지만, 캐시는 조앤을 잘 안다고 가정해서는 안 된다. 캐시의 집단 내 차이에 대한 지식과 세계관은 조앤의 이슈에 접근하는 데 본질적인 것이 될 것이다. 캐시는 인종 정체성에서 높은 수준에 있고 여성주의자 정체성에서 높은 단계에 있다(여성주의자 정체성과 인종 정체성은 6장에서 설명했다. 〈표 6.1〉 참조). 그녀는 조앤과 작업할 수 있다고 확신한다. 그녀는 자신이 내담자에 대한 편견이나 선입견을 가지고 상담에 들어가리라고 생각하지 않으며 캐시의 슈퍼바이저도 그렇게 생각하지 않는다. 한 가지 예상되는 어려움은 조앤의 이슈가 캐시의 이슈를 반영할 수 있기 때문에 캐시가 조앤을 과도하게 동일시할 수도 있다는 점이다. 만일 이런 일이 생기면, 치료는 교착될 수 있고 이슈의 탐색은 역전이 때문에 피상적인 수준으로 남을 수 있다. 과도한 동일시의 또 다른 결과는 우정과 치료의 경계가 흐려질 수 있다는 것이다. 비록 캐시가 면허가 있는 전문가이지만, 그녀는 다양한 정신건강 분야의 여섯 명의 숙련된 치료자로 이루어진 슈퍼비전 집단에 소속되어 있다. 캐시는 이런 호소 내용을 슈퍼비전 집단과 논의한다. 슈퍼비전 집단의 안내와 지혜로 캐시는 조앤에게 도움이 될 수 있다고 믿는다. 캐시가 집단에 자문을 구하는 것은 효과적이고 윤리적인 치료를 제공하기 위한 자문과 슈퍼비전의 필요성에 대한 여성주의상담소 윤리 지침(Feminist Therapy Institute, 1999)에 따른 것이다. 더 많은 정보를 원하면 3장을 참고하라.

처음 만났을 때 캐시는 조앤에게 젠더 역할과 그것이 어떻게 여성들에게 영향을 끼치는지에 대한 자신의 믿음을 설명한다. 기본적인 여성주의상담의 원리 - 개인적인 것은 정치적인 것이다, 상담 관계는 평등하다, 여성의 경험은 가치 있다, 상담은 내담자를 권력강화한다 - 가 여기에 포함된다. 캐시는 조앤과 젠더 역할 분석을 하면서 상담을 시작하는데, 여기서 두 가지 목표를 이룰 것이다. 첫째, 캐시는 조앤의 세계관에 대해 더 깊고 구체적인 정보를 얻을 것이다. 이는 캐시가 조앤과 과도하게 동일시하는 것을 막는 데 도움이 될 것이다. 둘째, 젠더 역할 분석으로 시작하는 것은 조앤으로 하여금 사회의 목표와 기대로부터 자신의 목표와 기대를 분리하는 것을 시작할 수 있도록 한다. 캐시는 조앤에게 그녀가 사회적 요구에 의해 어떻게 영향을 받아왔는지를 더 잘 이해하고 싶다고 하면서 그 분석을 시작한다.

1단계: 내담자는 자신이 받은 젠더 역할 메시지를 확인한다

캐시
조앤, 우리가 전에 이야기했듯이 여성주의상담자로서의 나의 믿음은 사회의 기존 질서를 유지하기 위해 여성과 남성이 사회화되었다는 것입니다. 그것이 우리에게 의미하는 바는 미국에 사는 모든 사람들이 백인 남성이 지배적인 위치에 있게 하려고 사회화되었다는 것이지요. 모든 다른 집단은 종속적인 위치를 유지해야 하고, 특히 여성들이 그렇지요. 그러나 여성들은 그것이 얼마나 임의적인지와 얼마나 상처를 주고 자신을 제한시키는지를 더 배울수록 종속적 위치를 유지시키는 일과 투쟁하고 있어요. 나는 여성들이 심리적이고 정서적인 증상을 가지는 일차적인 이유가 투쟁이라고 믿고, 이런 증상을 극복하는 최선의 길은 개인뿐만 아니라 사회가 변화하는 것이라고 믿어요.

그래서 조앤의 불안과 불면증은 아프리카계 미국 여성으로서 조앤에게 강요된 사회적이고 문화적인 제한에 대응하는 투쟁의 부산물이라고 믿어요. 젠더 역할에 대한 조앤의 믿음을 탐색해 보는 것이 중요한데, 그래야 조앤의 증상을 극복할 길을 탐색할 수 있어요. 우리가 고려하는 사회적이고 정치적인 개선책은 다른 여성의 경험뿐만 아니라 여성으로서의 자신의 경험을 가치 있게 여기는 것에 대해 더 배우고, 자신을 위한 주장을 하며 여성이나 다른 사람들에 대한 억압에 대항하여 주장하는 일에 관여하는 것이에요.

여자아이라는 것이 무엇을 의미하는지에 대해 어떻게 배웠으며, 누가 가르쳤는지에 대해 말하는 것으로 시작하도록 하지요.

조앤 착한 여자아이가 무엇을 해야 하는지 같은 것이요?

캐시 네, 우리는 거기에서 시작할 수 있지요.

조앤 엄마는 언제나 내게 착한 여자아이는 깨끗하게 있고 크게 말하지 않는다고 말씀하셨어요. 부모님이 하라는 대로 하고요. 엄마는 또 가끔 말괄량이처럼 행동하는 것은 괜찮지만 나는 여자라는 것과 여자아이이므로 매번 말괄량이처럼 행동하면 안 된다는 걸 기억하라고 하셨어요. 말괄량이 행동을 멈춰야 할 때를 어떻게 알 수 있는지 궁금했어요. 그러나 실제로는 걱정할 필요가 없었어요. 내가 선을 넘었을 때 엄마가 언제나 말을 했기 때문이죠.

캐시 조앤이 멈추고 싶지 않았을 '때' 엄마가 멈추라고 한 것처럼 들리네요.

조앤 네, 엄마는 때때로 내가 남자아이와 말다툼할 때나 너무 크게 말할 때 나를 멈추게 했어요. 엄마는 약간 큰 소리를 내는 것은 상관하지 않았어요. 엄마가 야단법석이라고 부르는 것은 안 되었지요. 너무 남자아이들같이 행동하는 것 말이요.

캐시 조앤은 남자아이처럼 놀지 않는 한 남자아이들과 놀 수 있었군요.

조앤 네, 그랬어요.

캐시 다른 사람들로부터도 여자아이는 어때야 한다는 메시지를 들었나요?

조앤 네, 아빠는 착한 여자아이들은 엄마를 돕고 아빠를 보살핀다고 말했어요. 아빠는 내가 아빠를 얼마나 잘 보살필 수 있는지 보기 위해 언제나 내게 물과 샌드위치 등을 가져오게 했어요. (웃음). 나는 여전히 아빠께 샌드위치를 갖다 드려요.

캐시 이제는 습관이 된 것처럼 들리네요.

조앤   음 …… 그런 것 같네요.

캐시   그 밖에는요?

조앤   학교에서도 어떻게 행동해야 하는지에 대한 말들을 들은 것 같은데, 선생님들이 말한 구체적인 것들은 기억나지는 않아요. 하지만 선생님들이 "여자아이는 이렇고, 여자아이는 저렇고"하며 소리 지른 것을 기억해요. 나는 그런 말에 별로 귀 기울이지 않았다고 생각해요.

캐시   여자아이나 여성이 해야 하거나 하지 않아야 하는 것에 대한 다른 교훈이 있었나요?

조앤   나는 다섯 살 때 사촌들과 티볼(t-ball)을 했어요. 일곱 살 때 독일로 떠났는데 그때는 마침 어린이 티볼 대회에 나가려고 할 때였어요. 아빠는 내가 이곳에 더 머문다 할지라도, 대회에 나가는 건 좀 아니라고 말씀하셨어요. 그것은 나를 더 말괄량이로 만들 것이기 때문이지요. 나는 아빠가 내가 피아노 같은 것을 하기를 원한다고 느꼈는데 독일에 갔을 때 피아노를 치게 됐어요.

캐시   조앤이 어렸을 때는 공놀이를 하는 것이 괜찮았으나 나이가 들수록 젠더에 적합한 활동을 더 받아들였네요.

조앤   맞아요!

캐시   다른 교훈은요?

조앤   물론 교회가 있지요. 교회에서는 언제나 여자아이들에게 '착한 여자아이'가 되기 위해 할 수 있는 것과 할 수 없는 것을 말했어요. 착한 여자아이는 짧은 치마를 입지 않는다, 남자아이들과 어울리지 않는다, 전화하지 않는다 등이었어요. 그러면 친구들과 뒤에서 "착한 여자아이는 재미없고 어리석어"라고 말하곤 했던 것을 기억해요. 교회에서는 언제나 무엇이 착한 여성 기독교인을 만드는지를 말했어요. 그러나 우리는 대체로 그 말들은 나이든 여성을 위한 말이지 진짜 우리를 위한 말은 아니라고 생각했어요. 여성과 남성은 교회에서 다른 일을 했어요. 부모님이 같이했던 유일한 일은 주일 학교뿐이었다고 생각해요.

캐시 (미소 지으며) 좋아요, 그러면 원가족이나 다른 사람들로부터 구체적으로 아프리카계 미국 여자아이가 되기에 대한 메시지가 있었는지 말해주세요.

조앤 아시다시피 마찬가지예요. 학교 공부를 잘해라, 왜냐하면 좋은 교육을 받으면 좋은 직업을 갖고 자신을 돌볼 수 있고, 그러면 생계를 위해 남자에게 의존하지 않아도 된다는 것이지요. 하지만 재미있는 건 모든 사람들이 내가 자족적이 되기를 원하지만, 또한 남자가 있는 것이 남자가 없는 것보다 낫다는 것도 알려줘요.

캐시 그래서 조앤은 남자가 있는 것은 좋은 일이지만, 남자를 필요로 한다는 것은 그렇지 않다는 것을 배웠지요. 여자아이에 대한 다른 기억나는 메시지가 있나요? 예를 들어, 어떻게 해야 한다는 것을 말로 분명하게 표현하기보다는 사례를 보여준 것 말이지요.

조앤 이모는 아름다운 여성이었어요. 이모는 아름다운 옷들을 많이 갖고 있었고, 모든 남자들이 이모를 너무 좋아했어요. 이모는 똑똑하고 우아했고, 이모부도 그랬어요. 나중에 커서 진짜 이모처럼 되고 싶다고 생각했던 일을 기억해요. 이모는 여성스러웠고 똑똑했어요. 완벽해 보였어요.

캐시 이모가 역할 모델이었던 것 같네요 …… 이모를 보면서 자신이 되고 싶은 사람을 본 것이네요.

조앤 이모는 그랬어요. 좀 더 나이가 들 때까지 몰랐는데, 이모는 사업가였어요. 세탁업을 했고 일하는 사람도 대여섯 명 있었어요.

캐시 그래서 조앤은 여성이 '여성의' 일을 할 수 있고 그러면서 사업도 할 수 있고 아름다울 수도 있다는 것을 배웠군요.

조앤	네. 그러나 가족 중 다른 여성들은 이모를 별로 좋아하지 않았어요. 그들은 이모가 잘난 척하고 사기꾼 같다고 생각했어요. 나는 이모처럼 되고 싶었어요.
캐시	이 역할 모델로 조앤이 얻은 메시지는 사업, 가족, 아름다움 모두를 가질 수 있지만, 가족의 다른 여성들의 선망은 못 가질지 모른다는 거네요.
조앤	(웃으며) 맞는 말로 들리네요.

2단계: 내담자는 자신이 1단계에서 목록으로 만든 젠더 역할 메시지의 결과를 확인한다

캐시	잠시 요약을 할게요. 조앤은 여자아이들은 깨끗해야 하고, 조용해야 하고, 아빠를 보살펴야 하고, 엄마를 도와야 하고, 주변을 돌보고, 아름답고, 똑똑하고, 강하고, 성공하지만 남성적인 행동은 피하라고 배웠어요. 이런 메시지들이 현재 조앤의 삶에 어떻게 영향을 끼치는지를 말해줄 수 있어요? 긍정적인 면과 부정적인 면 둘 다 있지 않을까 싶어요.
조앤	내가 배운 것 중 어떤 것에는 저항했어요. 나는 남자의 시중을 들기 싫었고 절대 시중든 적도 없어요. 엄마는 그것 때문에 내가 남자와 관계를 유지할 수 없다고 — 엄마의 언어인데 — 생각해요. 어쩌면 엄마가 맞을지도 몰라요. 나는 깨끗하고 단정한 것을 좋아하지만 결코 조용하지 않아요. 내가 일곱 살 때 엄마는 더 이상 조용히 하라고 강요하지 않으셨어요. 내가 그것을 거부했다고 생각해요. 정말 모든 사람을 보살피는 사람이 되어야 하는 이유를 모르겠어요. 때로는 누가 나를 보살펴 주었으면 좋겠어요. 나는 여전히 외모를 가꾸고 나 자신을 돌보는 것이 중요하다고 생각해요. 어떤 여자 동료는 그렇게 생각하지 않는다는 것을 알지만, 나는 이것이 남

자에게 매력적이 되고 내 삶을 충만하게 하는 길이라고 느껴요. 이 교훈이 나를 슬프게 해요! 좋은 차와 내 소유의 집이 있지만 나는 내가 만난 모든 남자를 도망가게 하는 것 같아요. 똑똑한 것 역시 나를 곤경에 빠뜨려요. 아빠는 내가 남편이 없게 하는 교육을 받았다고 말씀하신 적도 있어요. 하지만 그렇지 않아요. 언니 헬렌은 남편이 있는데, 남편을 만나기 전에 석사 학위를 받았어요. 나는 남자와 관련해 막혀 있어요. 이것이 교훈이 가져온 부정적인 결과 같아요. 서른일곱이면 결혼해서 아이들도 있어야 하는데, 나는 데이트조차 하지 않고 있어요. 내가 성공했다고 어떻게 말할 수 있겠어요?

캐시   조앤, 이것으로 충분해요. 대부분은 부정적인 것이네요. 그 메시지로부터 긍정적인 것은 없나요?

조앤   긍정적이라고 생각했던 것이 부정적인 것을 가져온 것 같네요 . 똑똑하고, 아름답고, 성공적인 것들요.

캐시   긍정적인 것 — 교육받고 자족적이고 월급을 많이 받는 등 — 은 아프리카계 미국 여성에게 중요한 것이라고 배운 것이지요. 예를 들어, 깨끗하고, 단정하고, 매력적인 것이 커리어에서 도움이 되었는지 궁금하네요.

조앤   (끄덕이며) 음. 선생님이 지금 말한 것은 아마도 사실일 거예요. 단지 지금은 긍정적인 것을 생각하기 어렵네요.

3단계: 내담자는 자신이 내면화시킨 외적인 젠더 역할 메시지를 확인한다

캐시   우리는 우리의 젠더 역할이 어때야 한다는 것에 대해 많이 배우지만 단지 일부가 우리 사고의 부분이 되지요. 조앤은 여자아이나 여성이 되기 위해 여자아이가 해야 하는 것에 대해 아이로서 배운 많은 메시지를 열거했어요. 청결하고, 조용하고, 아빠를 보살피고, 엄마를 돕고, 아름답고, 똑똑하고, 성공하고, 독립적이고, 남성적인 행동을 피하고, 인생에 남자는 있어야 한다는 것이죠. 여자아이가 되기에 대해 배운 메시지들 중에 자신만의 사고가 된 것이 있나요? 다시 말해서 내면화시킨 메시지가 있나요? 보통은 엄마나 다른 중요한 인물이 말한 것을 스스로 자기 자신에게 말하기 시작할 때 메시지를 내면화시켰다고 말할 수 있지요.

조앤   언제나 내가 좀 더 좋은 딸이 되어야 한다고 말하고 부모님을 만나지 않으려고 핑계를 만들 때마다 나를 비난해요. 나는 너무 독립적이라 언제나 "너는 스스로 할 수 있어. 타인에게 도와달라고 요청할 필요는 없어"라고 생각해요. 그러나 나를 가장 괴롭히는 메시지는 나 자신에게 남자 없이는 내 삶은 무의미하다고 말하는 것이에요.

캐시   조앤은, 성공이란 명예로운 커리어뿐만 아니라 남편과 가족이 있다는 것을 의미하고, 둘 중 단지 하나 ― 가족보다 커리어 ― 를 가진다는 것은 성공하지 못한 것을 의미한다는 믿음을 내면화시켰어요. 맞나요?

조앤   그런 것 같아요. 다른 모든 사람들이 그렇게 쉽게 하는 것 ― 남자를 찾아 결혼하기 ― 에 실패했기에 내가 진짜로 성공했다고 생각하지 않아요. 나는 왜 결혼이 그렇게 중요한 성공의 척도라고 생각할까요? 나는 무엇이 잘못되었나요?

캐시   내가 생각하기에 더 나은 질문은 커리어의 성취를 실패라고 느낄 정도로 과소평가하는 사회가 무엇이 잘못되었는지 묻는 질문 같아요.

조앤   그렇게 생각해 본 적은 없지만 말이 되네요. 이상하네요, 내 의뢰인에게 미치는 사회의 영향은 생각하지만 나 자신에게 적용하지는 못하는 것 같네요. 왜 내가 실패라고 느껴야 하나요? 나는 커리어에서 내 위치까지 오기 위해 열심히 일했어요. 인생에서 완전히 실패한 건 아니에요.

캐시   사회는 그런 관습으로 어떻게 이득을 본다고 생각하나요?

조앤   선생님은 여성이 성공하고 만족스러운 삶을 살려면 남자가 필요하다고 생각하게 만듦으로써 사회가 어떤 이익을 보는지 물어보셨어요. 내가 변호사가 되는 대신 아내가 되거나 아니면 변호사도 되고 아내도 되는 것이 어떻게 사회에 이득이 되는지 모르겠어요. (침묵) 누군가가 페미니즘 운동이 있기 전에 가족에게는 한 가지 커리어만 있었고 남편과 아내 모두 남편의 커리어가 성공하도록 노력했다고 이야기하는 것을 들은 적이 있어요. 남자의 커리어는 도약할 수밖에 없었어요. 나는 여전히 그렇다고 생각하는데, 내가 아는 대부분의 아내들은 남편의 직업 때문에 이사를 가야 하면 따라가요. 만일 내가 결혼해서 남편을 내조하는 역할도 맡았다면, 내조하는 부인을 둔 내 남자 동료들은 틀림없이 나보다 먼저 회사에서 파트너 변호사가 되었을 거예요. 생각해 보면 회사 파트너 변호사 중에 여성은 매우 적고 다른 아프리카계 여성은 없어요. 이것이 기존 질서를 유지하는 완벽한 길이에요.

이 모든 것이 내 사고의 일부가 되었다는 사실을 믿을 수 없어요. 지금까지 내가 엄마를 얼마나 실망시켰는지, 다른 사람들이 다 하는 것을 못 하다니 얼마나 실패자인지, 남자가 없어 얼마나 외로운지, 남자를 쫓아내는 커리어에서 성공했기 때문에 얼마나 죄책감을 느꼈는지를 생각해 왔어요. 나는 성취했고, 나는 똑똑하고, 그것이 중요한 것이 돼야 해요. 내 삶에 남자가 없어도 아무도 그것을 빼앗아갈 수 없어요. 나는 다른 것 …… 중요한 것을 가지고 있어요. 나는 알아요. 단지 내가 그것을 믿지 않았다고 생각해요.

4단계: 내담자는 자신이 계속 지키거나 버릴 내면화된 메시지를 정한다

캐시   이것이 조앤이 바꾸고 싶은 믿음이라고 생각하는 것이 맞나요?

조앤   좋은 생각인 것 같아요. 내가 동의하지 않으면서도 그 메시지를 여전히 믿는 이유에 대한 실마리를 찾지 못하겠어요. 나는 다른 사람들이, 내가 독신이고 자녀가 없는 것에 대해 내가 사과해야 한다고 느끼게 만들도록 내버려뒀어요. 더 나쁜 것은 때로 사람들이 나를 불쌍하게 쳐다보며 나 같은 사람이 결혼을 안 한 이유를 물었다는 거예요. 그들은 내가 정말 이러한 상황을 계획했다고 생각하는 걸까요? (그녀는 침묵한다.) 이런, 또 다시 나와 이대로의 내 삶이 잘못되었다고 생각하네요.

캐시   오래된 믿음은 극복하기 어렵지요. 그러나 조앤이 극복하기를 원하면, 내가 도와줄 수 있어요.

해결중심상담의 강점 기반 기술과 함께, 인지행동 기술을 사용하면서, 캐시는 조앤이 젠더 역할을 재사회화하는 계획을 발달시켜서 자신에게 해로운 믿음을 치워버리는 것을 배우게 도왔다. 다른 치료 양식과 여성주의상담 기술을 통합하는 것에 대해서는 10장에서 이야기할 것이다. 다음으로 이런 기술이 여성주의 틀에서 조앤에게 사용될 수 있는 방식을 제시한다.

캐시   조앤, 머리로는 아는데 가슴으로 진짜 믿지는 못하는 것을 해결해 본 적이 있나요?

조앤   같은 이야기를 반복하는 것처럼 들리리라는 것을 알지만, 첫 번째로 생각나는 것은 마지막 남자 친구인 팀이 나와 헤어질 때이지요. 그는 다른 사람을 찾았다고 말했는데, 머리로는 알았지만 그가 진짜로 나 대신 그 여자를 선택하리라는 것을 믿을 수 없었어요.

캐시 어떻게 그것을 해결했나요?

조앤 맨 먼저, 저는 바닥을 쳤어요. 그와 새 여자 친구를 스토킹하는 것을 들킨 거예요. 그것은 믿을 수 없을 만큼 끔찍했어요. 그러고 나서 그를 잊는 데 집중했어요. 그를 생각하거나 그가 무엇을 하고 있을까 생각하는 나를 발견하면 친구에게 전화하거나, 부치지 않을 편지를 쓰거나, 일기를 쓰거나, 코미디 방송을 보거나, 그를 떨쳐버릴 수 있는 것은 무엇이든 했어요. 나는 혼잣말로 (크게는 아니고) 분발하라고, 인생은 계속될 수 있고 계속될 것이라고 말했지요. 나는 매력적이고, 멋진 사람이고, 우리가 함께이지 않은 것은 그에게 손해라고요. 곧 나는 그를 점점 덜 생각하고 그런 일들을 많이 하지 않게 되었어요. 이틀 동안 그를 생각하지 않았다는 것을 알게 된 날, 이제 제자리를 찾았다는 것을 알았어요. 기분이 좋았고, 중요한 일을 성취한 듯했어요.

캐시 조앤, 아주 좋아요. 우리 상담자들이 그런 이슈들을 해결하라고 내담자에게 추천하는 도구들을 당신이 사용한 거예요. 그런 전략을 여성의 성공에는 남편이 필요하다는 생각에 적용해 보는 것은 어떨까요?

조앤 효과가 있을까요? 그 일과 이 일은 달라 보여요.

캐시 같은 일이 아니지요. 그러나 조앤이 지금 말한 기술을 사용하는 능력에 진짜로 자신 있어 보이는데, 그 기술들은 많은 다른 이슈와 관심사에 적용될 수 있어요. 하나나 둘 정도를 시도해 볼 의사가 있나요?

조앤 좋아요. 나는 일기 쓰기와 혼잣말하기에서 젠더 역할 메시지 바꾸기를 시도해 보고 싶어요.

캐시 조앤, 멋져요. 불안을 일으키는 그런 생각을 버릴 수 있을 때, 불면증과 공포 공격도 잦아드는 것을 발견하게 될 거예요.

캐시와 조앤은 부정적인 혼잣말에 직면하는 것뿐만 아니라 불안을 관리하기 위한 심호흡과 다른 방법에 초점을 맞추면서 치료 관계를 이어나간다. 캐시와 조앤은 또한 내담자와 상담자로서의 자신들의 관계에 대해서도 이야기한다. 캐시는 아프리카계 미국인 여성 전문가로서의 자신의 분투에 대해 이야기를 하지만, 조앤이 자신의 내면화된 부정적인 젠더 역할 기대에 직면하여 벗어날 수 있는, 건강하게 기능하는 여성으로 자신을 자각하는 데 도움이 되는 정도까지만 이야기한다. 젠더 역할과 믿음에 직면하는 것은 그들이 함께하는 치료 과정 속으로 녹아들어 간다.

젠더 역할 분석은 집단으로 할 때에도 효과적일 수 있다. 집단 상담의 흔한 유형은 남녀 양성으로 구성된 대인 관계 집단이다. 리머와 리머(Remer and Remer, 2000)는 이런 유형의 집단 구조에서 내담자가 젠더 역할 메시지를 확인하도록 돕는 연습을 고안했다. '외계인 침입 연습'에서, 남성 집단원은 여성으로서 지구를 방문할 외계인 역할을 해야 하며, 그래서 여성으로서 어떻게 행동하고 어떻게 생각할지 훈련받아야 한다는 말을 듣는다. 여성 집단원은 '이방인들'에게 여성과 관련된 모든 규칙과 여성 젠더 역할 메시지를 가르친다. 리머와 로토스키(Remer and Rotosky, 2001)는 빈 의자를 가르쳐야 할 외계인으로 놓고, 개인 상담에 맞게 이 연습을 변형하여 사용할 것을 격려한다.

요약: 젠더 역할 분석

젠더와 젠더 역할에 대한 이전의 논의(4장)에서, 젠더는 생리적으로 결정된 것이 아닌 심리적 속성의 집합체를 가리킨다는 입장으로 말했다. 젠더와 상관없이 우리 모두에게 속한 돌봄, 성취, 양육, 수학 능력, 언어 능력, 추론은 인류에 평등하게 나누어졌다. 차이를 만드는 것은 사회문화적 맥락이다. 사회문화적 맥락의 검토는 여성주의상담의 핵심이다. 젠더 역할 분석을 능숙하게 사용하는 상담자는 내담자의 부정적인 혼잣말, 자기 충족적 예언, 비효과적인 대처 기제에 대해 이해할 수 있다. 내담자는 젠더 역할 분석을 통해 자신을 더 큰 체계의 부분으로 이해하는 길을 찾는다. 이런 자각을 통해, 내담자들은 자신이 개인적인 약점, 결점이나 질병으로 내면화시켜 온 것이 실제로는 많은 사람들에게 영향을 주는 사회적 문제일 수 있음을 깨달을 수도 있다. 확실한 변화를 가져오는 길은 개인적 변화에 더한 사회적 변화를 통해서이다. 다시 말해, 개인적인 것은 정치적인 것이다.

권력 분석

여성주의 문헌을 읽다 보면 권력에 대한 언급을 자주 볼 수 있다. 권력의 이해는 젠더의 이해만큼 여성주의상담에서 본질적이다. 남성 중심 문화는 남성을 가치 있게 여길 뿐만 아니라 남성이 규범이거나 남녀와 상관없는 중립이라고 가정하고(Bem, 1993), 정상적인 것이 건강한 것이라고 정의한다. 미국 사회에서 이것은 '백인 남성'을 의미하고, 백인 남성 이외의 사람들에게는 더 적은 권력이 주어지며 그들은 권력이 적고 하찮게 여겨진다. 여성은 제2의 성이고, 좁은 의미에서 정의된 젠더의 길에서 벗어난 게이, 레즈비언, 양성애자, 트랜스젠더(GLBT)인 개인들 역시 모두 제2의 성이다(de Beauvoir, 1961).

그러나 권력에 대한 담화는 진화했다. 전통적인 남성적 개념은 사람과 사물에 대한 권력을 가지는 것이다(Robinson, 2005). 권력은 사회에서 가치 있는 사람이 되려는 사람이 더 큰 양으로 축적해야 하는 유한한 자원으로 보인다. 이것은 권력에 대한 경쟁으로 이끈다. 한 사람이 권력을 더 가질수록 다른 사람들은 권력을 덜 가지게 된다. 반면, 여성주의 이론과 실천은 권력이란 분명한 양이 없는 제한 없는 자원이고, 나눌수록 모든 사람들이 더 가지게 되는 것으로 본다. 그러나 우리는 남성 중심인 가부장적 규범으로 구성된 사회에서 사는데, 이 규범은 권력을 흔히 다른 사람보다 높은 위치와 남성적 역할과 관련이 있는 것들을 획득하는 것으로 생각한다. 이것이 권력에 대한 전통적 개념이고 우리는 그것을 바탕으로 나온 모든 결과에 익숙하다(Robinson, 2005). 권력에 제한된 양이 있다는 믿음이 있는 한, 백인 남성이 권력을 획득하게 하는 특성을 보이도록 사회화되는 한, 남성에 대한 좁은 사회적인 정의에 들어맞지 않는 여성과 다른 사람들은 종속적인 위치에 머물게 될 것이다. 젠더 역할에서 여성을 기존 질서에 머물게 하는 전략은 다른 억압된 집단이 권력을 가지지 못하게 하는 데서도 작동된다(예를 들어, 유색 인종, 장애인, GLBT 개인들).

권력은 젠더 사회화에 매우 큰 영향을 받고, 남성들은 개인주의, 경쟁성, 공격성이라는 선호되는 남성 특성을 반영하는 권력 전략을 사용하라는 기대를 받는다. 따라서 남성에게 기대되는 권력 전략은 강제성, 전문가, 보상에 기반한 것이다. 반면 여성은 권력을 획득하라는 기대를 정말 받지 않기에 그들이 전형적으로 사용하는 전략은 양육적, 수동적, 온화한 개인으로 사회화된 역할을 반영한다. 이런 기대들이 변화하고 있을 수 있음에도 불구하고 테퍼와 브라운, 헌트(Tepper, Brown and Hunt, 1993)는 여성이 '남성적' 권력 전략을 사용하고 남성이 '여성적' 권력 전략을 사용할 때 그들은 신뢰성과 다른 사람에 대한 영향력을 상실했음을 발견했다. 이것은 우리 문화가 역할 기대에서 변화하는 것을 막는 방식 중 하나이다. 그러나 흥미롭게도 케셰와 동료들(Keshet et al., 2005)은 높은 지위에 있는 개인에게서는 권력에 대한 고정관념적 기대를 발견하지 못했다. 이에 대해, 강하고 정당한 권력이 있을 때 권력이 행사되는 방식은 상관없다는 가정을 해볼 수 있다.

다른 종속 집단들은 여성들이 일반적으로 이익을 얻기 위해 사용한 것과 비슷한 전략을 사용해 왔다. 사용된 권력 전략은 무력의 위치라는 특성과 맞지 않는다. 때로 무력함이나 무기력함 그리고 개인적 자원의 사용과 같이 무력의 위치가 권력으로 이용될 수도 있다(Johnson, 1976).

권력의 정의

권력 분석을 수행하기 전에 정신건강 임상가는 사회적 권력을 이해할 필요가 있다. 지난 몇십 년간 사회적 권력과 관련된 많은 연구가 이루어졌는데, 사람들이 어떻게 자신의 권력 있는 지위를 사용하거나 오용하는지에 대한 이해를 개선하기 위한 노력이었다. 애초에 프렌치와 레이븐(French and Raven, 1959)이 권력이나 영향력을 다섯 가지 기반으로 분류하기를 제안했다. 그러나 1959년에는 권력이 더 심하게 가부장제 안에 뿌리박혀 있어서, 종속적인 지위에 있는 어떤 사람(예를 들어, 여성과 남성 소수자)이 권력을 행사할 수 있다는 생각조차 하지 못했다(Raven, 1992). 여성이 종속적 위치에서 권력을 사용하는 것에 대한 존슨(Johnson, 1976)의 핵심적인 작업은 여성은 그 영향력이 자각되지 않는 방식으로 다른 사람들에게 권력과 영향력을 행사한다는 점을 지적했다. 권력의 미묘한 사용은 조종과 강제라고 기술되었지만, 이런 간접적인 방법은 단기적인 효과가 있고 여성들이 수용할 만한 것으로 보도록 사회화된 유형의 권력이다. 후속 논문에서 레이븐(Raven, 1992,

1993, 2008)은 존슨의 생각을 많이 받아들여서, 현재 권력의 여섯 가지 기반은 좀 더 복잡한 방식으로 개념화되고 있다. 〈표 8.1〉은 권력의 기반과 지배적 위치에 있느냐 종속적 위치에 있느냐에 따른 권력의 전형적인 사용을 열거하고 있다.

강제적 권력은 "다른 사람의 행동을 조종하는 사람의 능력"으로 기술되고, 보상 권력은 "보상하는 능력이 기반인 권력"으로 정의된다(French and Raven, 1959: 156). 보상 권력과 강제적 권력은 둘 다 개인적일 수도 있고 비개인적일 수도 있다. 비개인적인 보상 권력은 새로운 행동에 대한 보답으로 가치 있고 구체적인 것(봉급 인상이나 상이나 돈)을 줄 때 사용된다. 개인적인 보상 권력은 가치 있고 칭찬이나 승인이나 애정같이 구체적이지 않은 것을 주는 능력이다.

정당한 권력은 "O가 P에게 영향을 끼칠 정당한 권리를 가졌다고 지시하고 P가 그런 영향을 수용할 의무가 있다는 가치를 P가 내면화시킬 때 P로부터 나오는 권력"이다(French and Raven, 1959: 156). 이 경우에 P는 개인을 가리키고, O는 그 개인에 대한 권력을 가진 사회적 기관이나 기관원을 가리킨다. 예를 들어, 상사(O)는 고용인(P)에 대해 공식적인 권력을 가질 수 있다. 정당한 상호성은 "당신이 내 등을 긁어주면 내가 당신 등을 긁어주겠어요"이고, 정당하게 평등한 권력은 보상적이다. 정당한 책임과 의존 유형의 권력은 O가 진실로 P를 필요로 하거나 무력한 다른 사람들이 P를 필요로 한다는 사실에 영향을 받는다. 이 범주에서 무력함의 사용은 권력 전술일 수 있다. "나는 할 수 없으니, 당신이 해주겠어요?"라는 말이 그 예가 된다.

전문가 권력은 "P는 O의 전문성을 절대적인 기준뿐만 아니라 O의 지식과의 관계에서 평가"하는 정도의 권력이다(French and Raven, 1959: 163). 만일 개인이 전문가처럼 보이면, 그 개인은 다른 사람의 행동에 영향을 끼치는 권력을 가질 것이다. 레이븐(Raven, 1992)은 전문가를 모방하기 위해 변화된 행

표 8.1	권력의 기반과, 지배 집단과 종속 집단의 전형적 사용		
권력의 기반		지배적	종속적
1. 강제적 권력: 비개인적(유형의 보상이나 위협. 예는 돈과 지위)		X	
강제적 권력: 개인적(무형의 보상이나 위협. 예는 개인적 호의나 인정)			X
2. 보상 권력: 비개인적		X	
보상 권력: 개인적			X
3. 정당한 권력: 정당한 위치(공식 구조에서의 우월한 위치)			X
정당한 권력: 상호성의 권력(우리를 도운 사람을 도울 의무)		X	X
정당한 권력: 공정성의 권력(보상하는 규범)		X	X
정당한 권력: 책임성의 권력(스스로를 도울 수 없는 사람을 도울 의무)		X	X
4. 전문가 권력(전문성은 존경받고 우월한 통찰은 깊은 믿음을 받음)		X	
5. 배경 권력(권력이 있는 타인과 동일시함)			X
6. 정보의 권력: 직접적(설명을 듣고 이유를 이해함)		X	
정보의 권력(설명은 함축되어 있거나 가정됨. 이해는 함축되어 있거나 가정됨)			X

자료: Raven(2008).

동을 하는 것을 의미하는 긍정적 전문가 권력과 전문가에 반해 변화하거나
지속되는 행동을 하는 것을 의미하는 부정적 권력을 포함시키도록 정의를

조정했다.

정보의 권력은 직접적일 수도 있고 간접적일 수도 있다. 정보의 권력은 "영향을 주는 자(O)가 변화를 가져오기 위해서 대상(P)에게 제시하는" 정보에 근거한 권력이다(Raven, 1993: 235). 정보는 직접적으로 또는 간접적으로(힌트, 암시 또는 우연히 들은 대화로) 드러날 수 있다(Raven, 1992: 233).

배경 권력은 "영향을 받는 대상이 …… 영향을 주는 자와의 동일시의 감각으로 또는 그러한 동일시에 대한 욕망 때문에 응할 수 있을" 때 작동된다.

미국에서 종속 집단이란 비백인이고, 장애가 있고, 이성애자가 아니고, 중산층이 아니고, 개신교도가 아니며, 남성이 아닌 사람들이다. 전형적으로 종속 집단의 구성원은 제한된 권력을 가지고 있어서, 자신이 무력하다고 느끼는 것은 드문 일이 아니다. 콜린스(Collins, 1998)에 따르면, 종속적 위치에 있는 사람들은 자신들이 접근할 수 있는 자원을 예상하기 위해 권력의 위치에 있는 사람들을 알게 될 것이다. 정당한 권력을 가진 사람들이 그 권력을 오용하면, 종속 집단은 억압되고, 배제되고, 그런 자원에 접근할 수 없게 된다. 그러나 밝은 면에 대해 몇몇 저자가 말했는데, 권력의 오용을 분석하고 자신의 무력에 대한 생각을 재구성하는 것이 종속 집단을 권력강화시킬 수 있다고 한다(Brickman, 1984; Pinderhughes, 1989).

이 장의 권력에 대한 논의는 일차적으로 개인에 대한 반응, 즉 일대일의 권력 반응에 초점을 맞추었다. 비록 개인들이 자신의 권력 사용을 조종할 수 있지만 더 교활한 조종은 제도, 사회, 문화가 하는 권력 사용이다. 이 장과 책 전체를 통해 우리가 살고 있는 가부장적 사회와 어떻게 우리 사회의 법, 정책, 관행이 남성 특권을 유지하도록 ─ 그것이 여성과 남성 모두에게 심리적으로 해로울지라도 ─ 모두 고안되었는지에 대해 말하고 있다. 비슷하게 우리 사회는 심리적으로 모두에게 해롭지만, 백인 특권을 유지하게 고안되어 있다. 이런 특권이 위협을 받으면 반응은 빠르고 세게 온다. 종속 집단의 사람들과 조직은 언어적으로 모욕당하고, 때로는 신체적으로 학대받고, 정당한 권리를 빼앗긴다. 이런 종류의 권력은 이겨낼 수 없는 것처럼 보이지만 무너질 수 있다.

만일 우리가 여성주의 운동과 시민권 운동 및 법과 차별적인 관행을 통해 여성과 소수자인 남성에게 강제된 제한에 대해 논의한 내용을 돌아본다면, 우리는 강력한 제도가 어떻게 변화되는지에 대한 분명한 근거를 발견할 수 있다. 불행하게도 그 권력은 제거되지 않았다. 그 권력은 여전히 존재하는데 1960년대와 1970년대처럼 그 증거가 분명하게 정의되고 있지는 않다. 여성주의상담자는 어떻게 제도적 권력이 내담자들에게 영향을 끼치고, 또 그들이 어떻게 그것에 반응하는지 내담자들이 확인하도록 돕는다. 8장은 이 영역에 대한 장이다. 그러나 개인들과 작업하면서 워렐과 리머(Worell and Remer, 2003)는 효과적인 권력 분석을 인도하는 여러 단계를 제시했다(〈표 8.2〉 참조).

처음 세 단계는 정보를 주는 성질의 것이기에, 캐시와 조앤의 다음 대화는 네 번째 단계의 중간부터 시작한다. 어떻게 다른 사람들의(남자들을 포함하여) 권력 전략이 조앤의 행동과 조앤의 권력 사용에 영향을 끼쳤는지에 대해 이야기한 후이다.

캐시   이런 모든 것이 마치 학교로 다시 돌아온 것처럼 보일 수 있다는 것을 알지만, 상담에서 우리가 다음에 어떤 방향으로 나아가야 하는지 알기 위해서는 모든 정보를 다시 말할 필요가 있어요.

조앤   선생님이 가끔씩 그런 방향으로 간다는 것을 알았어요. 이야기하면서 나는 그것에 대해 생각해 왔어요. 변호사라는 직업의 좋은 점 중 하나는 사람들에 대해 많이 배우고 그들을 움직이는 방법에 대해 알게 된다는 것이

표 8.2	권력 분석을 수행하는 단계

워렐과 리머(Worell and Remer, 2003: 78)에 따르면, 권력 분석을 수행하기 위해서는 다음의 단계대로 해야 한다.

1단계: 내담자가 권력에 대한 기존의 다양한 정의를 검토하고, 자신의 정의를 가장 잘 기술하고 있다고 생각되는 것을 하나 선택하게 한다.
2단계: 내담자에게 권력의 다양한 근거에 대한 정보를 준다. 미리 출력한 유인물(〈표 8.1〉)이 도움이 될 것이다.
3단계: 내담자와 함께 권력의 유형이 열거된 유인물을 보면서 다른 집단은 다르게 접근한다는 것을 검토한다.
4단계: 내담자와 함께 권력을 행사하기 위해 개인이 사용하는 전략과 가능한 대안적 전략을 검토한다. 내담자는 권력을 행사하기 위해 자신이 사용하는 전략을 확인한다.
5단계: 내담자가 사회화, 사회적 기대, 그리고 외적이고 내면화된 세력 ─ 성차별주의, 인종 차별주의, 연령 차별주의, 이성애주의 등등 ─ 이 어떻게 자신의 권력 사용에 영향을 끼치는지를 확인하게 한다.
6단계: 내담자가 다른 권력 전략에 대한 손실과 이익 분석을 하게 하고, 어떤 전략을 자신만의 도구 상자에 넣거나 빼기를 원하는지 결정하게 한다.

지요. 그것이 권력의 사용과 오용이 아닌가 싶어요. 나는 일할 때 의뢰인이나 판사, 동료 변호사들에게 이런저런 방식으로 거의 모든 형태의 권력을 사용했다고 할 수 있어요. (침묵) 내 개인적 삶에서는, 개인적이고 비개인적인 보상, 정당한 평등, 의존, 상호성을 사용하지요.

캐시 조앤, 참으로 인상적이네요. 조앤의 개인적 삶에서 그 권력을 어떻게 사용한다고 말하겠어요? 직접적인가요, 간접적인가요?

조앤 대부분 꽤 직접적이에요. 내 친구들은 전형적으로 내게서 그것을 기대하지요. 나는 무척 주장이 강한 사람이에요.

캐시 남자들이나 남자 친구와는 어때요?

조앤 아빠와의 관계에서 나는 여전히 어린아이이지만, 보통 이런 종류의 권력을 사용하지 않아요. 그러나 권력의 일종인 비위 맞추기와 애걸을 사용하지요. 데이트하는 남자와의 관계에서도 마찬가지예요. 남자를 대할 때 직접적이기보다는 훨씬 간접적이라고 말하겠어요. 어쩌면 주장이 강한 것이 내게 중요한 남자들에게 너무 위협적이고, 주장이 나를 처벌받게 하거나 남자들을 쫓아버리게 한다고 배웠는지도 몰라요. 그러나 백인 남성들과는 그렇지 않아요. 그들이 아빠 나이이거나 더 많지 않는 한 말이죠. 내 또래의 백인 남성과의 관계에서는 친구한테 대하듯이 직설적이고 내 소신대로 행동해요. 어쩌면 백인 남성을 남자 친구 후보로 보지 않는지도 모르지요? 내가 데이트하지 않는 흑인 남성에게도 그렇게 하지 않는 것 같아요. (그녀는 침묵한다.) 흥미롭네요.

캐시 나를 앞서가네요. 그것이 내가 다음에 탐색하려던 것이에요. 아동기에 내면화시켜서 조앤의 현재 권력 사용에 영향을 끼치는 여성에 대한 메시지가 있는지 탐색하려고 했어요.

조앤 좋은 흑인 여성에 대한 메시지는 있었다고 생각해요. 대부분의 메시지는 엄마와 이모들로부터 왔다고 기억해요. 그것은 너의 남자를 지지하라는 것이었지요.

캐시 그것은 아마도 문화적으로 영향을 받은 젠더 역할이라고 생각하지 않나요? 아프리카계 미국인 문화에서 중요한 요인은 우리 사회에서 남성은 평가 절하되기 때문에 그들이 가정에서 가치를 찾는 것은 중요하다는 것이지요.

조앤 맞아요. 21세기인 지금은 이것이 이슈가 되지 않으리라고 생각하겠지만 여전히 그래요. 그것은 낡은 개념처럼 보여요. 내가 그 개념에 대해 어떻게 하고 싶은지를 모르겠어요. 예전에 여자 친구들과 대학에서 대화하고 전략을 짜던 것이 기억나는데, 그것은 거의 언제나 나의 남자가 두려워서

멀어지게 하는 짓을 하고 싶지 않다는 것이었어요. 어쩌면 내가 그렇게 행동한 이유는 내가 그러지 않으면 남자가 떠날까 봐 불안해서일지도 몰라요.

캐시   조앤이 말한 것으로 볼 때, 남자를 찾지 못하거나 지키지 못하는 것에 대한 두려움은 조앤과 친구들 사이에서 꽤 넓게 퍼져 있었던 것처럼 보여요. 남자에게 간접적인 접근을 사용할 때 자신에 대해서는 어떻게 느끼는지 말해주겠어요? 괜찮게 느껴지는지, 아니면 아침에 눈떴을 때 자신을 걸어차고 싶은지요?

조앤   (웃으며) 솔직히 말하면 너무 오래 그렇게 해와서 어떤지조차 모르겠어요. 어떤 관계들을 돌아볼 때 내가 그냥 싫다고 말했더라면 또는 그냥 내가 원하는 것을 요구했더라면 하고 바랐던 때가 있었던 것 같아요. 그들에게 나의 정당한 권력을 사용했더라면 좋았을 텐데, 그렇게 하지 않았어요. 나는 징징대고 불평하고 애걸했어요. 지금 와서 생각해 보니, 그런 일들을 한 후에 나 자신을 걸어차고 싶었어요(미소 지으며).

캐시   그래서 그것들이 조앤이 하지 않았으면 하는 행동들이라고 이제는 안심하고 말할 수 있다는 것이지요?

캐시와 조앤은 조앤이 미래에 변화시키고 싶은 목록에 이 행동들을 추가한다. 이런 분석은 캐시와 조앤이 치료 계획을 정하는 데 도움이 될 것이다. 조앤의 계획 중 일부는 그녀가 다니는 교회의 청년 조직에 있는 젊은 여성을 위해 사회화된 여성 역할의 변화를 옹호하는 일에 참여할 수 있는 길을 찾는 것이다. 이 부분은 조앤에게 자신의 재사회화를 수용하기 위해 중요한 것이다. 아프리카계 미국인 인구에서, 어떤 사회경제적 집단에서도 배우자로 괜찮은 아프리카계 미국인 남성의 숫자는 배우자로 괜찮은 아프리카계 미국인 여성의 숫자보다 훨씬 적다. 이런 '부족 현상'은 여성과 남성 모두에게 큰 스트레스 요인이 되고, 아프리카계 미국인 남성에 대한 여러 가지 차별적 관행 − 인구에 비해 감옥에 수감된 비율이 높다는 것과 같은 − 으로 연결될 수 있다. 사법 제도의 일원으로서 조앤이 참여할 수 있는 다른 방식은 아프리카계 미국 남성의 프로파일링을 반대하는 것과 아프리카계 미국 남성에게 평등하게 선고가 내려지도록 주장하는 것이다.

요약

이 장에서는 여성주의상담의 두 가지 독특하고 본질적인 기술 − 젠더와 권력 분석 − 을 다루었다. 젠더 사회화는 모든 사람들의 삶에 거대한 영향을 끼치지만, 한 사람이 태어날 때부터 시작되기 때문에 그 영향을 자각하는 사람은 적다. 여성주의상담자는 여성주의상담의 원리 중 네 가지 − 개인적인 것은 정치적인 것이다, 여성의 경험을 가치 있게 여긴다, 평등한 관계를 지향한다, 권력강화한다 − 를 촉진하기 위해 내담자에게 젠더 사회화를 교육하려고 한다. 젠더와 권력 분석은 매우 효과적이고 유용한 도구이다. 내담자에게 나타나는 젠더 사회화의 결과와 권력의 영향을 이해하는 것은 여성주의상담을 수용하는 첫 단계이다. 이런 분석은 젠더와 권력이 내담자의 삶에 가져오는 결과를 확인하는 일에서 상담자와 내담자를 조력한다. 일단 분석을 완전하게 하면, 그 분석에서 얻는 정보는 치료 계획과 문제 해결을 도울 것이다.

9장

사회적 변화와 권력강화

●●●●

사라의 사례를 살펴보자. 대학교 2학년 때 사라는 남자 기숙사 방에서 생물학 시험공부를 하자는 초대를 받았다. 잡담을 조금 한 뒤에, 그녀가 남학생의 침대에서 생물학 책을 읽는데 남학생이 그녀 위로 몸을 던져 강제로 성관계를 하려고 했다. 이러한 지인 강간의 경험으로 인해 사라는 사회적이고 안전하다고 여겨지는 상황을 포함해 많은 상황에서 남자를 피하게 되었다. 혼자 남자 동료들과 있을 때나 남자들과 팀이 되어 일할 때, 입이 안 떨어지고, 그녀의 표현대로라면 공포에 질리기 직전까지 간다. 몇 회기 후에 그녀의 상담자는 폭력 피해 여성을 조력하고 강간을 경험한 여성을 대변하는 기관에서 자원봉사를 할 것을 제안한다. 사라는 기관에서 운영하는 핫라인 상담전화 상담자로 일하기 위한 훈련을 받는다. 상담자가 처음 제안했을 때 사라는 "강간과 학대 피해 경험자와 일하면 남자들을 더 두려워하게 되지 않을까요?"라고 물었다. 그러나 상담자와 두려움에 대해 이야기하고 난 후, 그녀는 쉼터에 여성과 아동만 있다는 것을 보장받은 후에 자원봉사를 했다. 자원봉사 기관에서 일한 지 6개월 후에, 사라는 최근에 회사 회의에서 더듬지 않고 자신의 주장을 남성 동료에게 분명하게 표현할 수 있었다고 보고한다. 상담자는 "사라는 더 이상 무력하다고 느끼지 않아요. 다른 여성이 안전할 수 있도록 도우면서 강해졌고, 사회를 변화시켜 어느 여성도 강간을 경험하지 않게 한다는 목표를 가진 기관을 위해 일하고 있어요."

만일 개인적인 것이 정치적인 것이라면, 우리는 개인적인 변화는 정치적인 행동을 통해서나 사회적 변화를 위한 작업을 통해 완성된다는 것을 생각해야 한다.

여성주의상담, 특권 그리고 사회

여성의 억압을 극복하려는 여성주의 풀뿌리 운동에서 발생한 여성주의상담은 정신건강에 대한 전통적 심리치료의 정의와 소녀와 여성에 대한 치료에 도전했다. 여성주의상담은 억압, 즉 다른 사람의 혜택을 부인하는 행위를 작업의 초점으로 만들었다. 여성주의상담은 상담과 심리치료에서의 사회적 변화뿐만 아니라 상담실 밖의 사회의 변화도 추구해 왔다. 요약하면, 여성주의상담은 건강한 개인들이 번성할 수 있는 건강한 사회를 창조하려고 노력해 왔고 여전히 노력하고 있다. 이 초점은 여성주의상담의 핵심적인 원리인 '개인적인 것은 정치적인 것이다'를 반영한다. 여성주의상담자는 내담자가 제시하는 문제가 "개인적 선택에 영향을 끼치는 사회적·정치적·경제적·제도적 요인들과 밀접하게 연결되어" 있다고 믿는다(Enns, 2004: 11). 기본 원리는 여성주의상담자에게 "모든 사람들의 평등을 지지하는 사회적 변화에 헌신"할 것을 요구한다(Worell and Johnson, 1997: 69). 여성주의상담자는 더 큰 사회와 상담 회기 안에 다양한 수준 – 개인적, 공동체적, 정책적, 대인 관계적 – 에서 사회적 변화를 위해 작업한다(Ballou and West, 2000). 이미 말했듯이, 사회적 변화는 내담자와 상담자 둘 다 관여할 수 있다. 사실상 여성주의상담 연구소 윤리 지침(3장 참조)은 이것을 윤리적 원리로 제시한다.

여성주의와 여성주의상담이 억압과 혜택의 결핍에 여전히 관심을 가지는 이유는 무엇인가? 예를 들어, 인종 차별주의나 성차별주의를 다룬다는 점에서 미국은 한 국가로서 많이 진전하지 않았는가? 아프리카계 미국인이 대통

령이고 장관 중 한 명 이상이 여성이라는 사실은 억압이 더 이상 이슈이거나 적어도 많은 사람들에게 영향을 끼치지 않는다는 것이 아닌가? 일부는 명백하게 획득했지만(예를 들어, 유색인을 위한 기회 확대와 정치, 고용에서 여성이 얻은 것들), 그럼에도 불구하고 억압은 오늘날에도 존재한다. 주요한 집단의 사람들은 여전히 중요한 혜택을 결핍하고 있는 반면, 남성, 특히 백인 남성은 여전히 중요한 특권을 누리고 있다. 미국 여성주의와 시민권 운동의 제2의 물결 이후 거의 50년이 지난 지금도 우리는 많은 형태의 ― 대부분은 미묘하고 몇몇은 분명한 ― 억압을 목격한다. 오늘날 억압된 집단은 유색인, 피부색과 무관하게 여성, 장애인, 가난한 사람들, 성적 소수자, 비기독교인이다. 오늘날 여성주의상담자는 성차별주의, 계층 차별주의, 신체 능력 차별주의, 연령 차별주의, 이성애주의를 포함하는 모든 종류의 억압에 관심을 가진다.

40년 동안 다문화주의를 받아들이도록 노력했는데, 유색 여성을 포함하여 대부분의 사람들이 '여성'이라는 말이 사용될 때 그것이 백인 여성을 의미한다고 가정하는 것은 애석한 일이다. 따라서 젠더 차별에 대한 논의는 일차적으로 백인 여성에 대한 것이라고 가정된다. 오늘날, 젠더 차별은 과거의 일이고 모든 불평등은 제거되었거나 남은 것은 중요하지 않은 것이라는 입장이 여성과 남성에게 광범위한 지지를 받는다. 그러므로 비록 사람들이 다른 억압된 집단에게 동정적일 수 있어도, 그들은 여성의 곤경에 대해서는 관심을 별로 느끼지 않는데, 그 이유는 백인 여성이 혜택에서 젠더 격차를 성공적으로 메웠다고 ― 특히 급여를 측정했을 때 ― 믿기 때문이다. 구체적으로 보면, 연봉이 10만 달러[1억 1000만 원 정도(2019년 기준) ― 역주]가 넘지만 젠더 차별 때문에 최고 경영진으로 승진하지 못하는 사람을 동정하기란 어렵다. 이것은 대중이 전형적으로 듣는 종류의 이야기이다. 일반적인 백인 여성과 유색 여성이 경험하는 억압적 조건에 대해서는 거의 알려지지 않았다. 실제로

표 9.1	미국에서 여성이 억압받는 집단으로 남는 이유

1. 임금 불평등: 일반적으로 여성은 남성이 1달러를 벌 때 0.77달러를 번다. 남성이 1달러를 벌 때 아프리카계 미국인 여성은 0.75달러를 벌고, 라틴계 여성은 0.66달러를 번다. 심지어 여성이 우세한 직업을 남성이 가질 때, 남성은 그 분야의 여성보다 많이 번다(Atkinson and Hackett, 1998).

2. 빈곤: 빈곤선 이하로 사는 가족의 다수가 여성이 가장인 가족이다(U. S. Census Bureau, 2008).

3. 저임금: 여성이 우세한 직업(유치원, 초중고 교사, 간호사 등)은 미국에서 계속해서 가장 낮은 임금을 받는 직업이다. 연구는 사람들이 '여성'의 일은 '남성'의 일보다 (달러의 의미에서) 가치가 적다고 믿는다는 것을 말해준다. 남성이 우세한 직업에 더 많은 여성이 종사하게 되면 월급이 낮아지는 경향이 있다(Reskin and Roos, 1991).

4. 유리 천장: 여성은 중간 수준의 관리 업무에 집중되어 있고 높은 권력을 가진 지위로 승진하는 일이 드물다(Herlihy and Watson, 2007).

5. 유능성 결핍으로 보이기: 여성은 계속해서 높은 수준의 관리자 지위를 맡을 능력이 없는 것으로 보여진다(Alksnis, Desmarais and Curtis, 2008).

6. 성희롱: 대략 35~70%의 일하는 여성들이 성적으로 희롱을 경험해 왔다.

7. 이중 의무: 59%의 여성들이 집 밖에서 일을 하지만, 남성보다 자녀 양육과 가사 노동에 더 많은 시간을 쓴다(신문에서 Evans; Gilbert and Rader, 2008).

8. 교사의 무시: 교사들은 소녀보다 소년을 더 높은 비율로 보상한다(Maher and Ward, 2002).

9. 상담자의 편견: 연구는 오늘날 상담자들이 젠더 역할 고정관념의 영향을 받는다는 것을 보여준다(Eriksen and Kress, 2008).

자료: Evans(2010).

여성의 진보에 대한 믿음은 신화여서 도전받을 필요가 있다. 앞에서 언급한 고액 연봉자에 해당되는 여성의 수는 아주 적다. 평균의 여성 내담자는 젠더 때문에 훨씬 억압되기 쉽다. 〈표 9.1〉은 여성이 여전히 억압 계급이라는 것을 나타내는 요점의 정보들을 보여준다.

억압은 심리적 고통을 야기한다(Enns, 2004; Worell and Remer, 2003). 맥올

리프와 동료들(McAuliffe et al., 2008)은 억압된 집단의 구성원들이 다음과 같은 억압의 결과를 경험한다는 것을 지적한다.

- 정서적 학대: 가난한 아이는 그 옷의 최초 소유자가 알아보는 헌옷을 입었다고 놀림당할 수 있다.
- 소외: 휠체어에 탄 사람은 동행하는 다른 사람들처럼 정문으로 들어가는 대신에, 트럭의 짐을 내리는 출입구를 통해 건물에 들어가야 한다.
- 성적 학대(고정관념): 게이인 중학교 교사는 직업을 잃을까 봐 두려워서 자신의 섹슈얼리티를 숨긴다. 사람들이 게이는 소아 성애자라고 믿기 때문이다.
- 경제적 학대: 모든 기독교의 종교 휴일은 휴가에 더해 고용주가 임금을 지불하는데, 이슬람교도나 유대교도나 다른 비기독교 신자들은 종교적 휴일을 지키기 위해서 휴가를 써야 한다.
- 특권의 지위: 기업에서나 국가에서나 여성은 높은 지위를 감당할 수 없다는 가정이 있다.
- 위협/폭력과 위축시킴: 법이 강제한 인종적 프로파일링은 사건에 대해 다른 집단은 놔두고 유색 남성을 일상적으로 검문하는 결과를 가져온다.

여성주의상담과 사회 정의

1991년 폴 피더슨(Paul Pedersen)은 다문화주의를 이론, 연구, 실제에서 억압된 집단을 포함하도록 상담과 심리치료의 영역을 움직이게 한 세력이라고 제안했다. 그러나 21세기의 새벽이 올 때까지 사회 정의에 대한 여성주의 이상을 향한 운동은 많지 않았다. 그 시간에 사회 정의 상담을 촉진하는 출판물이 늘어났는데, "개인의 권력강화뿐만 아니라 사회의 불의와 불평등 ─ 내담자뿐만 아니라 그들의 제도적 맥락에 영향을 끼쳤기에 ─ 에 대한 적극적인 직면이 포함"되었다(http://counselorsforsocialjustice.com). 2003년에 ≪카운슬링 사이콜로지스트(Counseling Psychologist)≫는 상담 심리학 대회에서 사회 정의 포럼을 지원했는데, 대회는 일차적으로 상담, 공동체, 진보적 심리학자의 사회 정의를 심리적 실천의 시야에 들어오게 하라는 도전에 대한 응답으로 열렸다(Goodman et al., 2004). 미국상담학회 구성원들은 상담자들이 사회적 행동을 더 하도록 압력을 가하는 데 마찬가지로 적극적이었다. 2003년 미국상담학회는 조직의 하위 분과인 '사회 정의를 위한 상담자'가 만든 옹호 역량을 승인했다(〈표 9.2〉 참조). 21세기 시작부터 정신건강 실천은 억압의 인식과 이해에서부터 억압의 감소와 제거를 향한 작업으로 진화되고 있다. 〈표 9.2〉에서 옹호 역량 뒤에 있는 괄호 속에서 여성주의상담 기술을 표시하는 알파벳 약자를 볼 수 있다. 우리는 여성주의상담이 사회 정의 작업과 상담을 위한 기반이라고 믿는다. 그래서 우리는 옹호 역량을 검토해 왔고, 그것이 설명하는 여성주의상담 기술을 확인해 왔다.

사회 정의는 여성주의상담자가 더 큰 사회정치적 맥락에서나 한 회기에서 억압의 제도를 전복시키기 위해 하는 작업에 반영되어 있다. 더 큰 사회적 맥락을 이야기하며, 여성주의상담자는 기존 질서에 도전하고 억압을 해결하기 위한 모든 활동에 참여할 수 있다. 예를 들어, 저자 중 한 사람은 게이, 레즈비언, 양성애, 트랜스젠더 이슈를 해결하는 전문적 조직 분과의 이사이다. 사회적 변화에 관련하는 것은 개인 상담에서부터 공동체 참여, 전문가적 참여, 정치적 행동주의까지 여러 형태일 수 있다.

〈표 9.2〉에서 명백하게 드러나듯이, 미국상담학회 옹호 역량에서 개요를

표 9.2   옹호 역량(Advocacy Competencies)

여성주의상담 기술

A/C[Feminist Assessment and Conceptualization]: 여성주의 총평과 개념화(2, 3, 5, 6장)

PA[Power Analysis]: 권력 분석(2, 3, 8, 9장)

GRA[Gender-Role Analysis]: 젠더 역할 분석(2, 4, 6, 8장)

CA[Cultural Analysis]: 문화 분석(2, 3, 6, 9장)

SA[Social Action]: 사회적 행동(1, 3, 7, 9장)

EME[Establishing and Maintaining the Egalitarian Relationship]: 평등 관계 수립 및 유지(2, 3, 5, 6, 7장)

여성주의상담 원리

PIP[Personal is Politics](원리): 사회정치적 맥락 알아보기(개인적인 것은 정치적이다)

E[Empowerment](원리): 인식하기, 가치 평가하기, 강점 지지하기/권력강화

PEO[Privileging Experiences of Oppressed](원리): 억압 집단의 경험 존중하기/여성의 경험 존중하기

ER[Egalitarian Relationship](원리): 관계에서 권력 평등화하기(평등한 관계)

내담자/학생 권력강화 상담자 역량

직접 개입에서 상담자는 다음과 같은 것을 할 수 있다.

1. 내담자와 학생의 강점과 자원을 확인한다(CA, PA, GRA, A/C; PEO, PIP, E).

2. 내담자/학생에게 영향을 끼치는 사회적, 정치적, 경제적, 문화적 요인을 확인한다(CA, PA, GRA, A/C; PEO, PIP).

3. 개인의 행동과 제도적 억압이나 내면화된 억압에 대한 반응을 반영하는 호소 내용을 드러내는 신호를 인식한다(CA, GRA, PA, A/C; PEO, PIP).

4. 적절한 발달 단계 수준에서, 개인이 자신의 발달에 영향을 끼치는 외적 방해물을 확인하도록 돕는다(GRA, PA, CA; E, PIP).

5. 학생과 내담자에게 자기옹호 기술을 훈련한다(GRA, PA, CA, SA, EME; ER, E, PIP).

6. 학생과 내담자에게 자기옹호 행동 계획을 발전시키도록 돕는다(GRA, PA, CA, SA; E, PIP).

7. 학생과 내담자가 행동 계획을 수행하도록 조력한다(GRA, PA, CA, SA; E, PIP).

내담자/학생 옹호 상담자 역량

내담자와 학생 편에 서서 환경에 개입함에 있어, 상담자는 다음과 같은 것을 할 수 있다.

8. 내담자와 학생 편에 서서 관련된 서비스와 교육 제도와 협상한다(EME, SA; E, PIP).

9. 필요한 자원에 접근할 수 있도록 내담자와 학생을 돕는다(SA, EME; ER, E, PIP).

10. 개인들과 취약 집단의 안녕을 가로막는 방해물을 확인한다(A/C, CA, GRA, PA, EME; E, PIP).

11. 이러한 방해물을 직면하기 위한 최초의 행동을 계획한다(GRA, PA, CA, SA; PIP, E).

12. 방해물을 직면하는 잠재적 동맹을 확인한다(PA, SA; PIP).

13. 행동 계획을 수행한다(PA, SA; PIP, E).

공동체 협력 상담자 역량

14. 학생과 내담자의 발달에 악영향을 끼치는 환경적 요인을 확인한다(GRA, PA, CA, A/C; PIP, PEO).

15. 이슈와 관련된 공동 관심사에 공동체와 학교 집단이 깨어 있게 한다(SA; E, PIP).

16. 변화를 위해 일하는 집단과의 동맹을 발달시킨다(PA, SA; PIP, PEO, E).

17. 집단의 목표에 대한 이해를 위해 효과적인 경청 기술을 사용한다(PA, SA, EME; ER).

18. 제도적인 변화의 과정에 집단 구성원들이 가져오는 강점과 자원을 확인한다(A/C, CA, PA; E, PEO, PIP).

19. 그런 강점과 자원에 대한 인식과 존중을 소통한다(EME, SA; E, PEO).

20. 상담자가 협력에 가져갈 수 있는 기술들을 확인하고 제공한다(A/C, EME, SA; ER).

21. 상담자의 공동체와의 상호작용의 효과를 평가한다(A/C, SA; PEO, PIP).

제도 옹호 상담자 역량

> 저자 주: 비록 이 책에서 구체적으로 논하지는 않았지만, 여성주의상담 원리와 변화 기술들은 제도와 조직과 작업하는 데 적용될 수 있다.

학교나 공동체 수준에서 제도 변화 리더십을 발휘하는 데 있어 옹호를 지향하는 상담자는 다음과 같은 것을 할 수 있다.

22. 학생과 내담자의 발달에 악영향을 끼치는 환경적 요인을 확인한다(A/C; PEO, PIP).

23. 변화의 시급성을 보여주는 데이터를 제공하고 해석한다(A/C, SA; E, ER, PEO, PIP).

24. 다른 이해 당사자와 협력하는 데 있어 변화를 인도할 비전을 만든다(SA, EME; E, PIP, PEO, ER).

25. 정치적 권력의 자원과 제도 안에서의 사회적 영향을 분석한다(A/C, SA; PIP, PEO).

26. 변화 과정을 실현하는 단계별 계획을 세운다(PA, SA; PIP, PEO).

27. 변화에 대해 있을 수 있는 반응들을 다룰 계획을 세운다(PA, SA; PIP, PEO).

28. 저항을 인식하고 다룬다(A/C, EME; ER, PEO).
29. 제도와 구성 요소들을 옹호하기 위해 상담자가 노력한 일들의 효과를 평가한다(A/C, EME; E, ER, PEO, PIP).

공적 정보 상담자 역량

인간 발달에서 환경적 요인의 역할에 대해 대중에게 알리기 위해 옹호를 지향하는 상담자는 다음과 같은 것을 할 수 있다.

30. 억압의 영향과 건강한 발달을 가로막는 방해물을 인식한다(A/C, PA, CA, GRA; PIP, PEO, E).
31. 건강한 발달을 보호하는 환경적 요인을 확인한다(A/C, PA, CA, GRA; PIP, PEO, E).
32. 인간 발달에서 구체적인 환경적 요인을 분명하게 설명하는 문서 자료와 여러 매체 자료를 준비한다(A/C, GRA, PA, CA; PIP, PEO).
33. 윤리적이고 대상에게 적절한 방식으로 정보를 소통한다(A/C, GRA, PA, CA, EME; ER, PIP, PEO).
34. 다양한 매체를 통해 정보를 퍼뜨린다(SA; PIP).
35. 공적 정보를 퍼뜨리는 일에 관련된 다른 전문가를 확인하고 협력한다(SA; PIP, PEO).
36. 상담자가 수행한 공적 정보에 대한 노력의 효과를 평가한다(A/C, SA; PIP).

사회정치적 옹호 상담자 역량

크고 공적인 영역에서 공공 정책에 영향을 끼치는 데 있어 옹호를 지향하는 상담자는 다음과 같은 것을 할 수 있다.

37. 사회정치적 행동으로 가장 잘 해결될 수 있는 문제를 구별한다(A/C, GRA, PA, CA, SA; PIP, PEO, E).
38. 그런 문제들을 언급하는 적절한 기제와 방법을 확인한다(PA, SA; PIP, PEO).
39. 잠재적 동맹자들을 찾아내고 연대한다(PA, SA; PIP, PEO, E).
40. 변화를 위한 기존의 동맹을 지지한다(SA; PIP, PEO, E).
41. 동맹자들과 함께 믿을 수 있는 자료와 변화의 이유를 준비한다(SA; PIP, PEO, E).
42. 동맹자들과 함께 입법가와 다른 정책입안자들에게 로비한다(SA; PIP, PEO, E).
43. 사회적·정책적 옹호가 최초의 목표와 일치한다는 것을 확신시키기 위해 공동체와 내담자와 열린 대화를 유지한다(SA, PA; PIP, PEO).

자료: Lewis et al. (2003).

보여준 많은 기술들은 여성주의상담자가 오래 사용해 온 기술들이다. 예를 들어, 첫 번째 범주는 권력강화에 초점을 맞춘 내담자/학생 권력강화 상담자 역량이다. 권력강화는 여성주의상담이 기초로 하는 네 가지 원리 중 하나이다. 이것은 여성주의상담에서 사회 변화 전략의 주요 부분이고 다음 부분에서 상세하게 논할 것이다. 네 가지 기본 원리(개인적인 것은 정치적인 것이다, 권력강화, 평등한 관계, 여성의 경험이나 억압집단의 경험을 가치 평가하기)에 대한 의지와 총평/개념화의 적용, 젠더 역할 분석, 권력 분석, 문화 분석, 사회적 행동/권력강화 기술을 통해 정신건강 전문가들은 미국상담학회 옹호 역량의 모든 것을 시행하게 된다.

여성주의상담과 권력강화

상담 회기에서는 내담자들 자신의 삶이 변화하도록 내담자의 권력강화를 도우면서 사회 변화와 사회 정의에 대한 필요를 내담자와 이야기한다. 여성주의상담의 또 다른 주요 목표는 내담자들이 스스로 자기 자신을 변화의 행동자로 여기도록 돕는 것인데(Enns, 2004), 이 목표는 권력강화를 통해 이루어진다.

여성주의상담은 권력강화를 개인, 집단, 가족, 조직, 공동체가 자신의 신체적 건강과 정서적 건강에 영향을 끼치는 개인적, 대인 관계적, 지도적 요인들을 다루는 능력을 자각하는 과정으로 본다(Worell and Remer, 2003). 권력강화는 "사회적 평등과 정의를 위해 정치적 분석을 매개물로 가진 개인적이고 집단적인 행동을 통해 사람들의 삶에서 내적이고 외적인 조건들을 변화시키는 과정"이다(Morrow and Hawxhurst, 1998: 41). 여성주의상담에서 권력강화가 사용되는 방식에는 자기학습과 사회변화 활동이라는 두 가지가 있다 (Enns, 2004; Worell & Remer, 2003). 권력강화는 정치적 분석과 관련된다. 여성주의상담자는 내담자가 "현 심리치료의 초점인 개인적이고 대인 관계적 영역과 사회정치적 구조와 권력강화된 삶에 대한 접근을 높이거나 제한하는 과정"을 분석하도록 돕는다(Morrow and Hawxhurst, 1998: 42). 모로와 헉스허스트(Morrow and Hawxhurst, 1998)에 따르면 권력강화에는 개인적, 대인 관계적, 사회정치적이라는 세 가지 차원이 있다. 개인적 영역은 전통적인 치료의 초점 - 개인 경험의 심리 내적과 인간관계적 영역 - 을 수반한다. 그러나 여성주의상담에서 이 영역은 내담자가 자신의 삶의 일부에 대한 권력과 통제를 요구하거나 되찾고 유지하도록 돕는 데 초점을 맞추는 분석을 포함한다. 대인 관계적 영역은 관계적 수준에서 생기는 개인의 무력과 권력의 경험을 이야기한다. 권력, 지배, 사회적 위치와 지위에 근거한 특권에 대한 이슈를 탐색한다. 사회정치적 차원이 무시될 때에 자기 비난이 생길 수 있다. 모로와 헉스허스트(Morrow and Hawxhurst, 1998: 45)는 "개인적이고 대인 관계적 수준에서 권력강화를 달성하기 위해서는, 예를 들어, 젠더, 인종, 계층, 민족이나 성적 지향과 관련된 특권과 권력관계의 성질을 반드시 이해할 필요가 있다"라고 주장한다.

모로와 헉스허스트(Morrow and Hawxhurst, 1998)는 권력강화가 이루어지기 위해서 필수적인 세 가지 조건 - 허용, 가능화, 정보 - 을 확인한다. 이를 위해 여성주의상담자는 내담자와, 예를 들어, 평등한 관계를 가지는 것 같은 권리를 허용하는 자신들의 감각을 탐색할 필요가 있다. 모로와 헉스허스트 (Morrow and Hawxhurst, 1998: 45)는 내담자를 탐색하기 위한 질문들인 "내가 해도 될까요? 내게 권리가 있나요? 내가 자격이 있나요? 내가 그런 가치가 있나요?"를 확인한다. 이런 질문들은 개인적, 대인 관계적, 사회정치적이라는 세 가지 차원에서 탐색된다.

가능화는 "내가 할 수 있나요?"와 "어떻게 내가 할 수 있나요?"라는 질문들을 다룬다(Morrow and Hawxhurst, 1998: 46). 이것은 개인적 영역에서 능력, 기술, 지식, 자원의 검토와 관련된다. 멘토링과 네트워킹이나 지지 집단과 같은 행동을 통한 개인 지지는 대인 관계적 수준에서 이루어진다. 사회정치적 차원에서의 가능화는 개인을 권력강화하는 자원과 기회에 대한 접근을 확인하는 것을 의미한다. 이것은 차별 폐지 조치처럼 정책을 구체화하고 시행하는 형태일 수 있다.

모로와 헉스허스트(Morrow and Hawxhurst, 1998: 46)에 따르면, 정보는 "내가 무엇을 알 필요가 있을까? 내가 놓치는 질문들은 무엇일까? 어디서 내가 필요한 정보를 얻을 수 있을까?"라는 질문들을 다룬다. 세 가지 차원(개인적, 대인 관계적, 사회정치적) 모두에서 개인의 가능성을 확장하기 위해 사용될 수 있는 것은 정보의 권력이다.

요약하면, 여성주의상담자는 내담자가 자신의 인생 이슈를 다룰 자각, 지식, 기술을 얻도록 돕는다. 이런 권력강화는 상담 회기 중에 이루어진다. 권력강화는 개인에게 해를 입히는 억압적인 조건을 지지하는 구조와 제도에 영향을 끼치는 활동이나 행동에 실제로 참여하는 것을 포괄한다. 행동을 취하는 내담자들은 덜 무력하다고 느끼거나 권력강화되었다고 느끼고, 자신을 더 괜찮게 느끼게 된다. 이 장의 시작에 나온 사라의 사례를 기억하라.

사회적 행동을 통한 권력강화에 대한 여성주의 기술은 또한 여러 가지 인지 행동적 양식들 — 내담자가 무엇보다 자신이 무력하지 않다는 것을 배우게 하여 우울증을 완화시키는 — 에서 보일 수 있다. 예를 들어, 마이켄바움(Meichenbaum, 1992)은 어린아이가 실수로 가족 소유의 총을 쏴서 자매를 죽인 사례를 인용하고 있다. 아이들의 어머니는 회환과 죄책감뿐만 아니라 심한 우울로 치료

받으면서, 총기 제한에 대한 공동체의 행동에 관여하기 전까지는 아이의 죽음을 받아들이지 못하고 있었다. 공동체의 행동을 권력이나 권력감을 다시 얻는 기제로서 사용하는 것은 여성주의상담의 기술이다. 예를 들어, 아이로서 성적으로 학대당해 온 내담자는 아동기 성적 학대에 대한 자각을 촉진하는 공동체 행동 이벤트(티셔츠 프로젝트)에 참여한다. 이 기술에 대한 다른 예는, 자각을 증가시키고 법을 바꾸기 위해 강간과 고문 생존자들이 다른 생존자들과 함께 일하는 것이다. 추가적으로, 다른 섹슈얼리티 때문에 괴롭힘을 겪어온 개인들은 자각을 높이고, 법을 바꾸고, 수용을 받는 노력에 개입하면서 심리적으로 혜택을 본다. 이렇게 사회적 활동에 참여함으로써 정신건강을 향상할 수 있다. 이것은 여성주의상담에서 핵심 기술이다.

사회적 변화의 현 시대정신과 여성주의상담

21세기에 실천되고 있는 여성주의상담은 급진적인 사회적 변화라는 개념을 포함하지 않는다는 일부 의견이 있다. 모로와 헉스허스트(Morrow and Hawxhurst, 1998)는 여성주의상담이 주류 사회적 실천으로 통합되어 감에 따라 여성주의상담의 이 핵심 원리는 덜 중요해졌다고 주장한다. 엔스(Enns, 1993)는 사회적 변화에 대한 헌신은 더 이상 여성주의상담의 부분이 아니라고 말한다. 이스레일리와 샌토(Israeli and Santor, 2000)는 치료와 사회적 변화를 결합시키는 것이 필수인지, 이점이 있는지도 질문한다.

이것에 대한 경험적 연구는 결론을 내릴 만큼 이루어지지 않았다. 여성주의가 20명의 여성주의상담자의 치료적 실천에 영향을 준 방식을 검토한 연구에서, 메어체크와 크라베츠(Marecek and Kravetz, 1996)는 자신의 작업에 여성주의 요소를 채택한 이 상담자들이 상담 심리 문화에 순응한다는 것을 발견했다. 그들은 사회적 변화보다는 자기 발견과 충족이라는 목표로 개인의 경험과 정신생활에 초점을 맞추었다. 반면에 힐과 발루(Hill and Ballou, 1998)는 어떻게 상담자들이 여성주의 원리를 자신의 실천에 통합하는지를 검토하기 위해 경험 있는 여성주의상담자를 조사하면서 이 상담자들이 사회적 변화를 자신들의 치료 계획의 부분으로 본다는 것을 발견했다.

여성주의상담의 핵심 원리인 사회적 변화는 여성주의상담의 실제 실천에 남아 있어야 한다. 사회적 변화에 대한 생각과 실천은 급진적이고 전복적인 행위, 즉 상담이 실천되는 방식과 더 큰 사회적 맥락을 변화시켜 왔다. 사회적 변화 없이는 여성주의상담이 지배적인 심리학 문화에 흡수되고 개인적이고 사회적인 변화를 만들어내는 능력을 상실한다. 모로와 헉스허스트(Morrow and Hawxhurst, 1998: 40)의 설득력 있는 말은 가치이며 치료적 활동이기도 한 사회적 변화라는 원리의 절대적 필요성에 대한 우리의 믿음을 표현한다. 여성주의상담은 "개인적 치유와 정치적 탈바꿈을 결합할 수 있다고 우리가 희망하는 실천의 영역이다".

다음 글상자의 대화는 여성주의상담이라는 정체성을 가진 상담자와 권력 강화를 하는 사례이다.

내담자 프로파일

내담자 이름: 드리티
나이: 26세
직업/교육: 정보기술학 석사
가족사: 인도에서 성장함. 원가족은 상류층임. 그들은 뭄바이 교외에 거주함. 부모는 함께 살고, 세 자매가 있고 남자 형제는 없음. 자매들과 가깝다고 보고함. 결혼은 어머니의 중매로 이루어짐. 드리티는 결혼할 당시 이미 대학원 학위를 받았고 남편은 의대 2년 차 학생이었음.

이 부부는 남편이 의대를 마칠 때까지 아이를 갖는 것을 미뤘음. 그들은 대학 캠퍼스 내의 국제관에서 계속 살고 있음. 그녀는 대학에서 기술 전문가로 전일제 근무를 하고 있음.

호소 문제: 동료들과의 관계가 형편없다고 보고함. 그녀는 그들이 자신의 노동 윤리를 이용한다고 느끼고, 동시에 자신을 성희롱한다고 느낌.

켄드라는 드리티를 10회기 만났다. 다음은 열 번째 회기의 끝부분 대화이다.

드리티   사실, 말하고 싶었던 것이 있어요. (침묵) 때로 남편과 나는 싸워요. 우리는 진짜 많이 싸우고, 남편은 가끔 내 따귀를 때려요. 나도 때로 행주 같은 것으로 때리며 응수하지만, 그럴 때면 남편이 미친 듯이 화가 나서, 다칠 수도 있어요.

켄드라   드리티, 그건 괴로운 일이네요. 솔직히 나는 인도 문화를 그렇게 잘 알지는 못해요. 인도에서 남자가 아내를 때리거나 벌주는 것이 용인되나요?

드리티   어떤 문화에서도 용인될 일이라고 생각하지 않아요. 하지만 인도에서는 분명히 그런 일들이 일어나고 있어요. 이모는 이모부가 자신을 때린다고 말하곤 하면서 그냥 "그러나 여자로서 맞는 것은 내 운명이야"라고 말했어요. 그런 일이 내게 일어나리라고는 생각지도 못했어요.

켄드라   남편에게 맞으면 얼마나 심하게 다치나요?

드리티   몇 번은 일하러 갈 수 없었어요.

켄드라   매우 두려운 일이네요. 드리티의 안전이 염려돼요.

드리티   괜찮을 거예요. 대부분의 경우 그를 다루는 법을 알아요.

켄드라   내가 염려하는 것은 드리티가 그를 다룰 수 없을 때이지요. 드리티, 배우자 폭력에 대해 얼마나 알고 있나요? 가정 폭력방지법에 대해서는요?

드리티   나는 미국 법에 대해서는 아무것도 몰라요. 인도 법에 대해서도 아는 것이 별로 없어요.

켄드라   배우자 폭력은 미국에서 용인되지 않아요. 사실 이제는 범죄이지요. 비록 얼마 전까지만 해도 부부가 몸싸움을 할 때 경찰이 아무것도 하지 않았지만요.

드리티   아마 인도에서는 여전히 그럴 것이라고 생각해요.

켄드라   여기서는 그렇지 않아요. 나는 드리티의 안전에 마음이 쓰여요. 내가 드리티에게 매 맞는 여성들에 대한 정보를 좀 줄게요. 자신을 위해서 이런 정보를 더 찾아보는 것이 어떨까요?

켄드라는 내담자에게 배우자 학대와 사회가 어떻게 이런 종류의 억압에 기여하는지에 대한 기본적인 정보를 주었다. 켄드라는 교육을 많이 받은 드리티에게 인도에서의 가정 폭력에 대해 조사해 보라고 청하고 인도에서의 문화적 기대에 대해 더 이야기해 볼 것을 제안했다. 켄드라는 이런 활동이 내담자를 권력강화시키기를 바란다. 또한 자신의 문화적 가치를 내담자에게 강요하지 않도록 신중해야 한다는 것을 알기에, 자신도 인도 아대륙에서의 가정 폭력에 대해 조사해 보았다. 그들은 다음 회기에서 자신들이 찾은 새로운 정보들에 대해 이야기했다.

드리티   선생님, 내가 찾아낸 것을 믿지 못할 거예요. 실제로 7년 전에 이루어진 연구를 찾아냈어요. 인도 여성의 45%가 따귀를 맞거나 맞았다는 것을 믿을 수 있나요? 진짜 놀라운 것은 교육을 더 받을수록 학대당하기 쉽다는 것이지요.

켄드라   이 정보에 드리티가 놀란 것으로 보이네요.

드리티   학대가 이렇게 만연한 줄 전혀 몰랐어요. 학대에 대해서 말한 건 이모뿐이라서 몰랐어요. 아빠는 엄마와 딸들에게 너무 잘해주셨어요. 아빠는 우리가 아들인 것처럼 사랑하셨어요. 여성들이 학대에 대해 무엇인가 한다는 것도 알게 되었어요. 훌륭한 일이죠. 자기방어 수업이 있고 매 맞는 여성들을 위한 쉼터도 있어요.

이 시점에서 켄드라는 내담자가 배운 것으로 권력강화되었음을 알았다. 드리티는 자신의 사회화의 경과를 아는 것으로부터 큰 힘을 얻은 듯이 보였고 뭄바이에서 꽤 영향력 있는 가족인 원가족을 큰 자산으로 보았다.

켄드라   만일 뭄바이에 있었다면, 남편이 드리티를 때릴 때 어떻게 했겠어요?

드리티   만일 고향에 있었다면 남편은 때리지 않았을 거예요. 남편에게, 아무 이유 없이 나를 때렸다고 아빠에게 말할 거라고 했을 거예요. 그는 아빠를 두려워해요.

켄드라   하지만 아빠는 여기 있지 않아요. 그러면 어떻게 자신을 지키겠어요?

드리티   때로는 아빠에게 말하겠다는 것이 여기서도 통해요. 그는 아빠를 무척 존경하거든요. 무엇을 해야 할지 모르겠지만, 나는 선택의 여지가 있다는 것을 배우고 있어요.

켄드라   선택지 중 하나가 남편을 떠나는 것인가요?

드리티   그러면 엄마가 절대 용서하지 않을 거예요. 엄마가 중매를 섰기 때문에, 절망할 것이고 실패자처럼 느끼실 거예요.

켄드라   그러면 드리티의 선택지가 무엇인지 보도록 할까요?

켄드라와 드리티는 드리티의 선택지와 각각의 긍정적 결과와 부정적 결과의 목록을 만들었다. 켄드라는 또한 드리티에게 지역의 가정폭력 핫라인 상담전화의 번호와 쉼터의 전화번호를 주었다. 다음 회기에서 켄드라와 드리티는 인도 여성의 배우자 학대에 대해 더 이야기했다.

드리티	가정 폭력 쉼터의 사람들과 이야기했어요. 매우 좋은 사람들이었어요. 그들은 나더러 쉼터에 오라고 하지는 않았지만 필요하다면 나를 돕겠다고 말했어요. 매우 친절했어요.
켄드라	드리티, 아주 좋아요. 한 걸음 내디뎌서 기뻐요. 드리티도 그것에 대해 꽤 좋게 느낀 것 같군요.
드리티	매우 두려웠지만, 기분이 나아지게 만든 것은 사실이에요.
켄드라	캠퍼스에 있는 다른 인도 여성들에 대해 생각해 봤는데 그들이 이런 종류의 도움에 대해 알고 있는지 궁금해요.
드리티	나도 같은 생각을 했어요. 고향에서 45%의 여성들이 특히 교육받은 남자들에게 학대받는다면, 여기서도 그런 일이 일어날 수도 있어요.
켄드라	드리티가 배운 것을 그들이 배울 수 있도록 그들을 돕는 것에 대해 어떻게 생각하나요?
드리티	그들 중 누구도 자신의 집에서 무슨 일이 있는지를 내게 이야기할 것이라고 생각하지 않아요.
켄드라	아마도 말하지 않겠지요. 그러나 여성들이 쉽게 볼 수 있는 센터에 글을 붙여놓는다면 어떨까요?
드리티	네, 그것은 할 수 있어요.

그렇게 드리티는 국제학생 거주지 입구에 있는 게시판을 꾸미고 관리하는 일에 자원했다. 그녀는 잘 보이는 곳에 가정 폭력 포스터를 붙였다. 드리티는 비록 자신이 남편을 떠나는 것에 대해 아직 결정할 수 없지만 자신보다 더 심각한 상황에 있는 사람들이 그렇게 하도록 도울 수 있다고 느꼈다고 켄드라에게 보고했다. 그녀는 또한 자신이 필요할 때 바로 쉼터를 이용할 수 있고 또 인도에서 가정 폭력을 줄이려는 운동이 있었다는 것을 알게 되면서, 전처럼 무력하다고 느끼지 않는다고 보고했다.

켄드라는 드리티와 어떻게 안전하게 있을 수 있는지에 대해 작업했다. 그녀는 또한 이모로부터 들었던 여자는 '그냥 여자'이고 남자로부터 학대당하는 것이 운명이라는 슬픔을 탐색했다. 이때 드리티는 동료와의 문제가 자신이 너무 논쟁적이거나 너무 소극적이어서가 아니라는 것(두 가지 이유로 그녀는 동료에게 비난받았다)을 알게 되었는데, 자신의 근무 환경이 '안전하지 않음'을 발견했고, 이는 남성 동료 중 여럿이 남편과 같은 민족이었기 때문이다.

결국, 드리티는 남편이 병원에서 야간 근무를 하는 날 저녁에 가정 폭력 쉼터에서 자원봉사를 했다. 그녀는 자신의 문제가 다른 사람의 문제이기도 하며, 자신의 경험이 다른 여성에게 도움이 될 수 있음을 알게 되었다. 그녀는 전문인으로서 그리고 한 개인으로서 더 유능하다고 느끼기 시작했다. 켄드라는 드리티에게 "쉼터에서 다른 사람을 돌보고 도울 수 있으면서도,

자신을 돕는 것을 못 하게 하는 것은 무엇인가요?"라고 물었다. 드리티는 만일 남편을 떠난다면 미국에 있고 싶지 않으며, 만일 지금 남편을 떠나야 한다면 먼저 미국을 떠나야 한다고 답했다. 드리티는 켄드라에게 학대는 심해지지 않고 있어서 자신을 안전하게 지킬 수 있다고 말했다. 그녀는 자신이 진짜 위험에 처했다고 느끼면 119를 부르거나 쉼터로 가겠다고 말했다. 나아가 드리티는 그리운 자매들에게 자신의 결혼 생활이 만족스럽지 않다고 이미 말했다고 보고했다. 드리티는 자신의 동생이 한 달 내로 대학원 시험을 보러 미국에 와서 자신의 집에 머물 예정이라고 말했다. 동생이 드리티의 집에서 지내는 동안 남편이 학대할 가능성은 적었다. 그때 그녀는 동생과 함께 뭄바이로 돌아가서 자신의 상황을 가족과 의논할 것이다. 켄드라와 드리티는 치료 과정으로 권력강화되었고 둘 다 사회적 행동가가 되었다. 이 만남으로 켄드라는 대학에 유학생들을 위한 가정 폭력 이슈를 말할 공식적 장치가 없으며, 상담이 필요할 수도 있는 가족을 위한 공간도 없음을 자각하게 되었다. 켄드라는 유학생과 그 가족들에게 이런 종류의 서비스를 제공하는 것을 자신의 내년 프로젝트로 삼았다. 그녀는 대학 경찰뿐만 아니라 지역의 조직과도 일하면서 쉽게 가정 폭력을 신고할 수 있도록 만드는 일에 특히 주의를 기울였다. 그 결과, 일반적인 폭력, 특히 가정 폭력에 대한 강의가 유학생 주거 지역에서 있었고, 학대의 피해 경험자뿐만 아니라 행위자 상담에 대한 정보도 제공되었다.

사회적 행동에 참여하는 것을 통해 드리티는 자기 문화의 한 부분인 부정적인 자기 진술('나는 그저 여자일 뿐이고 잘 대우받을 권리가 없다')을 내면화시킨 것을 확인할 수 있었다. 그녀는 '딸들을 아들처럼 대우하는' 아버지가 있는 진보적이고 부유한 가족 안에서 성장했음에도 불구하고 그랬다. 그녀는 또한 가족 안에서의 엄마의 위치를 더 잘 이해할 수 있었고 자신의 문화와 엄마가 자신이 소유한 권력 — 딸들에게 '좋은' 결혼을 중매하는 것과 같은 — 을 꽉 잡으려는 이유를 이해할 수 있었다. 그녀는 가족과 자신의 문화, 그리고 한 인간으로서의 자기 자신의 욕구를 명예롭게 하는 해결책(집에 돌아간다)을 찾아낼 수 있었다. 그녀는 뭄바이에 있는 조직과 접촉하고 고향에서도 자원 활동을 계속하는 것에 대해 말했다.

요약

여성주의상담에서 사회 변화, 권력강화, 사회적 행동은 모두 치료적 개입으로 여겨진다. 개인적인 것은 정치적인 것이라는 여성주의 원리는 이런 세 가지 개입에 대해 말한다. 사회문화적 맥락을 이해하면서, 여성주의상담자는 개인적 변화만으로 영속적인 심리적 건강을 가져올 수 없다는 것을 안다. 개인이 속해서 살고 있는 문화도 건강해야 한다. 그래서 사회적 변화를 향해 작업하는 것은 개인적 변화를 위해 필수적이다. 자신의 문화에 영향을 끼치는 사회적 행동에 참여하는 일은 개인을 권력강화시키고 사회적 변화가 일어나도록 돕는다.

10장 ••

임상에서의 여성주의상담

●●●●

이 책의 목표는 여성주의상담의 실행 가능성, 장점, 유용성을 전달하는 것이다. 여성주의상담
의 고유한 기술도 제시했지만, 다른 기술들 또한 논의했다. 그러나 여성주의상담은 기술보다
는 철학과 가치에 의해 더 많이 주도된다(Murdock, 2004). 여성주의상담의 실제는 내담자에
대한 맞춤형 치료를 격려할 뿐만 아니라 치료에 대한 개인적 접근을 개발시키도록 치료자에
게 여지를 남겨준다. 여성주의 이론을 실제에서 적용할 수 있도록 대부분의 여성주의상담자
는 여성주의상담을 다른 기술 및 이론과 결합시킨다(Herlihy and McCollum, 2007; Worell
and Remer, 2003).

　워렐과 리머(Worell and Remer, 2003)는 어떤 상담자는 여성주의상담을 자
신의 유일한 이론적 접근으로 삼는 반면, 다른 상담자는 내담자의 필요에 맞
는 다른 이론의 특정한 기술을 선택할 수도 있다고 말한다. 여전히 다른 사
람들은 여성주의 철학과 다른 지향의 기술을 통합한다. 1998년 여성주의상
담자 조사에서 힐과 발루(Hill and Ballou, 1998)는 여성주의상담자들은 여성주
의 철학을 실천하기 위해 최면과 자서전부터 인지적 재구성과 꿈 분석까지

다양한 기술을 사용한다는 것을 발견했다.

여성주의 이론과 철학은 인간 중심, 인지행동, 정신 역동 이론에 뿌리를 두고 있다(Fodor, 1993; Sharf, 2008; Worell and Remer, 2003). 상담과 심리치료의 인본주의 학파는 개인의 현상적 세계를 강조하고 자기방향성을 변화시키고 획득하는 개인의 능력을 강조하는 몇몇 여성주의 원리의 원천이다. 로저스(Rogers, 1951)의 핵심 조건인 무조건적이며 긍정적인 존중, 온전성, 일치성, 공감은 내담자를 위한 상담자의 존중에 초점을 맞추는 평등 관계라는 여성주의 원리에서 보인다(Enns, 2004; Waterhouse, 1993).

포더(Fodor, 1993)는 여성주의상담자들은 1970년대 이래로 내담자를 교육하고 그들의 사회화되고 젠더에 특화된 사고를 수정하기 위해 인지행동 기술을 사용해 왔다고 말했다. 인지행동의 영향은 학습된 것이 탈학습될 수 있고 신념 체계가 프레임 다시 짜기와 인식적 재구성을 통해 변화할 수 있다는 생각을 포함한다. 예를 들어, 여성주의상담자들은 주장 훈련을 사용하여, 타인을 위한 자기희생과 자기 부인에 대한 신념이 실제로는 타인뿐만 아니라 자신에게도 해롭다는 것을 여성들이 배우도록 도왔다. 모든 책임을 지고 자신에게 기쁨을 주지 않아 자신을 소진시키는 것은 가족이나 자신의 삶에서 소중한 다른 사람들과 최선의 자아 상태로 있지 못하게 한다.

정신 역동적 접근과 관련해서, 여성주의 이론은 아들러 이론의 사회적 영향 개념 그리고 다른 이론의 애착과 자기 발달 개념과 일치한다(Corey, 2009; Fodor, 1993). 비록 정신 역동적 상담을 여성주의상담과 결합시키는 길을 발견한 이론가와 상담자가 있기는 하지만 정신분석적 그리고 정신 역동적 접근은 상담자가 무엇을 해야 하느냐보다는 상담자가 무엇을 하지 말아야 하느냐는 면에서 여성주의상담에 영향을 끼쳤다고 볼 수 있다.

이론적으로 여성주의상담은 포스트모던 접근으로 여겨진다. 여성주의상담은 단 하나의 현실만 있지 않다는 포스트모던 개념을 받아들인다. "여성에 대한 하나의 '올바른' 여성주의 이론이나 인식론적 입장은 없으며 …… 여성의 다중적 현실, 경험, 역할은 여성주의 이론 만들기에서 중심적인 것이다"(Porter, 2005: 143). 게다가 포스트모던 접근에서의 정치적 그리고 권력 이슈에 대한 초점은 내담자를 자신의 삶의 전문가로 믿는 여성주의상담과 쉽게 연결된다.

여성주의상담에서 상담자는 광범위한 상담 기술을 사용할 수 있지만, 여성주의상담의 기본 원리를 지켜야 하고, 사용되는 기술이 그런 원리를 손상시키지 말아야 한다(Worell and Remer, 2003). 그러므로 여성주의상담자는 여성주의 철학의 원리를 믿고 내담자와의 작업을 향상시키리라 믿는 다른 접근의 기술들(예를 들어, 합리정서행동치료)을 쓸 수 있는 사람이다. 비슷하게 합리정서행동치료자는 내담자가 자신이 변화시키기 원하는 비합리적 생각과 행동에 대한 사회문화적 보상을 이해하면 도움이 될 것이라 강하게 믿고, 젠더 역할 분석 같은 여성주의상담 기술을 사용하고 싶어 할 수 있다. 그러나 합리정서행동치료자는 여전히 내담자 혼란의 원인이 심리 내적인 것이라 믿고, 정서적이고 심리적 혼란의 원인은 발견되지 않은 젠더 역할 기대의 강요 때문이라는 여성주의 믿음은 거부할 것이다. 여성주의상담 기술(예를 들어, 젠더 분석)을 사용하지만 여성주의상담의 철학을 따르지 않는 사람들은 진정한 여성주의상담자가 아니다.

비록 여성주의상담이 본질적으로 포스트모던 이론이지만, 여성주의상담자는 많은 전통적인 이론들의 여러 면들을 사용하는데, 여성주의 임상에서 사용될 때 대부분 이런 기술들은 각색이 필요하다. 다른 이론들을 여성주의 관점으로 어떻게 통합할 것인지를 결정하는 일은 여성주의 임상가에게 달려 있다. 다음에 나오는 것은 이론을 통합하기 위한 체계적 전략의 모델이다.

이론 통합하기

최근에 통합된 이론적 접근은 상담과 심리치료에서 더 수용되고 있다. 대부분의 이론 교재(Corey, 2009; Corsini and Wedding, 2007; Sharf, 2008)에서 통합된 접근에 대한 장을 포함한 것이 그 사실을 잘 말해준다. 심리치료 네트워커 조사(Psychotherapy Networker survey, 2007)에서 95% 이상의 응답자가 내담자에게 통합된 접근을 사용한다고 말했다. 그러나 우리는 접근의 통합은 기술과 이론을 되는 대로 결합하는 것과는 다름을 자각할 필요가 있다. 이런 임상은 상담자가 내담자의 개별적 필요에 기초하여 다양한 이론적 접근 중에서 구체적 기술을 선택하는 것으로서, '기술적으로 절충적' 또는 더 폄하하여 '육감에 의한' 임상이라고 부를 수 있다. 이런 유형의 전략은 이론적 혼란을 야기하고 의문스러운 임상으로 이끌기 때문에 수용할 수 없다(Corey, 2009). 이론과 실제 둘 다를 더 수용할 만하게 통합하는 방식이 있다. 그런 방법에는 이론적 통합, 공통 요인 접근, 동화시키는 통합이 포함된다.

이론적 통합은 기존의 이론을 적어도 두 개 이상 결합하는 것이다. 이렇게 하는 몇 가지 기술이 있다. **공통 요인 접근**은 여러 개의 이론에 공통적인 요소들 – 내담자에게 효과적이라고 증명된 것 – 을 상담자가 사용하는 것이다. 이것은 흔한 접근이지만 이론과는 상관없는 경향이 있다. **동화시키는 통합**은 상담자가 특정 이론(예를 들어, 여성주의상담)을 분명하게 선택하지만 다른 학파로부터 개념과 기술을 통합하는 데 개방적일 때 일어난다. 통합적 이론의 접근은 임상 요소보다는 공통의 이론적 요소에 초점을 맞춘다. 이 장은 동화시키는 통합과 통합적 이론에 초점을 맞춘다.

동화시키는 통합

워렐과 리머(Worell and Remer, 2003)는 권력강화 여성주의상담을 다른 이론과 여성주의상담을 통합하는 여성주의 기반으로 발달시키고 활용했다. 그들의 접근은 동화시키는 통합 모델과 가장 비슷하고, 그들은 권력강화 여성주의상담을 실천할 때 제2의 이론을 통합하기 위한 일련의 단계들을 제시했다. 이 여성주의상담자와 저자들은 이론가들이 하나의 특정 이론(이 경우, 권력강화 여성주의상담)에 충실하면서 제2의 이론 개념들을 원래 이론의 믿음과 가치에 맞추는 방식을 어떻게 발견하는지를 보여주고 있다. 추천된 단계는 다음과 같다.

1. 이론에서 편견의 원천 확인

앞서 말한 대로 여성주의상담 원리에 맞추기 위해서는 약간의 손질이 필요하다. 다음의 예에서 우리는 여성주의상담과 다른 대중적인 치료적 지향의 주요하고 문제가 되는 몇 가지 차이점을 검토하려고 한다.

정신분석적 치료는 오이디푸스 이슈, 음경 선망, 여성을 수동적이고 의존적이고 피학적이라고 좁게 해석하는 개념 때문에 여성주의자들의 비판을 받았다(Fodor, 1993; Sharf, 2008). 나아가 정신분석적 치료는 상담 관계에서 권력을 동등하게 나누는 기본적 여성주의상담의 평등 관계 원리를 위배하고 있다. 정신분석적 모델에서 상담자들은 지식이 많고, 때로 현명하고, 내담자를 위해 무엇이 최선인지를 안다. 내담자들은 종속적 위치에 있게 된다.

치료에 대한 접근이 여전히 정신분석적 심리치료라고 불리지만, 정신분석의 어떤 측면(예를 들어, 자아)에 기반한 이론은 정신 역동적 이론이라고 불린다(Archer and McCarthy, 2007). 대상관계 이론 같은 정신 역동적 접근에 대해 일부 여성주의상담자들은 염려의 시선을 보내는데, 왜냐하면 여성과 남성을 다르게 보기 때문이다. 고전적 정신분석은 부모 자녀 관계의 성적 기반에 초점을 맞추지만, 대상관계 이론은 유아와 유아의 일차적 양육자의 초기 관계에 초점을 맞춘다. 그러나 그 초점은 아버지/아이 관계를 동등하게 강조하기보다는 일반적으로 어머니/아이 관계에 맞춰져 있다. 한편 초기 아동기에 양육자와 어떻게 유대를 맺는지에 초점을 맞춘 애착 이론은 성인이 다른 사람들과 상호작용하는 모델을 만든다. 여기서도 어머니는 초기 유대의 초점이다(Archer and McCarthy, 2007).

나아가 정신 역동적 접근은 고통을 야기하는 내담자의 내면에서 작동하는 심리 내적 세력에 일차적으로 초점을 맞춘다. 워렐과 리머(Worell and Remer, 2003)는, 이는 변화가 필요한 사람은 내담자뿐이고, 개인의 삶과 관점에 영향을 끼칠 수 있는 환경적 요인에는 거의 또는 전혀 주의가 가지 않음을 함축한다고 말했다. 환경적 요인이 해로울 때 내담자들은 보통 환경에 적응하거나 환경을 떠나라고 격려되었다. 예를 들어, 여성이 동일 노동에 대해 동일 임금을 받지 못할 때, 해로운 환경이나 사회정치적 요인을 변화시키기 위해 적극적으로 작업한다는 개념은 상담실에서 적합한 주제로 거의 거론되지 않는다.

인지행동 접근은 여성주의상담자들에게 어떤 이슈, 예를 들어, 주장과 우울 같은 이슈 때문에 인기 있는 이론이지만, 여성주의 관점에서 볼 때 문제가 있다. 행동치료, 인지치료, 그 후의 인지행동치료는 정신분석적 접근의 주관적 특성에 대한 객관적 대안으로 진화되었다. 내담자들의 비생산적이고 해로운 행동과 사고를 변화시키도록 돕는 데 초점을 맞추고는 있지만, 인지행동치료 또한 사회적·문화적·경제적·정치적 이슈에 관심이 없다. 이 치료는 심리 내적 적응을 요구하고, 내담자의 사고를 비합리적이거나 왜곡된 사고로 병리화시킨다(Enns, 2004; Worell and Remer, 2003). 인지행동적 접근은 또한 사회적 변화에 대한 언급 없이 내담자 변화에만 초점을 맞추는 것에 대해 비판받았다. 마지막으로 무엇이 합리적인지 비합리적인지에 대한 총평은 남성적 정의를 근거로 한다.

인본주의·인간중심치료는 자립과 개인적 책임에 대한 강조가 개인의 행동에 대한 사회적이고 정치적인 영향을 배제하는 정도까지 간 까닭에 여성주의상담자들에게 비판을 받아왔다(Enns, 2004). 인간 중심적 접근이 내담자/상담자 관계의 관점에서 여성주의상담과 양립할 수 있지만, 엔스(Enns, 2004: 74)가 말했듯이 "개인적인 것과 정치적인 것을 연결하는 여성주의상담에 충분하지는 않다".

포스트모던 이론은 매우 인기 있는 가장 새로운 관점으로, 행동주의 같은 객관적(모던) 접근에 대한 반대 명제로 가장 잘 기술될 수 있다. 포스트모던주의자는 "~에 달려 있다"라는 구절로 표현될 수 있다. 예를 들어, 포스트모던주의자에게 진실은 화자의 관점에 달려 있고, 한 사람에게 진실일 수 있는 것이 다른 사람에게는 필연적으로 진실이 아닐 수 있다(Sharf, 2008). 여성주의자는 포스트모던 관점에서 자주 어려움을 느끼는데, 하나의 진실은 없고 따라서 현실은 동요하는 지각 위에 구성되었다는 것이 포스트모던의 근본적인 믿음이기 때문이다. 각 개인의 현실은 다소 다르다. 그 개념을 받아들인다는 것은 젠더와 문화적 사회화에 기반해 사람들을 억압한다는 믿음을 버려야 함을 의미할 수도 있다. 포스트모던주의와 관련된 개념인 사회구성주의는 사람들이 개인적 진실에 기반한 자신들의 삶에서 의미를 창조한다는 것과 "문화나 사회에서 사람들이 발달시키는 공유하는 의미"(Sharf, 2008: 18)가 있다는 것을 제시한다. 여성주의상담과 많은 사회구성주의 관점(예를 들어, 해결중심상담과 내러티브 치료) 사이에는 비슷한 점이 많다. 사회구성주의와 여성주의상담의 주요 차이는 여성주의상담은 집단에 대한 억압은 수용할 수 없다는 강한 가치와 믿음을 유지한다는 것과 내담자가 억압이 무엇인지 자각하도록 격려한다는 것이다. 그러나 일부 포스트모던, 구성주의 모델은 절대적인 옳고 그름은 없고, 어떤 시간과 장소에서 개인이 주어진 자신의 현실을 '독해'할 뿐이라고 주장할지도 모른다. 예를 들면, 자신이 억압받는다고 지각하지 않는 여성들에게는 억압이 자신의 현실이 아니어서 어떤 사회구성주의 접근에서 성차별주의는 언급되지 않을 수도 있지만, 여성주의상담에서는 대화의 초점이 될 것이다.

2. 이론의 편견적 요소 재구성

여성주의상담과 통합하기를 원하는 접근을 확인하면, 상담 뒤에 있는 이론을 조심스럽게 살펴볼 필요가 있다. 그것의 이론적 기반은 무엇이며, 드러나지 않았거나 드러난 편견이 있는가? 전통적인 정신분석적 이론에서 나타나듯이 편견은 자주 드러난다. 여성은 손상된 남성으로 지각되고, 상담자는 의문을 가져서는 안 되는 전문가로 보이는 등의 편견이 있다. 다른 이론의 편견은 덜 명백하다. 예를 들어, 인지행동치료(CBT)와 그 변형[예를 들면 합리정서행동치료(REBT)]에서, 정서에 기반한 추론은 결함이 있고 자주 내담자에게 손해를 가져오는 추론으로 지각된다. 엘리스(Ellis, 1962)는 합리적 사고와 비합리적 사고에 대해 썼다. 그러나 우리는 많은 사회에서 여성들은 정서의 '보유자'이고 돌봄의 윤리에서 추론과 판단을 하라는 기대를 받음을 알고 있다(Belenky et al., 1986; Gilligan, 1982). 워렐과 리머(Worell and Remer, 2003)는 내담자의 사고를 왜곡된 사고나 비합리적 사고로 명명하는 문제를, 불쾌한 말들을 재명명하거나 내담자에게 그런 믿음의 원천을 질문하는 것 – 사회화의 결과인지 또는 그냥 잘못된 정보인지 – 으로 다루었다. 예를 들어, 남성 내담자가 우는 것은 약한 것이라고 믿을 수 있다. 이것은 비합리적인 신념인가 아니면 그가 사회화된 방식인가? 문화와 일치하는 믿음의 비합리성을 내담자에게 확신시키는 대신 워렐과 리머는 내담자에게 부정적으로 영향을 끼치는 편견과 고정관념을 찾기 위해 젠더 분석 같은 기술을 사용할 것을 제안한다.

3. 이론의 생존 가능성 재구성

모든 접근이 여성주의상담의 다양한 양상에 대한 상담자 자신의 헌신을 해석하는 방식은 물론, 상담자의 개인적 가치 체계에 쉽게 맞지는 않는다. 어떤 치료적 접근에 내재하는 이론의 편견의 원천을 점검한 후에 그 접근을 여성주의상담과 함께 사용하려면 여성주의상담의 가치와 이론적 기반뿐만 아니라 상담자의 가치까지 심하게 타협해야 함을 발견하는 때가 있다. 그래서 여성주의 이론과 철학에 맞으려면 그 접근에 많은 변화가 필요하여, 원래의 이론으로 인식될 수 없다. 그런 경우에, 그 접근은 여성주의상담과의 통합에서 살아남을 수 없다. 요약하면, 이 시점에 상담자는 이 이론과 접근이 자신과 자신의 가치에 맞는지를 물어야 한다. 그들은 그 이론과 접근이 효과가 있을 것이라고 믿는가?

4. 여성주의 기준과의 양립 가능성 확인

통합을 위해 고려되는 이론들은 여성주의상담과의 양립 가능성을 위해 조심스럽게 평가될 필요가 있다(Worell and Remer, 2003). 이것은 3단계와 비슷하지만 상담자가 통합을 위해서 여성주의상담의 이론적 기반과의 양립 가능성을 위해서 치료적 접근의 이론적 기반을 점검한다는 점에서 다르다. 3단계는 상담자가 그 이론이 여성주의상담과 결합할 때 실제 세계에서 유용할 것이라고 지각하는지를 다룬다. 양립하기 위해서 그 이론은 젠더에서 자유롭고, 다문화적이고, 상호작용적이고(개인과 환경 사이의 상호작용을 보여주는), 생애 발달을 반영해야 한다.

5. 선택한 이론에서 여성주의 구성 요소를 강조하고 다른 이론의 구성 요소 첨가

이 시점에서 목록을 만드는 것이 유용하다. 여성주의상담에 대해 당신이 가치 있게 여기는 기술과 원리의 목록을 만들어보라. 당신만의 여성주의 가치의 목록을 만들어보라. 그러고 나서 당신이 다른 이론과 접근에서 가치 있게 여기는 기술과 원리의 목록을 만들어보라. 편견을 야기할 만한 원천의 목록을 만들어보라. 상담에 대한 통합된 여성주의 접근을 만들 때 이런 편견의 원천을 자각하라.

모든 조정이 이루어지면, 여성주의 이론과 다른 접근의 양립 가능성을 위해 다시 통합된 이론과 접근을 재평가하는 것이 좋다.

이론적 통합

이론적 통합은 특정한 이론에 헌신하지 않고 사실상 두 개 이상의 이론에 끌리는 사람에게 탁월한 접근이다. 통합된 접근은 되는 대로 절충하는 것이 아니라, 자신만의 개인적 상담 이론을 창조하기를 선호하는 상담자를 위한 조리 있고 세심한 결합이다. 훈련 중인 상담자가 이론에 대해 배울 때 수업에서 매번 새로운 이론이 소개될 때마다 각 이론을 '내가 찾던 바로 그 이론'으로 선택하는 것은 드문 일이 아니다. 결국 어떤 이론이 자신의 믿음과 가장 잘 양립할지를 결정해야 한다. 통합적 접근을 할 때 상담자는 하나의 이론만 선택하도록 제한되지 않는다. 대신 최선의 접근에 대한 생각에 가장 잘 맞게 이론들을 결합시키도록 격려된다.

할버와 할버(Halbur and Halbur, 2006)는 상담과 심리치료에 대한 자신만의 통합적 접근을 발견하기 위해 여러 단계를 밟으라고 추천한다. 정신건강 임상가에게는 상담에서 무엇이 중요한지에 대한 가치와 믿음을 아는 것이 매우 중요하다. 자신의 스타일, 선호도, 인성을 아는 것 또한 중요하다. 이런 모든 요인들은 사람들이 심리적 동요와 트라우마에 어떻게 반응하는지에 대한 생각뿐만 아니라, 그들이 자신의 삶을 적합하게 할 수 있는 방법에 영향을 준다. 상담자가 일단 세계관과 심리적 안녕에 대한 견해를 잘 다루게 되면, 어떤 이론이 그런 견해와 가장 잘 맞는지 상담과 심리치료 이론을 검토해 볼 수 있다. 그 시점에서, 그 이론을 지향하는 사람들 중에서 자신에게 영감을 줄 수 있고 작업을 같이할 멘토를 찾는 것 또한 도움이 된다(Halbur and Halbur, 2006). 심리학자와 치료이론가의 원저를 읽는 것도 도움이 된다. 그 이후 상담자는 실제 삶의 상황에서 자신의 철학, 믿음, 가치를 시험한다. 반드시 내담자와 시험할 필요는 없고, 자신의 실제 삶과 상황에서 시험해 볼 수 있다. 예를 들어, 만일 상담자가 억압은 정신적 고통을 야기한다고 믿는다면, 자신이 식당 종업원이나 사회가 종속적 역할이라고 평가하는 다른 사람들과 어떻게 상호작용하는지를 관찰할 수 있다. 이런 자기 관찰은, 가치는 그것을 실천할 때만 진정으로 가치라고 불릴 수 있다는 생각을 지지한다. 물론 상담에 대한 모든 이론가들의 가치가 실제 삶에서 이야기될 수 없지만, 상담자는 자신이 어떻게 사람들과 자연스럽게 상호작용하는지와 자신의 행동이 자신이 믿는 것과 일치하는지 여부를 더 잘 알게 될 수 있다. 〈표 10.1〉은 여성주의상담을 다른 학파의 사고와 통합하는 과정을 보여준다.

표 10.1	할버와 할버의 여성주의상담과 이론 통합 모델

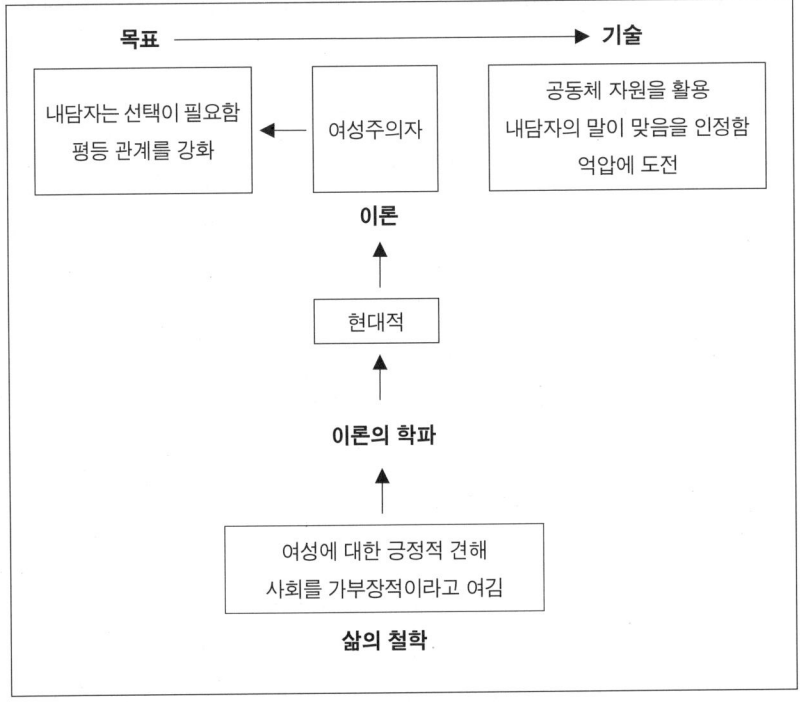

자료: Halbur and Halbur(2006: 75).

할버와 할버(Halbur and Halbur, 2006) 모델의 예시는 해결중심상담과 여성
주의상담을 사용했다. 해결중심상담은 상담과 심리치료에 대한 사회구성주
의적 접근 중 하나로 분류된다. 해결중심치료에서 상담자는 내담자의 초점
이 문제에서 해결로 변화하도록 돕는다(Corey, 2009). 상담자는 내담자가 자
신의 문제에 대한 답과 그 해결책을 구체화할 기술을 가지고 있다고 믿는다
(Archer and McCarthy, 2007). 내담자가 자신이 이미 알고 있는 것을 발견하고
새로운 해결책을 함께 창조하도록 돕는 것이 상담자의 일이다(Corey, 2009).

모건의 사례

모건은 대학에서 학교 상담을 전공하고 최근에 졸업했는데, 학교에서 그녀가 진행한 프로그램은 해결중심상담을 장려하는 것이었다. 비록 모건은 해결중심상담이 자신이 일하고 있는 고등학교 환경에 탁월하다고 믿지만, 문화적으로 다양한 학생들의 이슈를 다룰 때 그리고 자신이 매일 만나는 사춘기 청소년들의 이슈를 다룰 때 그 치료만으로는 부족하다고 느낄 때가 있다. 그녀는 해결에 초점을 맞추는 자신의 임상에 여성주의 개념과 기술을 통합하는 데 흥미가 있다.

모건이 해결중심상담에 끌리는 이유는 그 상담이 긍정적인 단기 상담이고 문제 해결과 관련해 내담자가 이미 가진 경험에 기반을 두는 치료이기 때문이다. 해결중심상담에서는 (a) 내담자는 자신의 삶에서 전문가이고, (b) 해결책을 만들기 위해 반드시 문제에 대해 많이 알아야 하는 것은 아니고, (c) 내담자가 문제를 이야기할 때 해결책이 진화하고, (d) 상담이 긍정적인 것과 가능성에 초점을 맞출 때 변화가 생기고, (e) 변화는 지속적이고, (f) 옳고 그름은 상대적인 것이고 절대적이지 않기 때문이다.

해결중심상담은 문제에 대해 아무도 비난하지 않고 내담자의 행동을 변화시키는 데 일차적으로 초점을 맞춘다. 그 이론은 내담자와 다른 사람 사이의 권력의 차이나 사회적으로 정형화된 행동에 대해 언급하지 않고, 여성주의 접근에 비해 위계질서, 권력, 전문적 특권의 오용이라는 이슈에 대한 자각이 덜하다(Dermer, Hemesath and Russell, 1998).

다음은 모건이 통합에 대한 새로운 생각을 시도하면서 쓴 기록이다.

2009년 1월 15일

방금 훌륭한 학교 상담 컨퍼런스에서 돌아왔는데 해결중심상담으로 사춘기 아이들과 작업하는 데 대한 많은 아이디어를 얻었다. 고등학교 학생들에게 해결중심상담을 사용하고 있는데, 그들에게 이 전략을 사용하면서 무엇인가 빠진 것처럼 느꼈다. 해결중심상담을 좋아하지만 다른 상담이 내 필요에 더 맞지 않을까 궁금하다. 많은 사춘기 여학생들을 만나는데, 그들은 여성성과 젠더 역할에 대한 뿌리 깊은 고정관념을 가지고 있고, 그것은 특히 이성 관계와 엮일 때 몸싸움까지 일으키게 한다. 어떤 형태의 여성주의상담이 청소녀에게 더 적합할지 고민하고 있다.

2009년 2월 8일

막 여성주의상담 책 두 권과 이론가들이 쓴 논문 몇 개를 읽었는데 어떤 면에서는 자극이 되었고 어떤 면에서는 흥미를 불러일으켰다. 책과 논문에 사용된 전문 용어들 때문에 좀 어려웠지만, 책에서 읽은 많은 아이디어들은 정말 좋은 것 같다. 학생들이 겪어내야 하는 많은 어려움은 가난과 성차별, 인종 차별의 결과이기도 해서, 학생들과 작업할 때 써보고 싶다. 만일 내가 이런 이슈를 알아주고 학생들이 그 맥락에서 무엇을 할 수 있는지 말하면 그들은 권력강화될 것이라고 생각한다. 학생들이 그런 걸림돌들을 이슈로 가져오지 않는다고 그것을 무시하는 것이 싫다.

2009년 2월 25일

막 이론 통합에 대한 훌륭한 책을 읽었는데, 저자들은 나만의 이론에 사용할 개념을 선택하기 전에 자기 탐색을 해야 한다고 했다. 내 생각은 이렇다.
무엇이 상담이고 무엇이 상담이 아닌지에 대해 학교에서 배운 것을 믿는다. 예를 들어, 나는 학교에서 일하고 있고 상담은 시간 제한적이어야 한다고 들었다. 내 내담자들을 한 개인으로서는 정말이지 잘 알 수는 없다. 내담자들과 상담하는 데 몇 분 이상 시간을 낼 수 없고, 상담 내용은 대개 학교생활을 성공적으로 하려면 어떻게 해야 하느냐에 관한 것이다. 또한 사춘기 아이들의 상담자로서 나는 그들이 존경하는 권위적 인물이 되어야 한다고 배웠다. 사춘기 아이들과 작업하며 나는 그들이 나를 존경해야 한다고 믿지만, 나도 학생들을 존중해야 한다고 믿는다. 우리가 동등할 수 있다고 믿지 않지만, 상하 관계를 최소화하고 싶다. 그들이 자신에게도 권력이 있다고 느끼고 자신이 문제를 해결하는 최선의 원천임을 느끼기를 원한다. 해결중심상담에 애착을 느끼는데, 그것이 효과적임을 보았고 행동의 변화는 매우 중요함을 알기 때문이다. 그러나 몇 년간 청소년들과 작업해 보니, 많은 아이들이 단지 자신의 문제보다 더 깊이 있는 질문을 한다. 그들은 무엇 때문에 문제가 생겼는지, 어떻게 하면 문제가 다시 일어나지 않을지를 알고 싶어 했다. 그래서 나는 이해는 중요하고 이해가 과거를 재방문하는 것을 의미한다면 그것을 확실히 해야 한다고 믿는다.

내 슈퍼바이저는 나 자신, 이웃, 도시, 국가, 세상에서 무엇이 변화되기를 원하는지를 써보라고 했다. 와! 나는 바로 목록을 만들 수 있을 만큼, 할 얘기가 가득 차 있다. 어디 보자. 나 자신에 대해 변화시키고 싶은 것은, 한번 선택한 건강한 섭식을 꾸준히 유지하고 싶고, 분야를 가리지 않고 자원봉사하는 것을 멈추고 싶다는 것이다. 같은 문제처럼 보이는데 결국은 좋은 것을 너무 많이 하려 하는 것이다. 나는 그냥 내 한계를 알 필요가 있는 것 같다. 이웃에 대해 변화시키고 싶은 것은, 좀 더 다양했으면 좋겠고, 사람들이 서로에게 좀 더 친절했으면 좋겠다는 것이다. 또 도시에 사는 모든 사람이 이용할 수 있도록 교통수단의 접근성을 좋게 만들고, 아이들이 긍정적으로 학습하는 환경을 조성할 수 있도록 교사들을 더 고용하고, 그리고 사람들이 좀 더 환경을 의식하게 만들어 도시를 변화시키고 싶다. 특권층에게만이 아니라 "모두를 위한 자유와 정의"라는 말이 진실이 되게 누구도 가난해서 주린 배로 잠들지 않게 하고, 국민의 투표가 되도록 선거인단의 투표 제도를 없애는 것을 보장하여 국가를 변화시키고 싶다. 전쟁을 쓸모없게 만들어 — 그러면 논쟁을 해결하는 덜 파괴적인 방법을 찾아낼 것이다 — 세상을 변화시키고 싶고, 전쟁에 사용된 자원을 온 세상의 배고픈 사람들을 먹이는 데 사용하고 싶다.

이렇게 그냥 쓴 글에서 주제를 찾아야 할 것 같은데, 내 글에서 돌봄, 정의, 괜찮아, 음식에 대한 주제를 확인할 수 있다. 음식 부분은 돌봄과 더 가까운 듯하다. 어떻게 이런 주제들이 내담자들과의 관계에서 일어났으면 하는 것과 연결되는지가 내가 여성주의상담에 끌리는 이유이다. 왜냐하면 변화는 일어나야 하는데, 만일 내 내담자들이 불의를 당하는 편에 있다면 그들은 그것을 변화시키기 위해 자신이 무엇을 할 수 있는지를 알 필요가 있고 그렇게 하도록 권력강화되었다고 느껴야 하는 것이다.

내가 지향하는 이론이 무엇인지 알아보는 퀴즈를 풀었을 때 점수가 높았던 것은 인지행동, 인간중심, 통합이었다. 인간중심치료에 대한 점수에는 놀라지 않았는데 왜냐하면 내가 우위에 두는 가치이기 때문이다. 내가 우위에 두는 가치들은 인간중심치료와 더 잘 맞았다. 그 가치는 해결중심상담이나 여성주의상담에 맞는 범주는 아니었다. 그러나 나는 해결중심상담을 사용하기를 좋아하기 때문에 행동치료에 대한 점수가 인지행동에 대한 점수보다 낮아서 놀랐다. 내담자들이 자신의 행동에 대해 무엇을 생각하는지, 여기에 대한 내 관심은 내담자와의 작업에 해결중심상담만이 요구하는 것보다 많은 개념을 확실히 통합할 필요가 있음을 의미할 수 있다고 생각한다. 나는 통합에서 높은 점수를 받은 것이 좋은데, 왜냐하면 그것은 내가 다른 이론에 개방적임을 의미하고 해결중심상담과 여성주의상담의 결합에 대해서도 생각해 보게 하기 때문이다.

여성주의상담에 관한 독서를 통해 나는 인간중심치료에 속하는 것으로 내가 가장 동의하는 항목들이 사회적 여성주의와 문화적 여성주의의 믿음에 맞는 것들임을 알게 되었다. 내담자를 진정으로 공감하려면 그들의 억압 경험, 특히 다중의 억압을 이해할 필요가 있다고 믿는다. 또한 여성적인 특성을 가졌다는 이유로 전문성과 강점이 간과되었던 내담자를 공감할 수 있다. 내 내담자를 무조건 돌봐야 한다는 관점으로 인간중심치료를 보았는데, 이제는 도움이 되는 방식으로 돌볼 필요가 있음을 알게 되었다. 나는 더 배울 필요가 있다.

내가 해야 할 마지막 부분은 내가 실제로 내 철학을 '살아내는지' 보기 위해 내담자와 있는 나 또는 사람들과 있는 나를 포착하는 것이다. 나는 내담자와는 확실하게 인간중심적이라는 것을 발견했다. 그들에게 모든 주의를 기울이고, 그들에게만 초점을 맞추고, 그들에게 수용적인 환경을 만드는 데 초점을 맞춘다. 내가 하는 것은 그들의 이야기를 경청하고 공감하는 것처럼 보이지만, 언제나 그들이 그것에 대해 무엇을 하기 원하는지를 묻는 것으로 끝낸다. 그것은 행동적 부분이다. 나는 내담자의 생각에 이의를 제기하지는 않지만, 친구와 가족의 생각에는 이의를 제기한다. 그래서 내가 친구와 가족은 감정보다 생각으로 대한다는 생각이 든다. 나는 내가 창조적이라고 생각하는데 주위 사람들과 그리고 내담자들과 새롭게 할 일을 생각해 내기를 좋아하기 때문이다. 이런 창조성에서 내가 통합할 내용들이 나온다.

이 과정에서 나 자신에 대해 새로운 것을 배우지는 못했지만 내가 누구인지와 이론을 거리를 두고 볼 수 있었다. 슈퍼바이저가 치료에서 나 자신을 사용하는 것에 대해 언제나 이야기한 것을 기억한다. 나는 이것이 슈퍼바이저가 늘 말한 부분이라고 생각한다. 만일 내가 나를 통해 이론을 구체화하는 방법을 진짜 모른다면 나를 도구로 사용할 수 없다.

2009년 3월 5일

몇 가지 괜찮은 일을 했다. 해결중심상담 일일 세미나에 갔고, 상담자 면허를 취득하기 위해 슈퍼바이저 집단에 합류했다. 내 집단원 중 한 명이 여성주의상담자이다. 멋진 일이다. 그녀는 여성주의상담자로부터 개인적인 슈퍼비전을 받고 있어서, 이제 나는 여성주의상담에 대해 이야기할 몇몇 사람들을 알게 되었다. 또한 학교 상담자를 위한 해결중심상담 온라인 집단에 합류했다. 그 집단에서 중점적으로 다루는 주제는 학교에서 해결중심상담을 사용할 때 상담자가 겪는 도전들이다. 그들은 해결중심학교를 만드는 데 더 초점을 맞추고 있는데 그것이 굉장한 아이디어이기는 하지만 일부 여성주의 아이디어도 포함시켜야 한다고 생각한다. 나는 지속적으로 삶과 사회와의 결과라는 맥락에서 사람들을 이해하려고 한다. 몇몇 사람들이 그런 대화에 합류한다. 마치 좋은 것을 얻을 때까지 조금씩 다듬어가는 것과 같다.

2009년 4월 10일

자, 이제 봄방학이다. 내 목표는 지금까지 배운 모든 것을 기반으로 내 이론을 쓰는 것이다. 그래서 그 이론이 내가 누구라는 것과 내가 작업하는 내담자와 딱 맞아 들어가게 하는 것이다. 이것은 정말 힘든 부분이겠지만, 큰일은 얼추 끝냈다고 생각한다. 그래서 이론 선생님이 내 이론 보고서를 쓰라고 준 개요에 초점을 맞출 것이다. 개요는 기본 개념, 상담/심리치료의 목표, 상담자의 역할, 내담자의 역할, 기술, 평가를 포함해야 한다. 나는 매일 이 주제 중 하나에 대해 쓰려고 한다.

기본 개념

1. 개인적인 것은 정치적인 것이다. 억압과 싸우기 위해 사회와 내담자 모두 변화할 필요가 있다.

2. 억압된 집단[여성, 민족적 소수자, 게이, 레즈비언, 양성애자, 트랜스젠더 그리고 퀘스처너(GLBTQ), 장애인]의 경험은 분명하게 이해되고, 가치를 인정받고, 주변에서 중심으로 가야 한다.

3. 여성/소녀의 억압은 문화를 넘어서고, 상담은 젠더에서 공평해야 한다.

4. 내담자는 자신과 자신의 환경/세계를 변화시키기 위해 권력강화되어어야 한다.

5. 내담자는 자신의 삶에 전문가이고 자신의 문제에 대한 해결책을 구성할 수 있다. 때로 내담자는 해결책을 만들기 위해 조력이 필요하다.

6. 상담은 학습에 기반하고, 내담자의 강점에 초점을 맞추고, 해결책을 만들고, 사회화의 부정적인 결과를 검토하고 시정한다(젠더, 인종/민족, 성적).

7. 상담/치료가 효과적이려면, 상담자는 진정성이 있고, 따뜻하고, 공감적이어야 한다. 내담자/상담자 관계는 존중하고, 신뢰하고, 협력하는 관계여야 한다.

나는 이 개념들이 서로 연결된다고 생각한다. 개념들을 조금 내 식으로 만들었을지는 모르지만, 이것이 내 이론의 기초이다.

4월 11일 상담의 목표

1. 내담자가 자신의 문제에서 억압, 억압적 사회화, 내면화된 억압이 하는 역할을 자각하도록 촉진한다.

2. 문제에 대한 내담자의 견해를 변화시키고 그런 문제에 대한 해결책을

찾는 데 자신의 권력을 사용하도록 내담자를 격려한다.

3. 내담자와 상담자는 문제 해결을 향해 구체적인 목표와 성취할 수 있는 목표들을 세운다.

내 목표들은 조금 모호하게 보일지도 모르나, 나는 그것들이 구체적이기보다는 더 일반적이어서 내가 목표들을 달성하기 위해 넓은 범위의 기술을 사용할 수 있게 되어야 한다고 생각한다.

4월 12일 기술

1. 공감적 경청
2. 젠더, 권력, 문화적 분석
3. 긍정적인 해결책 이야기하기, 재구성, 인지적 재구조화, 점진적인 질문들
4. 기적의 질문: '기적'을 창조하기 위해 문제 제외하기를 사용
5. 사회적 행동 계획

너무 많은 기술을 열거했다고 생각하지만, 치료 목표를 달성하기 위해 모든 기술이 모든 내담자에게 반드시 필요하다고는 생각하지 않는다. 게다가 그 어느 기술도 내가 상담에 대해 믿는 것과 충돌하지는 않는다.

2009년 4월 22일

나의 새로운 이론을 내 첫 내담자에게 시험했다. 그녀는 15세의 아프리카계 2학년 학생으로, 한 소년을 놓고 다른 소녀와 싸워 상담에 의뢰되었다. 이 학생과는 전에 학업 계획과 일정 변경으로 상호작용을 한 적이 있었다. 나는 새롭게 인식된 철학과 목표를 마음에 두려고 노력했다. 내가 그녀와 먼저 궁

정적인 상담 관계를 맺는 것이 중요했다. 우리의 첫 회기는 매우 잘 진행되었다. 내가 무엇을 하려고 하는지에 대해 그녀에게 솔직하게 말했고, 우리 관계에서 권력 차이를 최소화하는 것을 돕기 위해 자기 노출을 사용했다. 내담자와 해결중심상담의 기술을 사용해 왔기 때문에, 그 부분은 꽤 익숙해졌다. 여성주의상담 기술을 사용해 본 것은 슈퍼비전 집단에서 동료와 함께 연습해 본 것이 전부였다. 이번은 내담자에게 자신의 행동에 대한 사회화의 결과에 대해 이야기하는 첫 번째 시도이다. 내담자가 감당할 수 없을 정도로 어렵게도 아니고 그녀를 무시하는 정도로 쉽게도 아닌 방식으로 하는 것이 중요하다. 나는 "알다시피, 싸움은 사람들의 눈살을 찌푸리게 만들지만, 소녀들이 싸울 때 사람들이 더 기분 나빠하는 것 같아 그 점이 흥미로워요"라고 말했다. 그렇게 말하자 그녀는 자신의 젠더 역할 사회화에 대해 말하기 시작했다. 거기에서부터 우리는 어떻게 사회화가 그녀의 행동에 영향을 끼쳤는지에 대해 이야기할 수 있었다. 그것은 매우 멋졌다. 그녀는 무척이나 다시 상담하러 오고 싶어 하는 것처럼 보였다. 나는 매우 기뻤다. 실제로 내 통합된 이론이 효과적일 것이라고 생각한다.

2009년 5월 30일

다음 주부터 학교가 방학이라서 긴장이 풀렸다. 첫 내담자와의 작업을 끝냈고, 내년에 학생들이 무엇을 하기를 원하는지에 대해서도 잘 파악했다. 상담자로서 내가 누구인지와 나와 내 내담자에게 효과적인 이론들을 어떻게 통합하는지를 이해하는 것이 좋다. 여성주의상담은 내가 내담자와 더 크고 사회문화적인 이슈들을 다루도록 돕고, 해결중심상담은 행동 변화를 촉진한다. 나는 학생들과의 작업이 훨씬 더 흥미롭게 되었다는 사실에 놀란다. 나는 통합된 이론 – 여성주의상담과 해결중심상담 – 을 더 많은 내담자와 사용하게 될 내년이 기다려진다.

요약

임상가들이 자신과 내담자들을 위해 최선으로 작업하는 방식으로 여성주의상담을 자유
롭게 사용한다고 느끼는 일이 중요하고, 이 장에서 논의된 통합적 접근은 그 목표를 촉진
하기 위해 고안된 것이다. 자신의 임상에 기술과 개념을 임의적으로 혼합하는 것은 일반
적으로 좋지 못한 것으로 평가받지만, 여성주의 이론가들은 이론을 실행하는 데 있어서
다른 이론과 학파가 매우 효과적일 수 있다고 여긴다. 만일 상담자가 이 장에서 제시한
접근들은 사용하지 않는다고 하더라도, 내담자의 문제를 다루는 데 사려 깊고 체계적인
방법을 사용하기를 바란다.

비판적인 사례 연구

••••

이 책의 목적은 두 가지이다. (a) 정신건강 전문가와 학생들에게 여성주의상담 이론과 원리를 소개하고, (b) 임상가와 학생들에게 고유한 여성주의상담 기술들을 탄탄한 근거와 함께 제시하여 이해시키는 것이다. 책 전체를 통해 우리는 여성주의상담이 어떻게 나타나고 왜 나타나는지를, 그리고 여성주의상담의 치료가 어떻게, 또 왜 넓은 범위의 다양한 내담자에게 선택되는지를 보여주는 사례를 제시했다. 우리는 여성주의상담에서 이론과 실제가 분리될 수 없다는 것을 알기에, 이론과 실제를 함께 엮었다. 여성주의상담에 대한 배경과 이해 없이 효과적인 여성주의상담 기술을 배울 수 없다. 내담자의 삶에서 개인적인 호소 내용뿐만 아니라 사회적인 관심사를 보는 세계관을 가져야 한다. 이것은 내담자의 삶과 호소 내용을 잘 개념화하기 위해 그리고 상담 계획을 위해 필수적이다. 여성주의상담은 사회적 변화와 개인적 변화의 모델이다. 여성주의상담에서 두 가지는 분리될 수 없다고 여겨진다.

여성주의상담의 원리와 기술

어떤 형태의 정신건강 작업에서 능숙해지는 가장 효과적인 방법 중 하나는 타인의 경험에서 배우는 것이다. 여성주의상담에서는 특별히 더 그렇다. 우리가 앞서 논의했듯이, 여성주의상담은 임상가에게 자기 성찰을 하고 자기자각을 하라고 요청한다. 우리는 우리 자신의 이야기와 내담자의 이야기에서 배운다. 유감스럽게도 이 책에서는 독자들과 앉아서 우리의 경험을 논할 수가 없다. 대신 우리는 네 가지 중요한 사례를 제시한다. 2장에서 제시한 여성주의상담의 기본적 원리에 따라 사례를 조직했다.

1. 평등한 관계
2. 권력강화: 내담자가 자신의 권력을 알고 의미 있는 방식으로 사용하도록 돕는다.
3. 여성의 경험 존중하기/억압된 집단의 경험 존중하기(억압된 여성 집단과 억압된 남성 집단을 동등한 무게로 대하기)
4. 개인적인 것은 정치적인 것: 사회정치적 맥락과 사회적 행동의 중요성 고려하기

앞에서 언급한 대로 여성주의상담은 여성주의라는 철학적 입장에서 발달했다. 여성주의상담의 원리는 치료적 작업에 맞춰진 여성주의 철학의 기본적 원리이다. 이 책에서 제시한 기술들은(여성주의상담의 작업에 윤리적 원리를 적용하는 것을 포함하여) 이런 원리에 근거하고 있다. 다음의 사례에서 우리는 여성주의상담의 원리가 기술로 적용된 모습을 확인할 것이다. 이러한 모든 사례는 필자들의 임상 경험에 근거를 두고 있다.

평등한 관계

내담자 프로파일

내담자 이름: 트레이

나이: 35세

문화적 배경: 아프리카계 미국인, 원가족은 노동 계층

직업: 숙련된 노동자/건설 노동자

가족사: 독신. 원가족과 가까움. 부모는 40년간 결혼 생활을 했고 건강함. 누나 한 명

호소 내용: 슬픔과 분노

트레이는 오래 사귄 여자 친구인 쇼나가 6개월 전에 사망한 것과 관련된 슬픔의 이슈로 상담에 왔다. 쇼나는 친구들과 휴가 중에 교통사고를 당했고, 트레이는 같이 있지 않았다. 트레이는 자신이 쇼나를 그리워하고 쇼나가 죽을 때 함께 있지 못해서 다소 죄책감을 느낀다는 것을 안다. 그러나 2주 전까지 그는 자신의 표현대로 잘 살아가고 있다고 생각했다. 그는 다시 데이트를 하기 시작했고, 쇼나의 가족과도 연락했다.

2주 전에 트레이는 일을 하다가 동료 노동자에게 화가 나 위협했다. 그는 늦게 잠들었고 일터에 제시간에 도착하지 못했다. 지난주에는 슈퍼바이저에게 고함을 지른 후 울기 시작했다. 슈퍼바이저는 그에게 회사의 고용인 조력 프로그램(Employee Assistance Program: EAP) 상담자의 전화번호를 주었다. 트레이는 직장에서 자신이 위태롭다는 것을 안다. 슈퍼바이저는 트레이가 좋은 사람이어서 잃고 싶지 않지만, 그가 정신을 차리지 못한다면 다음 일에서 제외될 것이라고 말했다.

고용인 조력 프로그램 상담자인 린은 트레이를 처음 만난다. 그녀는 뉴저지주에서 자란 중산층의 유대인 여성이고, 부모는 공립학교 교사였다. 그녀는 트레이가 근무 중인 회사에서 전에 아프리카계 미국인 남성을 상담한 적이 있으므로 첫 만남에서부터 트레이와 좋은 유대를 형성하리라고 믿는다. 트레이는 상담을 받는 두려움을 인정한다. 그는 다시 울고 싶지 않다. 자신이 울면 약해지고 자신의 삶은 망가질 것이라고 두려워한다.

린은 트레이가 직장에서 위태로운 처지이며, 상담에서 '성공'해야 한다는 압박감을 느끼고 있음을 안다. 또 트레이가 상담이 자신에게 필요한 일인지 확신하지 못하고 있다는 것도 안다.

개입: 린은 트레이에게 상담을 꺼리는 이유를 알려달라고 말한다. 트레이는 좀 공격적이고 분노하고 있지만, 린은 여자 친구의 죽음과 지금 상담을 해야 하는 데 대한 그의 분노를 이해한다. 린은 트레이에게 남자로서 도움을 구하는 것이 얼마나 어려운지 알고 있으며, 만일 트레이가 백인을 믿지 말라고 — 특히 개인적인 일로 — 사회화되었다면 아프리카계 미국인으로서 자신에게 상담을 받는 일이 더 어렵다는 것을 이해한다고 말한다. 린은 트레이의 분노를 부적절하다고 무시하지 않는다. 린은 트레이에게 상담은 직장에서 팀으로 일하는 것과 같은 것이라고 말한다. 그들은 함께, 정서적 호소 내용을 이해하는 린의 전문지식뿐만 아니라 자신의 삶에 대한 트레이의 생각과 느낌을 포함하는 상담 계획을 개발할 것이다. 트레이는 이 과정에 자신의 많은 것을 넣고 통제할 것이며, 그들은 함께 트레이를 위한 해결책을 창조하고 발견할 것이다(기술: 평등한 관계를 수립하고 유지하기).

결과: 첫 회기가 끝날 무렵, 트레이는 여전히 상담에 불안을 느끼지만 기

꺼이 다시 오겠다고 했다. 트레이는 상담에서 린이, 자신에게 무엇을 하라고 하거나 자신이 한 것이 잘못되었다고 말하는 상사나 슈퍼바이저로 작업하지 않고 파트너로서 그와 함께 작업할 것임을 느꼈다고 말했다. 그것은 그가 상담자 린과 자신의 관계가 전문성과 상호 존중이 합해지는 관계, 즉 평등 관계임을 인식했다는 뜻이다.

권력강화

내담자 프로파일
내담자 이름: 캐리사
나이: 20세
문화적 배경: 백인/라틴 여성, 중하 계층, 백인 아버지는 가톨릭교회에 간 적이 없지만 가톨릭 신자로 양육됨.
직업: 의류 산업을 전공하는 학생, 옷가게에서 판매 아르바이트를 함.
호소 내용: 지인 강간을 경험한 후 정서적 어려움과 자긍심 결여

캐리사는 20세이며, 대학교 3학년이다. 그녀는 지인 강간을 경험한 후 정서적 어려움 때문에 대학 상담센터에서 상담을 받는다. 캐리사는 잠을 잘 자지 못하고, 사람들과 있는 것이 더 이상 즐겁지 않고, 자주 운다고 보고한다. 그녀는 상담자 샨티에게 그 남자와 전에 한 번 성관계를 했고 그를 신뢰했다고 말한다. 게다가 캐리사는 그녀가 과잉 반응을 보이고 있으며 강간이 있었다는 사실을 믿지 않는다고 말한 여자 기숙사의 친구들로부터 버림받았다고 느낀다. 샨티는 인디언-캐나다계 미국인 3세로 이 상담센터에서 여러 해 상

담을 해왔다. 캘리포니아주에서 살면서, 샨티는 멕시코계 미국인 문화에 대해 많이 배웠고, 복합된 문화적 배경을 가진 학생들을 상담해 왔다. 그녀는 조심스럽게 캐리사가 이야기를 하면서 자신에게 중요한 문화적 메시지와 가치를 포함시키도록 한다. 샨티는 캐리사의 분노와 상처의 감정을 정당화하고, 그녀의 감정이 그것이 강간임을 증명한다고 확신시킨다. 캐리사는 기숙사 사감에게 강간에 대한 이야기를 했는데, 그 사감이 대학의 인권센터로 가볼 것을 권유했다고 한다. 캐리사는 그렇게 하고 싶지만 자신의 사회적 집단이 캐리사를 지지하지 않는다고 느꼈고, 자신의 사례로 징계 절차가 진행될 때 상담자의 지지를 원한다고 말한다.

샨티는 자신이 어떻게 그녀를 도울 수 있는지에 대해 캐리사와 이야기한다. 주로 캐리사는 자신이 무력하고 통제를 못 하는 것에 대해 도와달라고 요청한다. 샨티와 캐리사는 최근에 통제 밖에 있는 캐리사의 경험의 양상들을 이야기한다. 캐리사는 강간 자체와 강간 후 응급실 절차, 여자 기숙사의 친구들이 자신을 대하는 방식, 자신의 느낌과 생각들에 대해 이야기한다. 샨티와 캐리사는 캐리사의 느낌을 확인하기 위해 그리고 자신이 무력하며 통제를 하지 못한다는 느낌을 덜 느끼는 방법을 찾기 위해 함께 작업한다.

개입: 대학의 여성센터는 '밤을 되찾아라'라는 행진을 후원한다. 샨티는 캐리사의 경험의 맥락에서 이 행진을 언급한다. 캐리사는 여성에 대한 남성 폭력을 근절하기 위해 어떤 행동을 실행하는 것에는 동의하지만, 참여하기를 두려워한다. 그녀는 샨티에게 참여는 자신이 강간을 경험했다는 것을 세상에 선언하는 것이 될 텐데, 자신이 그렇게 할 만큼 강한지 확신할 수 없다고 말한다. 샨티는 캐리사와 행진에 대한 정보를 더 공유한다. 그들은 함께 이 활동에 얼마만큼 참여하는 것이 캐리사에게 편안할지를 이야기한다. 샨티는

참여할지 참여하지 않을지를 결정할 통제력이 캐리사에게 있으며, 참여하라는 압력을 주지 않겠다고 확신시킨다. 캐리사는 행진 전의 활동에 참여할 것이고 발언자의 말을 듣겠다고 말한다. 그녀는 그렇게 한다. 발언자 중 한 사람은 여자 기숙사생이었던 사람인데, 남자 기숙사생이 성적 공격을 했다는 사실을 보고하는 것을 여자 기숙사에서 원치 않았다는 이야기를 한다. 캐리사는 행진이 시작되기 전에 그녀를 찾아가 이야기를 나눈다. 그들은 경험을 공유하고 함께 행진한다.

결과: 다음 회기에서 샨티는 캐리사가 덜 절망적으로 보이고 이전 회기보다 더 동기화된 것으로 보인다고 언급한다. 캐리사는 '밤을 되찾아라' 활동 참여를 통해 비슷한 경험을 한 친구들을 만났고, 함께 지역의 강간위기전화에서 봉사하기 위한 사전 훈련을 받기로 했다. 캐리사는 느낌, 생각, 행동을 더 통제하게 된 느낌이라고 보고한다. 그녀는 이전 회기들보다 더 희망적으로 느낀다고 보고한다. 그녀는 자신의 삶에 대한 통제를 되찾을 수 있게 권력강화되었다.

개인적인 것은 정치적인 것

내담자 프로파일

내담자 이름: 메리

나이: 45세

문화적 배경: 백인, 중산층, 원가족은 중부 지방의 중산층 가족

직업: 공인 회계사. 지난 10년간 전일제 고용인으로 일함.

가족사: 15년 차 주부이며, 두 자녀를 둠.

호소 내용: 우울증과 낮은 자긍심

메리는 우울증과 자신이 '자기혐오'라고 부르는 것에 대해 도움을 구하고자 상담에 왔다. 그녀는 "나는 어떤 것도 제대로 하지 못하는 것 같아요"라고 말한다. 메리는 상담자에게 남편, 자녀, 가족, 친구와의 관계는 배려하고 유지가 되는 관계라고 말한다. 그녀는 전국에 지사를 거느리고 있는 큰 회사의 공인 회계사이며 그 회사에서 일하는 것에 꽤 만족한다. 그녀는 자신이 우울해진 이유를 모르고 자신과 자신의 능력을 형편없게 생각하는 이유도 모른다.

메리의 상담자인 린지도 백인이지만 30대 중반이고 메리보다 좀 더 상위의 사회경제적 배경 출신이다. 린지와 메리는 서로의 유사점과 차이점에 대해 이야기했고 둘 다 이 관계가 잘될 것이라고 생각한다. 린지는 자신과 세상에 대한 메리의 느낌과 생각을 탐색하는 데 몇 회기를 보낸다. 린지는 메리 인생의 맥락을 이해하게 된다. 메리는 사회생활과 가족생활에서의 자신에 대해 만족하고 확신하는 듯이 보인다. 하지만 메리는 일에 대해 말할 때에는 약간 울먹거리거나 화가 난 것처럼 흥분하면서 말하고는 한다. 상담자는 메리의 정체성의 중요 부분이 공인 회계사라는 것과 전문가라는 것임을 인정한다. 메리와 린지 둘 다 메리의 고통의 원천이 일임을 인정한다. 메리는 스스로 투명 인간처럼 느끼며 자신의 생각이 회의에서 경청되지 않는다고 말한다. 조직에서 그녀보다 입사가 늦은 후배들이 더 목소리를 내고 일에 투입되는 것처럼 보인다. 메리는 이 상황을 이해하기 위한 과정에서 자신의 실제 결함과 자신이 생각하는 결함에 초점을 맞추며 린지에게 무엇이 잘못되었으며 어떻게 이 문제를 시정할지를 묻는다. 린지는 상담 과정에 메리가 자신을 쏟는 것이 중요한 이유를 이야기한다. 린지는 자신들은 한 팀이며 메리의 호소 내용을 함께 해결할 것이라고 설명한다. 메리는 상담 회기에서 자신은 투명 인간이 아니며 자신의 생각이 가치 있다는 것을 배운다. 린지는 메리의 기술과 메리가 직업에서 받는 만족에 대해 함께 이야기한다. 린지는 메리가 자신이 이미 이룬 성취에 대해 자부심을 느끼도록 돕는다. 그리고 나서 그들은 메리의 최근 직장에서의 위치 그리고 그녀가 일하는 환경에 대해 이야기하기 시작한다. 메리는 사무실 회의에서 '아웃사이더'처럼 느낀다고 말한다. 그녀는 동료들이 받는 특전과 승진을 받지 못했다. 그녀는 자신이 유능하다고 인식하기 때문에 이런 일을 이해하지 못한다. 그녀는 자신의 기술과 능력을 알아주지 않는 환경에서 일하는 것이 자신의 자긍심을 낮췄음을 이해하게 된다.

개입: 메리는 직장에서 있었던 일, 특히 회의와 동료들과의 상호작용에 관해 일기를 써보라는 권유를 받는다. 나아가 회의에서 여성들이 얼마나 자주 발언하는지와 무엇에 대해 말하는지를 눈여겨보라는 요청도 받는다. 메리는 린지의 상담실에 돌아와서, 회의에서 말한 여성은 거의 없으며 회의가 끝난 후에 개인적으로 말한다는 점을 지적한다. 유일하게 반복해서 발언한 여성은 다른 직원보다 사무실에서 두 배 정도 시간을 보내는 비혼 여성이었다. 메리는 또한 사무실에서 사무직 직원의 대부분은 여성이고 남성 전문가 중 많은 사람이 여성 전문가를 마치 일반 사무직 직원처럼 대하는 것으로 보인다는 점을 지적한다.

결과: 린지의 도움으로 메리는 고통의 원인은 일터에서의 남성과 여성의 역할에 대한 깊게 뿌리박힌 고정관념에 근거를 두고 있음을 이해하게 된다. 그녀는 일터에서 투명 인간이 되는 것에 대해 개인적으로 책임질 필요가 없

다. 그녀가 열심히 일하지 않은 것이 아니라 오히려 개인적인 것(우울과 낮은 자존감의 느낌)이 정치적인 것(정치적 기존 질서를 유지하는 일터에서의 젠더 편견과 뿌리 깊은 고정관념)이었음을 이해하게 된다.

여성 경험의 가치 인정하기/여성 경험을 중심에 두기

내담자 프로파일

내담자 이름: 사라

나이: 51세

문화적 배경: 백인, 중산층. 원가족은 노동 계층. 내담자는 가족 중 첫 대졸자임.

직업: 고등학교 교장, 20년 경력

호소 내용: 동기 결여, 삶에 대한 일반적인 불만, 실존적 이슈, 불행감

사라는 동기 결여와 낮은 수준의 우울증을 말하며 상담에 왔다. 그녀는 상담자인 에릭에게 아버지가 53세가 되던 해 이맘 때 돌아가셨다고 말한다. 그녀는 아버지의 이른 죽음에 대해 생각했고 자신의 죽음에 대해서도 생각하기 시작했다. 그녀는 51세이고, 만일 53세에 죽는다면 남은 2년 동안 무엇을 할 것인지를 생각한다.

에릭은 여성주의상담자인데 사라는 남자가 여성주의상담을 한다는 말을 듣고 놀랐다. 사라는 에릭의 치료적 지향이 자신이 삶에서 겪고 있는 일에 대해 완벽하게 맞는다고 생각한다. 그녀는 에릭에게 자신은 존경받는 전문직 여성으로 일을 매우 잘해왔으며, 동료와 관련 분야 사람들에게 꽤 존경을

받아왔음을 이야기한다. 그녀는 자신의 일이 즐겁고 일에서 큰 만족을 얻는 다고 말한다. 그녀는 좋은 사회적 삶을 살고 있으며 지지적인 친구들이 있 다. 친밀한 관계에 대해 묻자, 그녀는 두 번째 남편과 20년간 살고 있다고 말 한다. 부부에게는 성인이 된 아이가 한 명 있다. 에릭이 사라가 꽤 만족스러 워 보인다고 말하자, 사라는 만일 여생이 2년뿐이라면 그 시간을 남편과 보 내고 싶지 않다는 것을 깨달았기 때문에 상담을 하게 되었다고 말한다. 사라 는 울기 시작한다. 에릭은 사라를 그대로 수용한다. 그녀는 자신의 행동에 대해 주로 화가 난다고 말한다. 사라는 이 관계가 자신이 원하는 것을 주지 않지만 떠날 '용기'가 없었다는 것을 알고 있다. 그녀는 "나는 알았어야 해요. 나는 그냥 떠나서 나만의 삶을 살 정도로 용감했어야 해요. 나는 남편이나 이 관계를 필요로 하지 말았어야 했는데, 나는 내 삶을 15년이나 낭비했어 요"라고 말한다.

개입: 에릭과 사라는 그녀의 남편인 빌리와의 관계를 탐색한다. 그들은 어 떻게 관계가 천천히 파괴되었는지에 대해 이야기한다. 에릭은 사라가 빌리 와 자신의 딸을 돌보는 자율성과 '용기'를 가치 있게 여기는 것에 대해 조심 스럽게 직면한다. 그들은 '괜찮은' 관계를 유지하여 딸의 환경이 안정되는 것 에 대해 이야기한다. 그들은 관계의 긍정적인 면에 대해서도 이야기한다.

결과: 사라는 자신이 20년 동안 관계와 가족을 함께 지키기 위해서 했던 일들의 중요성을 이해하면서 상담실을 떠난다. 그녀는 그 일이 용기가 없거 나 충분히 독립적이지 못해서가 아니라, 사람들 사이의 연결을 가치 있게 여 긴 결과임을 이해한다. 세상과 그 안에 있는 우리의 일을 보는 이러한 방식 은, 과거에는 주로 여성의 존재 방식이었고 심리학과 상담에서는 무시되거

나 결함이 있는 것으로 여겨졌다. 이런 경험을 맥락적으로 보고 가치 있게 여기면서, 에릭과 사라는 자신의 생각, 느낌, 행동에 대한 사라의 이해에서 여성의 경험을 중심에 두게 되었다.

중요한 사례 연구와 윤리적 함축

이 장에서 제시한 세 가지 사례에 대해서 이제부터 윤리적 함축, 상담자/치료자 반응, 윤리적 관심사/딜레마의 해소에 대해 생각해 보자. 정보가 약간 수정된 사례를 읽으며, 당신의 일차적인 전문가 학회의 윤리 지침과 여성주의상담 연구소 윤리 지침(FTI, 1999)의 적용뿐만 아니라 3장에서 논의한 윤리적 의사 결정 모델에 대해서도 생각해 보자.

내담자 프로파일
내담자 이름: 트레이
나이: 35세
문화적 배경: 아프리카계 미국인, 원가족은 노동 계층
직업: 숙련된 노동자/건설 노동자
가족사: 독신. 원가족과 가까움. 부모는 40년간 결혼 생활을 했고 건강함. 누나 한 명
호소 내용: 슬픔과 분노

트레이는 오래 사귄 여자 친구인 쇼나가 6개월 전에 사망한 것과 관련된 슬픔의 이슈로 상담에 왔다. 쇼나는 친구들과 휴가 중에 교통사고를 당했고,

트레이는 같이 있지 않았다. 트레이는 자신이 쇼나를 그리워하고 쇼나가 죽을 때 함께 있지 못해서 다소 죄책감을 느낀다는 것을 안다. 그러나 2주 전까지 그는 자신의 표현대로 잘 살아가고 있다고 생각했다. 그는 다시 데이트를 하기 시작했고, 쇼나의 가족과도 연락했다.

2주 전에 트레이는 일을 하다가 동료 노동자에게 화가 나 위협했다. 그는 늦게 잠들었고 일터에 제시간에 도착하지 못했다. 지난주에는 슈퍼바이저에게 고함을 지른 후 울기 시작했다. 슈퍼바이저는 그에게 회사의 고용인 조력 프로그램 상담자의 전화번호를 주었다. 트레이는 직장에서 자신이 위태롭다는 것을 안다. 슈퍼바이저는 트레이가 좋은 사람이어서 잃고 싶지 않지만, 그가 정신을 차리지 못한다면 다음 일에서 제외될 것이라고 말했다.

고용인 조력 프로그램 상담자인 린은 트레이를 처음 만난다. 그녀는 뉴저지주에서 자란 중산층의 유대인 여성이고, 부모는 공립학교 교사였다. 그녀는 트레이가 근무 중인 회사에서 전에 아프리카계 미국인 남성을 상담한 적이 있으므로 첫 만남에서부터 트레이와 좋은 유대를 형성하리라고 믿는다. 트레이는 상담을 받는 두려움을 인정한다. 그는 다시 울고 싶지 않다. 자신이 울면 약해지고 자신의 삶은 망가질 것이라고 두려워한다.

린은 트레이가 직장에서 위태로운 처지이며, 상담에서 '성공'해야 한다는 압박감을 느끼고 있음을 안다. 또 트레이가 상담이 자신에게 필요한 일인지 확신하지 못하고 있다는 것도 안다.

윤리적 딜레마: 린은 회사에 고용되어 있다. 그녀의 대행인과 트레이가 근무하는 회사가 맺은 계약 일부에는 회사가 요청하면 트레이의 진전과 직무 적합성에 대한 최종 보고서를 제출한다는 내용이 들어 있다. 린은 만일 트레이가 이런 비밀 보장의 제한을 안다면 상담(린은 상담이 효과가 있으리라 믿는다)

을 그만두거나 상담 과정에 전적으로 참여하지 않아서 린이 긍정적인 진전 보고서를 제출하지 못하게 될 것이라고 생각한다.

해결: 여성주의상담자로서 린은 자신의 일차적인 전문가 학회의 윤리 지침에 부가하여 여성주의상담 연구소의 윤리 지침을 따르고 있다. 여성주의상담 연구소는 관계에서의 권력 차이와 중첩된 관계에 대해 말하고 있다. 현 상담 상황에서 둘 다 이슈가 되고 있다. 여성주의상담자로서 린은 내담자를 자신의 삶과 욕구에 대한 전문가로 신뢰한다. 그녀는 윤리적인 여성주의상담자가 되기 위해서는 트레이에게 회사의 고용인 조력 프로그램 상담자가 된다는 의미와 회사에 대한 그녀의 책임을 설명해야 함을 인식한다. 그녀는 또한 트레이에게 어떻게 그리고 왜 상담이 그에게 도움이 될 것이라고 믿는지 설명한다. 트레이와 린은 함께 이 사례에서 비밀 보장의 제한이 무엇인지를 논의한다. 린은 만일 그가 자신과 계속 상담을 한다면 인사부에 제출할 그녀의 최종 보고서는 두 사람의 협력의 결과일 것이라고 말한다. 린은 또한 트레이에게 회사와 관련이 없는 상담자와 상담하는 것이 가능함을 알리고 의뢰할 때 필요한 것을 제공한다. 트레이가 재정적 어려움이 있음을 말하자, 그녀는 필요에 기반해 상담료를 다르게 정하는 상담자를 만나게 해줄 수 있다고 말한다. 트레이는 린과 작업하겠다며 그녀의 정직한 모습에 신뢰하게 되었다고 말한다.

내담자 프로파일

내담자 이름: 캐리사

나이: 20세

문화적 배경: 백인/라틴 여성, 중하 계층, 백인 아버지는 가톨릭교회에 간

적이 없지만 가톨릭 신자로 양육됨.

직업: 의류 산업을 전공하는 학생, 옷가게에서 판매 아르바이트를 함.

호소 내용: 지인 강간을 경험한 후 정서적 어려움과 자긍심 결여

캐리사는 20세이며, 대학교 3학년이다. 그녀는 지인 강간을 경험한 후 정서적 어려움 때문에 대학 상담센터에서 상담을 받는다. 캐리사는 잠을 잘 자지 못하고, 사람들과 있는 것이 더 이상 즐겁지 않고, 자주 운다고 보고한다. 그녀는 상담자 샨티에게 그 남자와 전에 한 번 성관계를 했고 그를 신뢰했다고 말한다. 게다가 캐리사는 그녀가 과잉 반응을 보이고 있으며 강간이 있었다는 사실을 믿지 않는다고 말한 여자 기숙사의 친구들로부터 버림받았다고 느낀다. 샨티는 인디언-캐나다계 미국인 3세로 이 상담센터에서 여러 해 상담을 해왔다. 캘리포니아주에서 살면서, 샨티는 멕시코계 미국인 문화에 대해 많이 배웠고, 복합된 문화적 배경을 가진 학생들을 상담해 왔다. 그녀는 조심스럽게 캐리사가 이야기를 하면서 자신에게 중요한 문화적 메시지와 가치를 포함시키도록 한다. 샨티는 캐리사의 분노와 상처의 감정을 정당화하고, 그녀의 감정이 그것이 강간임을 증명한다고 확신시킨다. 캐리사는 기숙사 사감에게 강간에 대한 이야기를 했는데, 그 사감이 대학의 인권센터로 가볼 것을 권유했다고 한다. 캐리사는 그렇게 하고 싶지만 자신의 사회적 집단이 캐리사를 지지하지 않는다고 느꼈고, 자신의 사례로 징계 절차가 진행될 때 상담자의 지지를 원한다고 말한다.

윤리적 딜레마: 샨티와 이야기한 후에 캐리사는 자신의 정당성이 인정되었다고 느끼고 샨티가 자신을 믿어준다고 느낀다. 샨티는 캐리사가 의학적인 치료와 법적 정보 등 후속 관리를 받을 수 있도록 캐리사를 지역 강간위

기센터로 의뢰한다. 캐리사는 거기서 임신했다는 것을 알게 된다. 그녀는 샨티에게 강간위기센터를 통해서 임신중단 수술 예약을 잡았다고 말한다. 샨티는 임신중단이 생명을 뺏는 것이라고 믿는다.

해결: 여성주의상담자로서 샨티는 자신의 믿음과 내담자의 믿음과 욕구 사이에서 선택을 해야 한다. 여성주의상담 연구소의 윤리 지침은 자신과 내담자에 대한 상담자의 책임을 언급하고 있다. 여성주의상담 연구소는 또한 상담자에게 문화적 다양성과 억압을 이해하는 것에 초점을 맞추라고 한다. 먼저 샨티는 신뢰할 수 있는 임상의 동료에게 이 딜레마에 대한 자문을 구한다. 그녀는 이 이슈를 자신의 신념 체계에서뿐만 아니라 캐리사를 위해서 강간과 임신이라는 문화적 맥락에서도 의논한다. 그러고 나서 샨티는 관련 자료를 찾아보고 이 분야 전문가에게 추가로 자문을 구해 강간과 관련된 임신에 대한 부가적인 정보를 얻는다. 캐리사와의 회기에서 캐리사가 자신의 믿음을 명료화하도록 돕는다. 캐리사가 결정을 확실하게 하자, 샨티는 그녀를 존중하지만 자신은 이 이슈에 대해 더 도울 수 없다고 말하며 동료와 강간위기센터의 자문을 구해 다른 상담자에게 의뢰한다. 샨티는 캐리사의 행동이 틀렸다는 자신의 믿음과 캐리사를 돌보는 마음은 다르다는 것을 캐리사가 확실하게 이해했는지 확인한다. 그녀는 캐리사에게 지금 이 이슈에 대해 그녀와 작업할 수 없는 이유를 정직하게 말한다. 그녀는 캐리사의 결정을 바꾸도록 자신의 상담자 권력을 사용하지 않기 위해 노력한다.

내담자 프로파일
내담자 이름: 메리
나이: 45세

문화적 배경: 백인, 중산층, 원가족은 중부 지방의 중산층 가족

직업: 공인 회계사. 지난 10년간 전일제 고용인으로 일함.

가족사: 15년 차 주부이며, 두 자녀를 둠.

호소 내용: 우울증과 낮은 자긍심

메리는 우울증과 자신이 '자기혐오'라고 부르는 것에 대해 도움을 구하고자 상담에 왔다. 그녀는 "나는 어떤 것도 제대로 하지 못하는 것 같아요"라고 말한다. 메리는 상담자에게 남편, 자녀, 가족, 친구와의 관계는 배려하고 유지가 되는 관계라고 말한다. 그녀는 전국에 지사를 거느리고 있는 큰 회사의 공인 회계사이며 그 회사에서 일하는 것에 꽤 만족한다. 그녀는 자신이 우울해진 이유를 모르고 자신과 자신의 능력을 형편없게 생각하는 이유도 모른다.

메리의 상담자인 린지도 백인이지만 30대 중반이고 메리보다 좀 더 상위의 사회경제적 배경 출신이다. 린지와 메리는 서로의 유사점과 차이점에 대해 이야기했고 둘 다 이 관계가 잘될 것이라고 생각한다. 린지는 자신과 세상에 대한 메리의 느낌과 생각을 탐색하는 데 몇 회기를 보낸다. 린지는 메리 인생의 맥락을 이해하게 된다. 메리는 사회생활과 가족생활에서의 자신에 대해 만족하고 확신하는 듯이 보인다. 하지만 메리는 일에 대해 말할 때에는 약간 울먹거리거나 화가 난 것처럼 흥분하면서 말하고는 한다. 상담자는 메리의 정체성의 중요 부분이 공인 회계사라는 것과 전문가라는 것임을 인정한다. 메리와 린지 둘 다 메리의 고통의 원천이 일임을 인정한다. 메리는 스스로 투명 인간처럼 느끼며 자신의 생각이 회의에서 경청되지 않는다고 말한다. 조직에서 그녀보다 입사가 늦은 후배들이 더 목소리를 내고 일에 투입되는 것처럼 보인다. 메리는 이 상황을 이해하기 위한 과정에서 자신의 실제 결함과 자신이 생각하는 결함에 초점을 맞추며 린지에게 무엇이 잘못

되었으며 어떻게 이 문제를 시정할지를 묻는다. 린지는 상담 과정에 메리가 자신을 쏟는 것이 중요한 이유를 이야기한다. 린지는 자신들은 한 팀이며 메리의 호소 내용을 함께 해결할 것이라고 설명한다. 메리는 상담 회기에서 자신은 투명 인간이 아니며 자신의 생각이 가치 있다는 것을 배운다. 린지는 메리의 기술과 메리가 직업에서 받는 만족에 대해 함께 이야기한다. 린지는 메리가 자신이 이미 이룬 성취에 대해 자부심을 느끼도록 돕는다. 그리고 나서 그들은 메리의 최근 직장에서의 위치 그리고 그녀가 일하는 환경에 대해 이야기하기 시작한다. 메리는 사무실 회의에서 '아웃사이더'처럼 느낀다고 말한다. 그녀는 동료들이 받는 특전과 승진을 받지 못했다. 그녀는 자신이 유능하다고 인식하기 때문에 이런 일을 이해하지 못한다. 그녀는 자신의 기술과 능력을 알아주지 않는 환경에서 일하는 것이 자신의 자긍심을 낮췄음을 이해하게 된다.

윤리적 딜레마: 네 번째 회기에서 린지는 메리가 자신이 만나고 싶었던 내담자 중 한 명임을 인식한다. 메리는 린지와 나이가 비슷하고, 똑똑하고 알고 있는 것이 많은 전문직 여성이다. 린지는 자신의 커리어에서 비슷한 이슈를 겪어보았기에 메리의 투쟁을 안다. 메리는 자신의 직무 환경에서, 자기 자각과 주장에서 큰 진전을 이루었다. 10회기 후에 상담은 성공적으로 종결되었다. 한 달이 지난 후 그들은 동네 커피숍에서 마주쳤다. 메리는 린지와 합석하여 공통 관심사에 대해 이야기하기 시작했다.

해결: 여성주의상담자들은 내담자들의 삶에 많은 중첩된 관계들이 있음을 안다. 게다가 여성주의상담자들은 상담 관계가 실제의 관계임을 인식한다. 여성주의상담 연구소의 윤리 지침은 다음과 같이 말한다.

여성주의상담자는 다양하고 중첩적인 관계들 간의 복잡성과 충돌하는 우선순위에 대해 인식해야 한다. 여성주의상담자는 내담자를 착취하거나, 내담자에게 해를 끼치지 않도록 그러한 관계들을 감시해야 할 책임이 있다(FTI, 1999: IIIA).

여성주의상담 연구소는 또한 여성주의상담자들이 공적·사적인 진술과 논평을 자기 점검하는 것을 지지하고 내담자의 비밀 보장이 우선임을 인정한다. 메리와 커피를 마시며 린지는 상담 관계는 끝났지만 자신이 여전히 내담자에게 해가 가거나 학대가 되는 일이 없도록 책임을 저야 함을 자각하고 있다. 린지는 커피숍에서 서로 피할 필요는 없지만 자신이 여전히 메리의 친구가 아님을 자각하고 있다. 나아가 린지는 무엇이 메리와의 관계에 매력을 느끼게 하는지, 상담이 끝난 후에 왜 개인적으로 메리와 지인으로 지내고 싶은지 생각한다. 그녀는 다른 전문직 여성과 친밀한 관계를 가지지 못하는 자신의 삶에서 결핍을 인식하고 인정한다. 그녀는 앞선 상담 관계 안에 내재된 권력 불균형 때문에 이런 목적으로 메리를 '이용'하고 싶지 않다는 것을 안다. 린지는 사회적 상호작용을 포함하는 여성 상담자를 위한 지지와 자문 집단을 찾는다. 메리와 린지는 계속해서 가끔 마주치고 시간과 상황이 허락하면 커피를 함께 마시기도 하지만, 린지는 한때 메리의 상담자였기 때문에 언제나 잠재적 권력의 위치에 있음을 여전히 자각하고 있다. 그녀는 메리와의 상호작용으로 자신의 욕구를 채우려고 하지 않는다.

(a) 여성주의상담자로 존재하는 방식, (b) 여성주의상담 이론, (c) 여성주의상담 윤리, (d) 여성주의상담의 기술과 테크닉에 대해 모두 배웠으며, 이제 지식과 기술을 다듬어야 할 때이다.

여성주의상담 기술을 적용하기 위해 다양한 범위와 형식(〈표 11.1〉)을 포괄하는 사례들을 다음에 제시한다. 그 후에 직접 여성주의상담으로 하는 사례를 개발할 수 있도록 형식을 제공한다. 이것은 또한 여성주의 관점에서 내담자에게 접근하는 방법에 대한 모델이기도 하다.

1. 짐은 여자 친구인 수의 조언으로 상담에 왔다. 그는 2년간 수를 만나는 동안 '사소한' 이슈들에 대해 자주 말다툼을 해왔다고 말한다. 평균 잡아 일주일에 한 번은 그랬다. 짐은 수가 자신을 '건드려' 말다툼을 시작하는 데 책임이 있다고 말한다. 지난주까지 말다툼은 고함을 지르고 문을 세게 닫는 정도였다. 그러나 짐은 마지막 '싸움'에서 너무 화가 난 나머지 수를 붙잡고 흔들어 그녀의 어깨에 멍이 들었다고 말한다. 짐은 수가 성질과 폭력 성향을 다루기 위해 상담이 필요하다고 했다고 말한다. 수는 관계를 지속하는 조건으로 상담을 받을 것을 요구한 것이다.

2. 앨리스는 섭식 장애가 우려되어 상담에 의뢰되었다. 그녀는 아주 큰 옷을 헐렁하게 입고 상담에 왔지만 완벽하게 치장하고 있다. 그녀는 키에 비해 작아 보이는데 확실하지는 않다. 그녀는 첫 회기 내내 눈을 마주치지 않는다. 그녀는 자신이 상담실에 온 이유는 다른 사람들이 걱정해 상담에 가보라고 해서 왔다고 말한다. 거기에 대해 어떻게 느끼냐고 묻자, 그녀는 어깨를 으쓱하고 아무 말도 안 한다. 표준의 우울증 척도[벡(Beck)의 우울증 검사] 점수는 좀 높은 수준의 우울증을 나타낸다. 그녀는 자살을 생각함을 보여주는 항목에 긍정한다. 그러나 그녀는 우울증이 아니라고 한다.

3. 엘렌은 25세의 백인 앵글로색슨 개신교 여성으로 대학원생이며 '불안 공격'으로 상담에 의뢰되었다. 리포트를 제출해야 하거나 시험시간이 다가올 때 그녀는 집중할 수 없고 심장이 '달릴 때처럼 뛰는' 것을 경험한다. 그녀는 숨을 쉴 수 없다고 느끼면서 교실을 나가기도 했다. 엘렌은 자신의 성적은 평균 이하이고, 자신이 박사 과정에 적

합하지 않다는 걸 다른 학생들이 알게 될 것이라고 확신한다. 그녀는 많은 것을 요구하는, 비판적인 아프리카계 미국인 남자 교수에게 특히 불안해한다는 것을 발견한다. 엘렌은 미국 중서부에서 백인 중산층이 주로 사는 동네에서 자랐고, 마을에 있는 감리교 교회에 정기적으로 갔다. 종교적이고 문화적인 가르침은 그녀에게 핵가족과 부모로서의 남녀 역할의 중요성을 강조했다. 엘렌에게는 전문직으로 매우 성공한 두 오빠가 있는데, 그들은 비록 그녀가 결혼도 못 한 데다 '머리는 뛰어나나 비현실적인 사람'이라고 놀리지만 그녀가 해온 일들을 자랑스러워하는 듯하다. 대인 관계에서 그녀는 이성애자이고 현재 어떤 연애 관계도 없다고 말한다. 그녀는 결코 제대로 된 커리어를 시작하지 못할 위험에 처해 있고 25세가 넘은 상태로 결혼에도 가망성이 없다는 점에서, 때로 완전히 실패자로 느껴진다고 인정한다.

4. 고등학교 학생인 롭은 두 자녀가 있는 가족의 막내이다. 그는 스포츠와 사회 활동보다는 독서와 게임을 더 좋아한다. 그는 여러 명의 선생님과 좋은 관계를 맺고 있는데, 그중 많은 선생님이 그의 지적 호기심과 조용한 유머 감각에 대해 언급한다. 그는 게임을 같이하는 친한 남성 친구가 두 명 있다고 말한다. 최근에 롭은 세 과목에서 성적이 떨어졌다. 그는 수업을 빼먹기 시작했다. 이런 행동은 학업에 대한 그의 이전 결심과 일치하지 않는다. 상담하면서 그는 자신이 스스로 이 문제에 대처할 수 없음은 전혀 잘못된 것이 아니라고 말한다.

5. 질은 타이레놀과 포도주 한 병으로 자살 시도를 한 후에 지역 병원이 상담/치료를 의뢰했다. 그녀는 의학 처치를 받았고 정신 의학적 평가를 받기 위해 병원에 이틀 있었다. 그녀는 상담을 지속한다는 조건으로 퇴원했다. 그녀는 지속되는 무력감을 보고한다. 또한 다른 사람들이 자신을 염려한다고 믿기 어려워한다. 그러나 그녀는 자신의 자살 시도로 다른 사람들이 너무 상처를 받았고 그전에도 이미 많은 상처를 주었기 때문에 다시는 자살 시도를 하지 않겠다고 말한다.

6. 버사는 아이가 둘인(7세와 13세) 40세의 아프리카계 미국인 여성이다. 그녀는 15년간 결혼 생활을 했다. 몇 달 이상 그녀가 우울해하기 때문에, 남편인 찰스가 상담을 받으라고 권했다.
4개월 전에, 가족은 북동부의 대도시에서 남동부의 중도시로 이주했다. 그보다 6개월 전에 버사의 남편은 실직을 했는데 이전 직업에 걸맞은 일을 구하기 위해서는 이사를 해야 했다. 이사 후 4개월 동안 버사 역시 취직하려고 노력했으나 직장을 구하지 못했다. 결혼 생활 내내 중산층 생활을 유지하기 위해서 버사와 찰스는 둘 다 돈을 벌어야 했다. 버사는 고등학교를 좋은 성적으로 졸업했다고 말한다. 더욱이 그녀는 북동부에 있는 지역 대학교에서 사무 기술 과목을 여럿 수강했다. 그녀는 접수 담당자, 비서, 행정 보조로 일한 적이 있다. 그녀는 좋은 추천서가 있고, 높은 수준의 기술과 다양한 경험을 갖추었기 때문에 이사 후 직업을 찾는 데 어려움이 없을 것이라고 생각했다. 그러나 현실은 달랐다.

버사는 상담자에게 지금 자신이 하는 일이라곤 하루 종일 집에서 아이들이 학교에서 돌아오기를 기다리고, 청구서 걱정을 하는 것뿐이라고 말한다. 버사는 어린 시절 경험했던 가난한 생활로 되돌아가는 것이 두렵다고 인정한다. 자신의 아이들에게 그런 일이 일어나지 않았으면 한다. 그녀는 취직이 되지 않는 이유를 이해할 수 없다. 그녀는 인종과 관련된 이유일 수도 있다고 큰 소리로 말한다.

7. 라티샤와 카림은 커플 상담을 요청했다. 그들은 사귄 지 3년 되었고, 6개월 전에 약혼했다. 지난주까지 그들은 4개월간 동거했다. 지금 카림은 친구 집에 있다. 둘 다 젊고 전문직 종사자인데, 카림은 치과 대학을 막 졸업했고, 라티샤는 지역 판매 회사의 회계 관리자이다. 그들의 공통된 상담 목표는 소통을 더 잘하는 것이다. 그들은 이 관계를 끝내기를 원하지 않는다.

라티샤는 카림이 이 관계를 진지하게 여기지 않는다고 말한다. 그녀는 이것을 배타적인 관계로 보고, 약혼녀로서 그의 다른 관계에 대해 어느 정도 권리가 있다고 본다. 카림은 직장에서 자신이 나이 어린 사람으로서 느끼는 책임감과 스트레스를 라티샤가 이해하지 못하며, 그녀 없이 친구들과 나가 '긴장을 풀' 필요가 있음을 이해하지 못한다고 말한다. 라티샤는 카림의 친구 대부분은 여자라서 불안하다고 한다. 게다가 카림이 친구들과 있는 자리에 그녀가 나오는 것을 당황스러워하며 나오지 않기를 바라는 것 같다고 느낀다.

최근에 라티샤는 월급도 많아졌고 자신이 선택한 직업과 일에서 행복을 느낀다고 표현한다. 카림은 치과 의사이지만 치과 대학을 다닐 때 커리어 목표에 대해 계속 의문이 들었고 자주 학업 문제로 어려움을 겪었다. 카림은 교외에 사는 중산층 가족에서 태어났으며 형제 중 가운데이다. 부모는 둘 다 교사인데 카림은 가족 중 첫 번째로 가장 높은 수준의 전문 학위를 받은 사람이다. 라티샤는 외동딸이다. 대학에 가기 전에 그녀는 대도시에서 살았다. 그녀의 어머니는 대학에 가지 않았지만 시청에서 좋은 직업을 가지고 있다.

표 11.1	사례 토론을 위한 형식

1. **여성주의상담자/치료자**는 어떻게 이 사례에 접근하겠는가?
   a. 이 내담자가 직면하고 있는 주요 이슈는 무엇인가? 그 이슈들은 상담/치료에서 어떻게 언급될 것인가?
   b. 이 내담자의 목표는 무엇인가?
   c. 관계는 어떤 것이 되겠는가? 그 관계는 어떻게 이루어지겠는가?
   d. 어떤 다양성 이슈가 고려될 것인가? 어디서 그리고 어떻게 그런 이슈들이 드러나겠는가?

2. 당신은 이 내담자의 어떤 부가적인 정보가 필요한가?
   a. 당신이 그런 정보를 아는 것이 이 내담자에게 어떤 도움이 되는가?
   b. 이 정보가 어떻게 **여성주의** 틀에 맞아 들어가겠는가?

3. 내담자의 삶에서 다음의 요인들과 이 요인들이 어떻게 내담자가 현재 겪고 있는 상황과 문제에 영향을 끼칠 수 있는지를 간단히 설명해 보자.
   a. 젠더 역할
   • 미국 문화가 어떻게 여성으로서 또는 남성으로서 이 사람의 역할을 정의하는가? 행동에 대한 기대는 무엇인가?
   • 이 역할은 다른 사람 및 그들의 젠더 역할과의 관계에 어떻게 영향을 끼치는가?
   b. 사회경제적 지위
   c. 계층과 인종/민족적 배경
   d. 가족 이슈(그리고 가족 안에서 젠더가 어떻게 중요할 수 있는지)

4. 이 내담자와의 작업에서, 당신은 어떤 영역의 강점에 의지할 것인가?

5. 내담자는 어떤 영역에서 권력강화가 필요한가?

6. 당신은 이 내담자/커플과 작업할 때, 여성주의상담/치료와 함께 어떤 테크닉과 기술을 사용할 것인가?

도움을 구하는 사람은 누구인가?

_____

_____

_____

_____

_____

내담자가 자신의 삶에서 이 특정한 시점에 도움을 구하는 이유는 무엇인가?

_____

_____

_____

_____

_____

무엇이 문제인가?

_____

_____

_____

_____

_____

그 문제의 맥락은 무엇인가?(문화적/사회적/환경적/가족 관심사 등)

_____

_____

_____

_____

_____

참고문헌 ●●

1장

APA[American Psychological Association]. 2007. *Guidelines psychological practice with girls and women.* Washington, DC: Author.

APA Task Force on Sex Bias and Sex Role Stereotyping in Psychotherapeutic Practice. 1975. "Report of the task force sex bias sex role in psychotherapeutic practice." *American Psychologist,* Vol.30, pp.1169~1175.

Barrent, S. E. 1990. "Paths towards diversity: An intrapsychic perspective." in L. S. Brown and M. P. P. Root(eds.). *Diversity and complexity in feminist therapy.* New York: Haworth Press.

Boyd, J. A. 1990. "Ethnic and cultural diversity: Keys to power." in L. S. Brown and M. P. P. Root(eds.). *Diversity and complexity in feminist therapy.* New York: Harrington Park.

Broverman, I. K., D. M. Broverman, F. E. Clarkson, P. S. Rosenkrantz and S. Vogel. 1970. "Sex-role stereo-types and clinical judgements of mental health." *Journal of Consulting and Clinical Psychology,* Vol.24, pp.1~7.

Brown, L. S. 1991. "Antiracism as an ethical imperative: An example from feminist therapy." *Ethics & Behavior,* Vol.1, pp.113~127.

_____. 1994. *Subversive dialogues.* New York: Basic Books.

Brown, L. S. and A. M. Brodsky. 1992. "The future of feminist therapy." *Psychotherapy,* Vol.29, pp.51~57.

Brown, L. S. and M. P. P. Root(eds.). 1990. *Diversity and complexity in feminist therapy.* New York: Haworth Press.

Chesler, P. 2005. *Woman and madness — revised edition.* New York: Palgrave Macmillan. (Original work published 1972).

Chrisler, J. C. and D. Howard. 1992. *New directions in feminist psychology: Practice, theory and research.* New York: Springer.

Collins, K. A. 2002. "An examination of feminist psychotherapy in North America in the 1980s." *Guidance and Counselling*, Vol.17, pp.105~112.

Crawford, M. and R. R. Unger. 2000. *Women and gender: A feminist psychology*(3rd ed.). Boston: McGraw-Hill.

Enns, C. Z. 1992. "Toward integrating feminist psychotherapy and feminist philosophy." *Professional Psychology: Research and Practice,* Vol.23, pp.453~466.

_____. 1993. "Twenty years of feminist counseling and therapy: From naming biases to implementing multifaceted practice." *The Counseling Psychologist,* Vol.21, pp.3~87.

_____. 1997. *Feminist theories and feminist psychotherapies: Origins, themes and variations.* New York: Haworth Press.

Espin, O. M. 1993. "Feminist therapy: Not for White women only." *The counseling Psychologist,* Vol.21, pp.103~108.

Espin, O. M. and M. A. Gawelek. 1992. "Women's diversity: Ethnicity, race, class, and gender in theories of feminist psychology." in L. S. Brown and M. Ballou(eds.). *Personality and psychopathology: Feminist reappraisals.* New York: Guilford.

Evans, K. M., E. Kincade, A. Marbley and S. R. Seem. 2005. "Feminism and feminist therapy: Lessons from the past and hopes for the future." *Journal of Counseling and Development,* Vol.83, pp.269~277.

Evans, K. M., E. Kincade and S. R. Seem. 2005. "Case approach to feminist therapy." in G. Corey(ed.). *Case approach to counseling and psychotherapy*(6th ed.). Belmont, CA: Thompson Brooks/Cole.

Fitzgerald, L. F. and R. Nutt. 1986. "The Division 17 principles concerning the counseling/psychotherapy of women: Rationale and implementation." *The Counseling Psychologist,* Vol.14, No.1, pp.180~216.

Friedan, B. 1963. *The feminine mystique.* New York: W. W. Norton.

Greene, B. 1992(1992, Summer). "African American women: The burden of racism and sexism." *American Family Therapy Academy Newsletter,* Vol.48, pp.20~23.

_____. 1994. "Diversity and difference: The issue of race in feminist therapy." in M. P. Mirkin(ed.). *Women in context: Toward a feminist reconstruction of psychotherapy.* New York: Guilford.

Hooks, B. 1995. *Feminist theory: From margin to center.* Boston: South End Press.

Landrine, H. 1995. *Bringing cultural diversity to feminist psychology: Theory, research and practice.* Washington, DC: American Psychological Association.

Mander, A. V. and A. K. Rush. 1974. *Feminism as therapy.* New York: Random House.

Rawlings, E. 1993. Reflections on "Twenty years of feminist counseling and psychotherapy." *The Counseling Psychologist,* Vol.21, pp.88~91.

Rosenthal, N. B. 1984. "Consciousness raising: From revolution to re-evaluation." *Psychology of Women Quarterly,* Vol.8, pp.309~326.

Sturdivant, S. 1980. *Therapy with women: A feminist philosophy of treatment.* New York: Springer.

The American heritage dictionary(4th ed.). 2006. Boston: Houghton Mifflin.

Worell, J. and P. Remer. 2003. *Feminist perspectives in therapy: Empowering diverse women*(2nd ed.). Hoboken, NJ: John Wiley & Sons.

2장

Brown, L. S. 1994. *Subversive dialogues.* New York: Basic Books.

Brown, L. S. and A. M. Brodsky. 1992. "The future of feminist therapy." *Psychotherapy,* Vol.29, pp.51~57.

Chapline, J. 1998. *Feminist counseling in action.* London: Sage.

Chester, A. and P. Bretherton. 2001. "What makes feminist counseling feminist?" *Feminism and Psychology,* Vol.11, pp.527~545.

Chicago Women's Liberation Union Herstory Project. 2010. http://www.cwluherstory.org/how-to-start-your-own-consciousness-raising-group.html (검색일: 2010.2.4).

Collins, K. A. 2002. "An examination of feminist psychotherapy in North America during the 1980s." *Guidance and Counselling,* Vol.17, No.4, pp.105~112.

Crawford, M. and R. R. Unger. 2000. *Women and gender: A feminist psychology*(3rd ed.). Boston: McGraw-Hill.

Enns, C. Z. 1997. *Feminist theories and feminist psychotherapies: Origins, themes, and variations.* New York: Haworth Press.

Evans, K. M., E. Kincade and S. R. Seem. 2005. "Case approach to feminist therapy." in G. Corey(ed.). *Case approach to counseling and psychotherapy*(6th ed.). Belmont, CA: Thompson Brooks/Cole.

Faunce, P. S. 1985. "A feminist philosophy of treatment." in L. B. Rosewater and L. E. A. Walker(eds.). *Handbook of feminist therapy: Women's issues psychotherapy.* New York: Springer.

Gilbert, L. A. 1980. "A feminist therapy." in A. M. Brodsky and R. T. Hare-Mustin(eds.). *Women and psychotherapy: An assessment of research and practice.* New York:

Guilford.

Greene, B. 1994. "Diversity and difference: The issue of race in feminist therapy." in M. P. Mirkin(ed.). *Women in context: Toward a feminist reconstruction of psychotherapy*. New York: Guilford.

Hanisch, C. 1970. Notes from the second year. in R. Morgon(ed.). *Sisterhood is powerful: An anthology of writings from the Women's Liberation Movement*. Vislia, CA: Vintage.

Hill, M. and M. Ballou. 1998. "Making therapy feminist: A practice survey." in M. Hill(ed.). *Feminist therapy as a political act*. New York: Haworth Press.

Juntunen, C. L., D. R. Arkinson, C. Reyes and M. Gutierrez. 1994. "Feminist identity and feminist therapy behaviors of women psychotherapists." *Psychotherapy: Theory/Research/Practice/Training*, Vol.31, pp.327~333.

Mareck, J. and D. Kravetz. 1998. "Putting politics into practice: Feminist critique." *British Journal of Guidance and Counselling*, Vol.27, No.3, pp.325~337.

Morgan, R. 1970. *Sisterhood is powerful: An anthology of writings from the women's liberation movement*. New York: Random House.

Morrow, S. L. and D. M. Hawzhurst. 1996. "Feminist therapy: Integrating political analysis in counseling and psychology." in M. Hill(ed.). *Feminist therapy as a political act*. New York: Haworth Press.

Rawlings, E. I. and D. K. Carter. 1977. *Psychotherapy for women: Treatment toward equality*. Springfield, IL: Charles C Thomas.

Rosewater, L. B. 1988. "Feminist therapies with women." in M. Dutton-Douglas and L. E. A. Walker(eds.). *Feminist psychotherapies: Integration of therapeutic and feminist systems*. Norwood, NJ: Ablex.

Sturdivant. S. 1980. *Therapy with women: A feminist philosophy of treatment*. New York: Springer.

Worell, J. and P. Remer. 2003. *Feminist perspectives in therapy: Empowering diverse women*(2nd ed). Hoboken, NJ: John Wiley & Sons.

Wyche, K. F. and J. K. Rice. 1997. "Feminist therapy: From dialogue to tents." in J. Worell and N. G. Johnson(eds.). *Shaping the future of feminist psychology: Education, research, and practice*. Washington, DC: American Psychological Association.

3장

AAMP[American Association of Marriage and Family Therapy]. 2001. *AAMFT code of ethics*. Washington, DC: Author.

ACA[American Counseling Association]. 2005. *ACA code of ethics*. Alexandria, VA: Author.

AMHCA[American Mental Health Counselors Association]. 2001. *AMHCA code of ethics*. Washington, DC: Author.

APA[American Psychiatric Association]. 2008. *The principles of Medical ethics with annotations especially applicable to psychiatry*. Washington, DC: Author.

APA[American Psychological Association]. 2000. *Guidelines for psychotherapy with lesbian, gay, and bisexual clients*. Washington, DC: Author.

_____. 2002a. *Ethical principles of psychologists and code of conduct*. Washington, DC: Author.

_____. 2002b. *Guidelines on multicultural education, training, research, practice, and organizational change for psychologists*. http://www.apa.org/pi/multiculturalguide lines/formats.html (검색일: 2010.4.13).

_____. 2007. *Guidelines for psychological practice with girls and women*. Washington, DC: Author.

Brabeck, M. M.(ed). 2000. *Practicing feminist ethics in psychology*. Washington, DC: American Psychological Association.

CPA[Canadian Psychological Association/Société Canadienne de Psychologie]. 2005. *Canadian code of ethics for psychologists*(3rd ed.). Ottawa, Ontario, Canada: Author.

Fisher, C. 2003. *Decoding the ethics code: A practical guide for psychologists*. Thousand Oaks, CA: Sage.

Forester-Miller, H. and T. Davis. 1996. *A practitioner's guide to ethical decision making*. Washington, DC: American Counseling Association.

FTI[Feminist Therapy Institute]. 1999. *Feminist therapy code of ethics*(revised). http://www. feminist-therapy-institute.org/ethics.htm (검색일: 2009.11.13).

_____. 2008. Home page. http://www.feminist-therapy-institute.org (검색일: 2009.10).

Hawxhurst, D. 2009(Fall). "CoCo's corner 9-09." *The Association for Women in Psychology Newsletter*, 7.

Herlihy, B. and G. Corey(eds.). 2006. *ACA ethical standards casebook*(6th ed.). Alexandrea, VA: American Counseling Association.

Hill, M., K. Glaser and J. Harden. 1998. "A feminist model for ethical decision making." *Women & Therapy*, Vol.21, pp.101~121.

Hyde, J. S. and N. McKinley. 1997. "Gender difference in cognition: Results from meta-analyses." in P. J. Caplan, M. Crawford, J. S. Hyde and J. T. E. Richardson(eds.). *Gender differences in human cognition*. New York: Oxford University.

Kirkland, K., K. L. Kirkland and R. Reaves, 2004. "On the professional use of disciplinary data." *Professional psychology: Research and Practice*, Vol.35, pp.179~184.

Kitchner, K. S. 1996. "There is more to ethics than principles." *The Counseling Psychologist*, Vol.24, pp.92~97.

Lamb, D., S. Catanzaro and A. Moorman. 2003. "Psychologists reflect on their sexual relationships with clients, supervisees, and students: Occurrence, impact, rationales, and collegial intervention." *Professional Psychology: Research and Practice*, Vol.34, pp.10~107.

McKinnon, J. M. 2008. Sylvania psychologist cedes license in sex charge: Female patient complained. http://www.toledoblade.com/apps/pbcs.dll/article?AID=/20081022/NEWS02/810220368 (검색일: 2008.10.22).

Meara, N. M., L. D. Schmidet and J. D. Day. 1996. Principles and virtues: A foundation for ethical decisions, policies, and character. *The Counseling Psychologist*, Vol.24, pp.4~77.

NASW[National Association of Social Workers]. 1999. *Code of ethics*. Washington, DC: Author.

Pope, K. S. and B. G. Tabachink. 1993. "Therapists' anger, hate, fear and sexual feelings: National survey of therapist responses, client characteristics, critical events, formal complaints and training." *Professional Psychology: Research and Practice*, Vol.24, pp.142~152.

Pope, K. S. and M. J. T. Vasquez. 2007. *Ethics in psychotherapy and counseling: A practical guide*(3rd ed.). San Fracisco CA: Jossey-Bass.

Spelke, E. S. 2005. "Sex differences in intrinsic aptitude for mathematics and science? A critical review." *American Psychologist*, Vol.60, pp.950~958.

Worell, J. and P. Remer. 2003. *Feminist perspectives in therapy: Empowering diverse women*(2nd ed.). Hoboken, NJ: John Wiley & Sons.

4장

Beloff, H. 1992. "Mother, father and me: Our IQ." *The Psychologist*, Vol.5, pp.309~311.

Bem, S. L. 1993. *The lenses of gender: Transforming the debate on sexual inequality*. New Haven, CT: Yale University Press.

_____. 1998. *An unconventional family*. New Haven, CT: Yale University Press.

_____. 2008. "Transforming the debate on sexual inequality: From biological difference to institutionalized androcentrism." in J. C. Goden and P. D. Rozee(eds.). *Lectures on the psychology of women*(4th ed.). New York: McGraw-Hill.

Betz, N. E., R. S. Heesacker and C. Shuttleworth. 1990. "Moderators of the congruence and realism of major and occupational plans in college students: A replication and extension." *Journal of Counseling Psychology*, Vol.3, pp.269~276.

Bornstein, M. H., L. R. Cote and P. Venuti. 2001. "Parenting beliefs and behaviors in northern and southern groups of Italian mothers of young infants." *Journal of Family Psychology*, Vol.15, No.4, pp.663~675.

Bussey, K. and A. Bandura. 2004. "Social cognitive theory of gender development and functioning." in A. H. Eagley, A. E. Beall and R. J. Sternberg(eds.). *The psychology of gender*(2nd ed.). New York: Guilford.

Campenni, C. E. 1999. "Gender stereotyping of children's toys: A comparison of parents and nonparents." *Sex Roles*, Vol.40, pp.121~138.

Chan, C. S. 2012. "Asian American women and adolescent girls: Sexuality and sexual expression." in J. C. Chrisler, C. Golden and P. D. Rozee(eds.). *Lectures on the psychology of women*(4th ed.). New York: McGraw-Hill.

DeZolt, D. M. and M. Henning-Stout. 1999. "Adolescent girls' experiences in school and community settings." in N. G. Johnson et al.(eds.). *Beyond appearance: A New look at adolescent girls*. Washington, DC: American Psychological Association.

Evans, K. M. 2006. "Career and life style planning with couples and families." in D. Capuzzi and M. Stauffer(eds.). *Career and life style planning: Theory and application*. Boston: Allyn & Bacon.

Evans, K. M. and R. George. 2008. "African Americans." in G. McAuliffe and Associates(eds.). *Culturally alert counseling: A comprehensive introduction*. Thousand Oaks, CA: Sage.

Fagot, B. I. 1978. "The influence of sex of child on parental reactions to toddler children." *Child Development*, Vol.49, pp.459~465.

Fagot, B. I. and R. Hagan. 1991. "Observations of parent reactions to sex-stereotyped behaviors: Age and sex effects." *Child Development*, Vol.62, No.3, pp.617~628.

Gillies, W. 2001. "Leadership for gender-equal education." *Principal Leadership*, Vol.3, pp.35~37.

Hannah, J. S. and S. E. Kahn. 1989. "The relationship of socioeconomic status and gender to the occupational choices of grade 12 students." *Journal of vocational Behavior*, Vol.34, pp.161~178.

Hansen, L. S. and E. M. P. Gama. 1996. "Gender issues in multicultural counseling." in P. B. Pedersen, J. G. Draguns, W. J. Lonner and J. E. Trimble(eds.). *Counseling across cultures*(4th ed.). Thousand Oaks, CA: Sage.

Herr, E. L., S. H. Cramer and S. G. Niles. 2004. *Career guidance and counseling through* the lifespan: Systematic approaches. Boston: Pearson Education.

Hyde, J. S. 1981. "How large are cognitive gender differences? A meta-analysis using w^2 and d." American Psychologist, Vol.36, pp.892~901.

_____. 1996. "Where are the gender differences? Where are the gender similarities?" in D. M. Buss and N. M. Malamuth(eds.). Sex, power, conflict: Evolutionary and feminist perspectives. New York: Oxford University Press.

_____. 2005. "The gender similarities hypothesis." American Psychologist, Vol.60, pp.581~659.

Hyde, J. S., E. Fennema, M. Ryan, L. A. Frost and C. Hopp. 1990. "Gender comparison of mathematics attitudes and affect: A meta-analysis." Psychology of Women Quarterly, Vol.14, pp.299~324.

Hyde, J. S. and M. C. Linn. 1988. "Gender differences in verbal analysis: A meta-analysis." Psychological Bulletin, Vol.104, pp.53~69.

Judge, T. A. and B. A. Livingston. 2008. "Is the gap more than gender? A longitudinal analysis of gender, gender role orientation, and earnings." Journal of Applied Psychology, Vol.93, pp.994~1012.

Kaltreider, N.(ed.). 1997. Dilemmas of a double life: Women balancing career and relationships. Northvale, NJ: Jason Aronson.

Karraker, K. H., D. A. Vogel and M. A. Lake. 1995. "Parents' gender-stereotyped perceptions of newborns: The eye of the beholder revisited." Sex Roles, Vol.3, pp. 687~701.

Kibria, N. 1993. Family tightrope: The changing lives of Vietnamese Americans. Princeton, NJ: Princeton University Press.

Leaper, C. 2002. "The social construction and socialization of gender during development." in P. H. Miller and E. K. Scholnick(eds.). Toward a feminist developmental psychology. New York: Routledge.

Leung, S. A. and L. W. Harmon. 1990. "Individual and sex differences in the zone of acceptable alternatives." Journal of Counseling Psychology, Vol.37, pp.154~159.

Maher, F. A. and J. V. Ward. 2002. Gender and teaching. Mahwah, NJ: Erlbaum.

Mahalik, J. R., G. E. Good and M. Englar-Carlson. 2003. "Masculinity scripts, presenting concerns, and help seeking: Implications for practice and training." Professional Psychology: Research and Practice, Vol.34, pp.123~131.

Neal, B. 2000. "Native American women." in M. Julia(ed.). Constructing gender: Multicultural perspectives in working with women. Belmont, CA: Brooks/Cole/Thomson Learning.

Raffaelli, M. and L. Ontai. 2004. "Gender socialization in Latino/a families: Results from two retrospective studies." *Sex Roles: A Journal of Research*, Vol.50, pp.287~300.

Rammstedt, B. and T. H. Rammsayer. 2002. "Gender differences in self-estimated intelligence and their relation to gender-role orientation." *European Journal of Personality*, Vol.16, pp.369~382.

Riley, S. 2003. "The management of the traditional male role: A discourse analysis of the constructions and functions of provision." *Journal of Gender Studies*, Vol.12, pp.99~113.

Robinson, T. L. 2005. *The convergence of race ethnicity, and gender: Multiple identities in counseling*(2nd ed.). Upper Saddle River, NJ: Merrill Prentice Hall.

Sadlker, D. 1999. "Gender equity: Still Knocking at the classroom door." *Educational leadership*, Vol.56, pp.22~26.

Sandnabba, N. K. and C. Ahlberg. 1999. "Parents' attitudes and expectations about children's cross-gender behavior." *Sex Roles*, Vol.40, pp.249~263.

Tokar, D. M. and L. M. Jome. 1998. "Masculinity, vocational interests, and career choice traditionality: Evidence for a fully mediated model." *Journal of Counseling Psychology*, Vol.45, pp.424~435.

Vasquez, M. J. T. 1994. "Latinas." in L. Comas Diz and B. Greene(eds.). *Women of color: Integrating ethnic and gender identities in psychotherapy*. New York: Guilford.

Vo, L. T. and M. Scichitano. 2004. "Introduction: Reimagining Asian American women's experiences." in L. T. and M. Sciachitano(eds.). *Asian American women: The Frontiers reader*. Lincoln: University of Nebraska Press.

Washburn-Ormachea, J. M., S. B. Hillman and S. S. Sawilowsky. 2004. "Gender and gender-role orientation differences on adolescents' coping with peer stressors." *Journal of Youth and Adolescence*, Vol.33, pp.31~40.

Weisner, T., H. Garnier and J. Loucky. 1994. "Domestic tasks, gender egalitarian values and children's gender typing in conventional and nonconventional families." *Sex Roles*, Vol.30, pp.23~54.

Wester, K. L. and H. C. Trepal. 2008. "Gender." in G. McAuliffe and Associates(eds.). *Culturally alert counseling: A comprehensive introduction*. Thousand Oaks, CA: Sage.

Winbush, G. B. 2000. "African American women." in M. Julia(ed.). *Constructing gender: Multicultural perspectives in working with women*. Belmont, CA: Brooks/Cole/Thomson Learning.

Worell, J. and P. Remer. 2003. *Feminist perspectives in therapy: Empowering divers women*(2nd ed.). Hovoken, NJ: John Wiley & Sons.

Zaharlick, A. 2000. "SouthEast Asian American women." in M. Julia(ed.). *Constructing gender*. Belmont, CA: Wadsworth.

5장

Adebimpe, V. R. 1981. Overview: White norms and psychiatric diagnoses of Black patients. *The American Journal of Psychiatry*, Vol.138, No.3, pp.279~285.

Albee, G. W. 2000. "Critique of psychotherapy in American society." in C. R. Synder and R. E. Ingram(eds.). *Handbook of psychological change: Psychotherapy processes and practices for the 21st century*. New York: John Wiley & Sons.

APA[American Psychiatric Association]. 1952. *Diagnostic and statistical manual of mental disorders*. Washington, DC: American Psychiatric Press.

_____. 1980. *Diagnostic and statistical manual of mental disorders*(3rd ed.). Washington, DC: American Psychiatric Press.

_____. 1987. *Diagnostic and statistical manual of mental disorders-III-R*(3rd ed.), *revised*. Washington, DC: American Psychiatric Press.

_____. 1994. *Diagnostic and statistical manual of mental disorders*(4th ed.). Washington, DC: American Psychiatric Press.

_____. 2000. *Diagnostic and statistical manual of mental disorders*(4th ed.), *text revision*. Washington, DC: American Psychiatric Press.

Arkes, H. R. 1981. "Impediments to accurate clinical judgment and possible ways to minimize their impact." *Journal of Consulting and Clinical Psychology*, Vol.49, No.3, pp.323~330.

Ballou, M. and N. W. Gabalac. 1985. *A feminist position on mental health*. Springfield, IL: Charles C Thomas.

Bayer, R. 1981. *Homosexuality and American psychiatry*. New York: Basic.

Becker, D. 2001. "Diagnosis of psychological disorders: DSM and gender." in J. Worell (ed.). *Encyclopedia of women and gender: Sex similarities and differences and the impact of society on gender*. New York: Academic Press.

Becker, D. and S. Lamb. 1994. "Sex bias in the diagnosis of borderline personality disorder." *Professional Psychology: Research and Practice*, Vol.25, No.1, pp.55~61.

Bem, S. L. and D. J. Bem. 1970. "Training the woman to 'know her place.' The power of nonconscious ideology." in S. Cox(ed.). *Female psychology: The emerging self*. Chicago, IL: Science Research Association.

Block, C. B. 1984. "Diagnostic and treatment issues for black patients." *The Clinical Psychologist*, Vol.37, pp.51~54.

Broverman, I. K., D. M. Broverman, F. E. Clarkson, P. S. Rosenkrantz and P. S. Vogel. 1970. "Sex-role stereotyping and clinical judgments of mental health." *Journal of Consulting and Clinical Psychology*, Vol.34, pp.1~7.

Brown, L. S. 1990. "Taking account of gender in the clinical assessment interview." *Professional Psychology: Research and Practice*, Vol.21, No.1, pp.12~17.

_____. 1992. "Feminist critique of personality disorders." in L. S. Brown and M. Ballou (eds.). *Personality and psychopathology: Feminist reappraisals*. New York: Guilford.

_____. 1994. *Subversive dialogues*. New York: Basic Books.

Caplan, P. J. 1992. "Gender issues in diagnosis of mental disorder." *Women & Therapy*, Vol.12, pp.71~79.

_____. 1995. *They say you're crazy: How the world's most powerful psychiatrists decide who's crazy*. Reading, MA: Addison-Wesley.

Chesler, P. 1972. *Women and madness*. New York: Doubleday.

Chrisler, J. C. and P. Caplan. 2002. "The strange case of Dr. Jekyll and Ms. Hyde: How PMS became a cultural phenomenon and a psychiatric disorder." *Annual Review of Sex Research*, Vol.13, pp.274~307.

Collins, L. H. 1998. "Illustrating feminist theory: Power and psychopathology." *Psychology of Women Quarterly*, Vol.22, pp.97~112.

Darley, J. M. and P. H. Gross. 1983. "A hypothesis-confirming bias in labeling effects." *Journal of Personality and Social Psychology*, Vol.44, No.4, pp.20~33.

Duffy, M., S. E. Gillig, R. M. Tureen and M. A. Ybarra. 2002. "A critical look at the DSM-IV." *The Journal of Individual Psychology*, Vol.58, No.4, pp.363~374.

Dumont, M. P. 1987. "A diagnostic parable(1st ed. — unrevised)." *READINGS: A Journal of Reviews and Commentary on Mental Health*, Vol.2, pp.9~12.

Enns, C. Z. 2000. "Gender issues in counseling." in S. D. Brown and R. W. Lent(eds.). *Handbook of counseling psychology*. New York: John Wiley & Sons.

Erickson, K. and V. E. Kress. 2005. *Beyond th DSM story: Ethical quandraries, challenges and best practices*. Thousand Oaks, CA: Sage.

Evans, M., E. A. Kincade and S. R. Seem. 2005. "Case approach to feminist therapy." in G. Corey(ed.). *Case approach to counseling and psychotherapy*(6th ed.). Belmont, CA: Thomson Brooks/Cole.

Fabrega, H. 1992. "Diagnosis interminable: Toward a culturally sensitive DSM-IV." *The Journal of Nervous and Mental Disease*, Vol.180, No.1, pp.5~7.

Faludi, S. 1991. *Backlash: The undeclared war against women*. New York: Crona.

Fassinger, R. E. 2000. "Gender and sexuality in human development: Implications for prevention and advocacy in counseling psychology." in S. D. Brown and R. W. Lent(eds.). *Handbook of counseling psychology*. New York: John Wiley & Sons.

Flaskerud, J. H. and L. Hu. 1992. "Relationship of ethnicity to psychiatric diagnosis." *The Journal of Nervous and Mental Disease*, Vol.180, No.5, pp.296~303.

Gallant, S. J. and J. A. Hamilton. 1988. "On a premenstrual psychiatric diagnosis: What's in a name?" *Professional Psychology: Research and Practice*, Vol.19, No.3, pp.271~276.

Garb, H. N. 1996. "The representativeness and past-behavior heuristics in clinical judgment." *The Professional Psychology: Research and Practice*, Vol.27, No.3, pp.272~277.

Greenspan, M. 1993. *A new approach to women & therapy*(2nd ed.). Bradenton, FL: Human Services Institutes.

Griffith, E. E. H. 1996. "African American perspectives." in J. E. Mezzich, A. Kleinman, H. Fabrega and D. L. Parron(eds.). *Culture and psychiatric diagnosis: A DSM-IV perspective*. Washington, DC: American Psychiatric Association.

Hernandez, T. J. and S. R. Seem. 2001(Summer). "Ethical diagnosis: Teaching strategies for gender and culture sensitivity." *Professional Issues in Counseling*. http://www.shsu.edu/~piic/summer2001/HernandezSeem.htm (검색일: 2010.4.30).

Horsfall, J. 2001. "Gender and mental illness: An australian overview." *Issues of Mental Health Nursing*, Vol.22, pp.421~428.

Jackson, M. A. and T. R. Sullivan. 2003. "Hidden biases in counseling women." in M. Kopala and M. A. Keiter(eds.). *Handbook of counseling women*. Thousand Oaks, CA: Sage.

Kaplan, M. 1983. "The issue of sex bias in DSM III." *American Psychologist*, Vol.38, pp.802~803.

Khatidja, C. 2005. "From disconnection to connection: Race, gender and politics of therapy." *British Journal of Guidance and Counseling*, Vol.33, No.2, pp.239~256.

Kupers, T. A. 1997. "The politics of psychiatry: Gender and sexual preference in DSM-IV." in M. R. Walsh(ed.). *Women, men and gender: ongoing debates*. New Haven, CT: Yale University Press.

Kutchins, H. and S. A. Kirk. 1997. *Making us crazy: DSM: The psychiatric bible and the creating of mental disorders*. New York: The Free Press.

Landrine, H. 1989. "The politics of personality disorders." *Psychology of Women Quarterly*, Vol.13, pp.324~339.

Lin, K. M. 1996. "Asian American perspectives." in J. E. Mezzich, A. Kleinman, H. Fabrega and D. L. Parron(eds.). *Culture and psychiatric diagnosis: A DSM-IV perspective*.

Washington, DC: American Psychiatric Press.

Loring, M. and B. Powell. 1988. "Gender, race and DSM-III: A study of objectivity of psychiatric diagnostic behaviors." *Journal of Health and Social Behavior*, Vol.29, pp.1~22.

Marecek, J. and R. T. Hare-Mustin. 1991. "Feminism and clinical psychology." *Psychology of Women Quarterly*, Vol.15, pp.521~536.

McLaughlin, J. E. 2002. "Reducing diagnostic bias." *Journal of Mental Health Counseling*, Vol.24, No.3, pp.363~374.

Miller, J. B. 1986. *Toward a new Psychology of women*(2nd ed.). Boston, MA: Beacon Press.

Morrow, K. A. and C. T. Deidan, 1992. "Bias in the counseling process: How to recognize it and avoid it." *Journal of Counseling and Development*, Vol.70, pp.571~577.

Nikelly, A. G. 1992. "Alternatives in the androcentric bias of personality disorders." *Clinical Psychology and Psychotherapy*, Vol.3, No.1, pp.15~22.

Rawlings, E. I. and D. K. Carter. 1977. *Psychotherapy for women. Treatment toward equality.* Springfield, IL: Charles C Thomas.

Reinzi, B. M. and D. J. Scrams. 1991. "Gender stereotypes for paranoid, antisocial, compulsive dependent and histrionic personality disorders." *Psychological Reports*, Vol.69, pp.976~978.

Ritchie, M. H. 1994. "Cultural and gender biases in definitions of mental illness and emotional health and illness." *Counselor Education and Supervision*, Vol.33, No.4, pp.344~349.

Robertson, J. and L. R. Fitzgerald. 1990. "The (mis)treatment of men: Effects of client gender role and lifestyle on diagnosis and attribution of pathology." *Journal of Counseling Psychology*, Vol.37, pp.3~9.

Rogier, L. H. 1996. "Hispanic perspectives." in J. E. Mezzich, A. Kleinman, H. Fabrega and D. L. Parron(eds.). *Culture and psychiatric diagnosis: A DSM-IV perspective.* Washington, DC: American Psychiatric Association.

Root, M. P. P. 1992. "Reconstructing the impact of trauma on personality." in L. S. Brown and M. Ballou(eds.). *Personality and psychopathology: Feminist reappraisals.* New York: Guilford.

Rosewater, L. B. 1990. "Diversifying feminist theory and practice: Broadening the concept of victimization." in L. S. Brown and M. P. P. Root(eds.). *Diversity and complexity in feminist therapy.* New York: Harrington Park Press.

Russell, D. 1986. "Psychiatric diagnosis and the oppression of women." *Women & Therapy*,

Vol.5, pp.83~89.

Santos de Barona, M. and M. A. Dutton. 1997. "Feminist perspectives on assessment." in J. Worell and N. G. Johnson(eds.). *Shaping the future of feminist psychology: Education, research, and practice.* Washington, DC: American Psychological Association.

Seem, S. R. and E. Johnson. 1998. "Gender bias among counselor trainees: A study of case conceptualization." *Counselor Education and Supervision*, Vol.37, pp.257~268.

Seem, S. R. and M. D. Clark. 2006. "Healthy women, healthy men, and healthy adults: An evaluation of gender role stereotypes in the 21st century." *Sex Roles: A Journal of Research*, Vol.55, pp.247~258.

Sinacore-Guinn, A. L. 1995. "The diagnostic window: Culture-and-gender-sensitive diagnosis." *Counselor Education and Supervision*, Vol.35, pp.18~31.

Smart, D. W. and J. F. Smart. 1997. "DSM-IV and culturally sensitive diagnosis: Some observations for counselors." *Journal of Counseling and Development*, Vol.75, pp.392~398.

Snowden, L. R. 2003. "Bias in mental health assessment and intervention: Theory and evidence." *American Journal of Public Health*, Vol.93, No.2, pp.239~243.

Tavris, C. 1996. *The mismeasure of women.* New York: Simon & Schuster.

Thompson, J. W. 1996. "Native American perspectives." in J. E. Mezzich, A. Kleinman, H. Fabrega and D. L. Parron(eds.). *Culture and psychiatric diagnosis: A DSM-IV perspective.* Washington, DC: American Psychiatric Press.

Unger, R. and Crawford, M. 1996. *Women and gender: A feminist psychology*(2nd ed.). New York: McGraw-Hill.

Worell, J. and P. Remer. 1992. *Feminist perspectives in therapy: An empowerment model for women.* Chester, England: John Wiley & Sons.

_____. 2003. *Feminist perspectives in therapy: Empowering diverse women*(2nd ed.). Hoboken, NJ: John Wiley & Sons.

미국정신의학회(American Psychiatric Association) 엮음. 1995. 『정신 장애의 진단 및 통계 편람(제4판)』. 이근후 외 옮김. 서울: 하나의학사.

6장

APA[American Psychiatric Association]. 2000. *Diagnostic and statistical manual of mental disorders*(4th ed.), *text revision.* Washington, DC: American Psychiatric Press.

Atkinson, D. R., G. Morten and D. W. Sue. 1979. *Counseling American minorities: A cross-cultured perspective*. Dubuque, IA: Brown.

Ballou, M., A. Matsumoto and M. Wagner. 2002. "Toward a feminist ecological theory of human nature." in M. Ballou and L. S. Brown(eds.). *Rethinking mental health and disorder: Feminist perspectives*. New York: Guilford.

Broverman, I. K., D. M. Broverman, F. E. Clarkson, P. S. Rosenkrantz and P. S. Vogel. 1970. "Sex-role stereotyping and clinical judgments of mental health." *Journal of consulting and Clinical Psychology*, Vol.34, pp.1~7.

Brown, L. S. 1986. "From alienation to connection: Feminist therapy with post-traumatic stress disorder." *Women & Therapy*, Vol.5, pp.13~26.

_____. 1990. "Taking account of gender in the clinical assessment interview." *Professional Psychology; Research and Practice*, Vol.21, pp.12~17.

_____. 1992. "Feminist critique of personality disorders." in L. S. Brown and M. Ballou (eds.). *Personality and psychopathology: Feminist reappraisals*. New York: Guilford.

_____. 1994. *Subversive dialogues*. New York: Basic Books.

_____. 2000. "Feminist therapy." in C. R. Synder and R. E. Ingram(eds.). *Handbook of psychological change: Psychotherapy processes and practices for the 21st century*. New York: John Wiley & Sons.

Collins, L. H. 1998. "Illustrating feminist theory: Power and psychopathology." *Psychology of Women Quarterly*, Vol.22, pp.97~112.

Cross, W. E. 1971. "The Negro-to-Black conversion experience: Toward a psychology of Black liberation." *Black World*, Vol.20, pp.13~27.

Downing. N. E. and K. L. Roush. 1985. "From passive acceptance to active commitment: A model of feminist identity development for women." *Counseling Psychologist*, Vol.13, pp.695~709.

Enns, C. Z. 1997. *Feminist theories and feminist psychotherapies: Origins, themes, and variations*. New York: Haworth Press.

Espin, O. M. 1993. "Feminist therapy: Not for White women only." *The Counseling Psychologist*, Vol.21, pp.103~108.

Greene, B. and J. Sanchez-Hucles. 1997. "Diversity: Advancing an inclusive feminist psychology." in J. Worell and N. G. Johnson(eds.). *Shaping the future of feminist psychology: Education, research, and practice*. Washington, DC: American Psychological Association.

Marecek, J. 2002. "Unfinished business: Postmodern feminism to personality psychology." in M. Ballou and L. S. Brown(eds.). *Rethinking mental health and disorder: Feminist perspectives*. New York: Guilford.

Marecek, J. and R. T. Hare-Mustin. 1991. "Feminism and clinical psychology." *Psychology of Women Quarterly*, Vol.15, pp.521~536.

Morris, C. 1997. "Mental health matters: Toward a non-medicalized approach to psychotherapy with women." *Women & Therapy*, Vol.20, No.3, pp.63~78.

O'Neil, J. M. 2008. "Summarizing 25 years of research on men's gender role conflict using the Gender Role Conflict Scale: New research paradigms and clinical implications." *The Counseling Psychologist*, Vol.36, No.3, pp.358~445.

O'Neil, J. M., G. E. Good and S. Holmes. 1995. "Fifteen years of theory and research on men's gender role conflict: New paradigms for empirical research." in R. Levant and W. Pollack(eds.). *The new psychology of men*. New York: Basic Books.

Robinson-Wood, T. 2009. *The convergence of race, ethnicity, and gender: Multiple identities in counseling*(2nd ed.). Upper Saddle River, NJ: Merrill.

Sarbin, T. R. 1997. "On the futility of psychiatric diagnostic manuals(DSMs) and the return of personal agency." *Applied & Preventive Psychology*, Vol.6, pp.233~243.

Seem, S. R. and M. D. Clark. 2006. "Healthy women, healthy men, and healthy adults: An evaluation of gender role stereotypes in the 21st century." *Sex Roles: A Journal of Research*, Vol.55, pp.247~258.

Worell, J. and P. Remer. 2003. *Feminist perspectives in therapy: Empowering diverse women*(2nd ed.). Hoboken, NJ: John Wiley & Sons.

위렐, 주디스(Judith Worell)·파멜라 리머(Pamela Remer). 2004. 『여성주의 상담의 이론과 실제』. 김민예숙·강김문숙 옮김. 파주: 한울.

7장

Ballou, M. and C. West. 2000. "Feminist therapy approaches." in M. Baggio and M. Heresen(eds.). *Issues in the psychology of women*. New York: Kluwer Academic/ Plenum.

Bandura, A. 1986. *Social foundations of thought and action: A social cognitive theory*. Englewood cliffs, NJ: Prentice Hall.

Brown, L. S. 1986. "From alienation to connection: Feminist therapy with post-traumatic stress disorder." *Women & Therapy*, Vol.5, No.1, pp.13~26.

_____. 2004. "Feminist paradigms of trauma treatment." *Psychotherapy: Theory, Research, Practice, Training*, Vol.41, No.4, pp.464~471.

Dobson, K. and L. Block. 1988. "Historical and philosophical bases of the cognitive behavioral therapies." in K. Dobson and L. Block(eds.). *Handbook of cognitive behavioral therapies*. New York: Guilford.

Enns, C. Z. 1988. "Dilemmas of power and equality in marital and family therapy counseling: proposals for feminist perspective." *Journal of Counseling and Development*, Vol.67, pp.242~248.

_____. 2000. "Gender issues in counseling." in S. Brown and R. Lent(eds.). *Handbook of counseling psychology*(3rd ed.). New York: John Wiley & Sons.

FTI[Feminist Therapy Institute]. 2005. *Feminist therapy code of ethics*. http://www.feminist-therapy-institute.org (검색일: 2009.11.13).

Hill, C. and S. Knox. 2002. "Self-disclosure." in John C. Norcross(ed.). *Psychotherapy relationships that work: Therapy contributions and responsiveness to patients*. New York: Oxford University Press.

Jordan, J. V. and L. M. Hartling. 2002. "New development in relational-cultural theory." in M. Ballou and L. Brown(eds.). *Rethinking mental health and disorder*. New York: Guilford.

Miller, J. B. 1988. "Connections, disconnections, and violations." *Work in Progress, No.33*. Wellesley, MA: Stone Center Working Papers Series.

Rader, J. and L. A. Gilbert. 2005. "The egalitarian relationship in feminist therapy." *Psychology of Women Quarterly*, Vol.29, pp.427~435.

Rogers, C. 1987. "The underlying theory: Drawn from experiences with individuals and groups." *Counseling and Values*, Vol.32, pp.38~45.

Simi, N. L. and J. R. Mahalik. 1997. "Comparison of feminist versus psychoanalytic/dynamic and other therapists on self-disclosure." *Psychology of Women Quarterly*, Vol.21, pp.465~483.

Worell, J. and P. Remer. 2003. *Feminist perspectives in therapy: Empowering diverse women*(2nd ed.). Hoboken, NJ: John Wiley & Sons.

8장

Bem, S. L. 1993. *The lenses of gender: Transforming the debate on sexual inequality*. New Haven, CT: Yale University Press.

Brickman, J. 1984. "Feminist, nonsexist, and traditional models of therapy: Implications for working with incest." *Women & Therapy*, Vol.3, pp.49~67.

Brown, L. S. 1986. "Gender-role analysis: A neglected component of psychological assessment." *Psychotherapy*, Vol.23, pp.243~248.

Collins, L. H. 1998. "Illustrating feminist theory: Power and psychopathology." *Psychology of women Quarterly*, Vol.22, pp.97~112.

de Beauvoir, S. 1691. *The second sex*. New York: Bantam Books.

French, J. R. P., Jr. and B. Raven. 1959. "The bases of social power." in D. Cartwright(ed.), *Studies in social power*. Ann Arbor, MI: Institute for Social Research.

FTI[Feminist Therapy Institute]. 1999. *Feminist Therapy Code of Ethics*(revised). http://www.feminist-therapy-institue.org (검색일: 2009.11.13).

Israli, A. L. and D. A. Santor. 2000. "Reviewing effective components of feminist therapy." *Counselling Psychology Quarterly*, Vol.13, pp.233~248.

Johnson, P. B. 1976. "Women and power: Toward a theory of effectiveness." *Journal of Social Issues*, Vol.32, pp.99~100.

Keshet, S., R. Kark, L. Pomerantz-Zorin, M. Koslowsky and J. Schwarzwald. 1993. "Gender, status and the use of power strategies." *European Journal of Social Psychology*, Vol.36, pp.105~117.

Pinderhughes, E. 1989. *Understanding race, ethnicity and power: The Key to efficacy in clinical practice*. New York: Simon & Schuster.

Raven, B. H. 1992. "A power/interaction model of interpersonal influence: French and Raven thirty years later." *Journal of Social Behavior and Personality*, Vol.7, pp.217~244.

_____. 1993. "The bases of power: Origins and recent developments." *Journal of Social Issues*, Vol.49, pp.227~251.

_____. 2008. "The bases of power and the power/interaction model of interpersonal influence." *Analyses of Social Issues and Public Policy*, Vol.8, pp.1~22.

Remer, P. and R. Remer. 2000. "The alien invasion exercise: Creating an experience of diversity." *International Journal of Action Methods: Psychodrama, Skill Training, and Role Playing*, Vol.52, pp.147~154.

Remer, P. and S. Rotosky. 2001. "Practice talk: The fears of labeling ourselves feminist practitioners." *Feminist Psychologist*, Vol.28, p.30.

Robinson, T. L. 2005. *The convergence of race, ethnicity, and gender: Multiple identities in counseling*(2nd ed.). Upper Saddle River, NJ: Merrill Prentice Hall.

Tepper, B. J., S. J. Brown and M. D. Hunt. 1993. "Strength of subordinates' upward influence tactics and gender congruency effects." *Journal of Applied Social Psychology*, Vol.23, pp.1903~1919.

Worell, J. and P. Remer. 2003. *Feminist perspectives in therapy: Empowering diverse women*(2nd ed.). Hoboken, NJ: John Wiley & Sons.

● 자문을 위한 추가적인 책과 자료

Athenstaedt, U. 2003. "On the content and structure of the gender role self-concept: including gender-stereotypical behaviors in addition to traits." *Psychology of Women Quarterly*, Vol.27, pp.309~318.

Berliner, P. M. 1992. "Soul healing: A model of feminist therapy." *Counseling and Values*, Vol.37, pp.3~13.

Enns, C. Z. 1993. "Twenty years of feminist counseling and therapy: From naming biases to implementing multifaceted practice." *The counseling Psychologist*, Vol.21, pp.3~87.

Gillespie, B. L. and R. M. Eisler. 1992. "Development of the feminine gender role stress scale: A cognitive-behavioral measure of stress, appraisal, and coping for women." *Behavior Modification*, Vol.16, pp.426~438.

Hill, M. and G. Anderson. 2005. "Feminist therapy practice: Visioning the future." *Women & Therapy*, Vol.28, pp.165~176.

Hill, M. and M. Ballou. 1998. "Making therapy feminist: A practice survey." *Women & Therapy*, Vol.21, pp.1~16.

Horne, S. G. and S. S. Mathews. 2004. "Collaborative consultation: International applications of a multicultural feminist approach." *Journal of Multicultural Counseling and Development*, Vol.32, pp.366~378.

Marecek, J. and D. Kravetz. 1998. "Putting politics into practice: Feminist therapy as feminist praxis." *Women & Therapy*, Vol.21, pp.17~36.

Moradi, B., L. M. Subich and J. C. Phillips. 2002. "Revising feminist identity development theory, research, and practice." *The Counseling Psychologist*, Vol.30, pp.6~43.

Morrow, S. L. and D. M. Hawxhurst. 1998. "Feminist therapy: Integrating political analysis in counseling and psychotherapy." *Women & Therapy*, Vol.21, pp.37~50.

O'Hare-Levin, M. 2000. "Finding a 'lower, deeper, power' for women in recovery." *Counseling and Values*, Vol.44, pp.198~213.

O'Neil, J. M., B. J. Helms and R. K. Gable. 1986. "Gender-role conflict scale: College men's fear of feminity." *Sex Roles*, Vol.14, pp.335~350.

Rawlings, E. I. 1993. "Reflections on 'Twenty years feminist counseling and therapy.'" *The Counseling Psychologist*, Vol.21, pp.88~91.

Sagara, J., Y. Ito and M. Ikeda. 2006. "Gender-role attitude and psychological well-being of middle-aged men: Focusing on employment patterns of their wives." *Japanese Psychological Research*, Vol.48, pp.17~26.

9장

Alksnis, C., S. Desmarais and J. Curtis. 2008. "Workforce segregation and the gender wage gap: Is 'Women's' work valued as highly as 'men's'?" *Journal of Applied Social Psychology*, Vol.38, pp.1416~1441.

Atkinson, D. R. and G. Hackett. 1998. *Counseling diverse populations*(2nd ed.). New York: McGraw-Hill.

Ballou, M. and C. West. 2000. "Feminist therapy approaches." in M. Braggio and M. Hersen(eds.). *Issues in the psychology of women*. New York: Kluwer Academic/ Plenum.

Enns, C. Z. 1993. "Twenty years of feminist counseling and therapy: Form naming biases to implementing multifaceted practice." *The Counseling Psychologist*, Vol.21, No.1, pp.3~87.

_____. 2004. *Feminist theories and feminist psychotherapies: Origins, themes, and diversity*(2nd ed.). New York: Haworth Press.

Eriksen, K. and V. E. Kress. 2008. "Gender and diagnosis: Struggles and Suggestions for counselors." *Journal of Counseling & Development*, Vol.86, pp.152~162.

Evans, K. M. 2010. "Advocacy and women." in M. J. Ratts, J. A. Lewis and R. L. Toporek (eds.). *The ACA Advocacy Competencies: An advocacy framework for counselors*. Alexandria, VA: ACA.

Gilbert, L. A. and J. Rader. 2008. "Work, family, and dual-earner couples: Implications for research and practice." in S. D. Brown and R. W. Lent(eds.). *Handbook of counseling psychology*(4th ed.). Hoboken, NJ: John Wiley & Sons.

Goodman, L. A., B. Liang, J. E. Helms, R. E. Latta, E. Sparks and S. R. Weintraub. 2004. "Training counseling psychologists as social justice agents: Feminist and multicultural principles in action." *The Counseling Psychologist*, Vol.32, pp.793~837.

Herlihy, B. and Z. E. P. Watson. 2007. "Social justice and counseling ethics." in C. Lee (ed.). *Counseling for social justice*(2nd ed.). Alexandria, VA: American Counseling Association.

Hill, M. and M. Ballou. 1998. "Making therapy feminist: A practice survey." *Women & Therapy*. Vol.21, pp.1~16.

Israeli, A. L. and D. S. Santor. 2000. "Reviewing effective components of feminist therapy." *Counselling Psychology Quarterly*, Vol.13, pp.233~247.

Lewis, J., M. S. Arnold, R. House and R. Toporek. 2003. "Advocacy competencies." http:// counselorsforsocialjustice.com/Advcacy%20Competencies%20Domain%200utline.pdf (검색일: 2009.12.10).

Maher, F. A. and J. V. Ward. 2002. *Gender and teaching Mahwah*. NJ: Lawrence Erlbaum.

Marecek, J. and D. Kravetz. 1996. *A room of one's own: power and agency in feminist therapy*. Presented at the 104th annual convention of the American psychological Association, Toronto, Ontario, Canada.

McAuliffe, G. 2007. *Culturally alert counseling: A comprehensive introduction*. Los Angeles, CA: Stage.

Meichenbaum, D. 1992. "Evolution of cognitive behavior therapy: Origins, tenets, and clinical examples." in J. K. Zeig(ed.). *The Evolution of psychotherapy: The second conference*. New York: Brunner/Mazel.

Morrow, S. L. and D. M. Hawxhurst. 1998. "Feminist therapy: Integrating political analysis in counseling and psychotherapy." *Women & Therapy*, Vol.21, pp.37~50.

Pedersen, P. B. 1991. "Multiculturalism as a generic approach to counseling." *Journal of Counseling and Development*, Vol.70, pp.6~12.

Reskin, B. F. and P. A. Roos. 1991. "'Feminization' of fields a result of several factors." *Chronicle of Higher Education*, Vol.38, No.5, B4.

U. S. Census Bureau. 2008. *Facts for features: Women's history month*. http://www.census.gov/PressRelease/www/releases/archives/cb08ff-03.pdf (검색일: 2009.12.12).

Worell, J. and N. G. Johnson(eds.). 1997. *Shaping the future of feminist psychology: Education, research, and practice*. Washington, DC: American Psychological Association.

Worell, J. and P. Remer. 2003. *Feminist perspectives in therapy: Empowering diverse women*(2nd ed.). Hoboken, NJ: John Wiley & Sons.

10장

Archer. J. J. and C. J. McCarthy. 2007. *Theories of counseling and psychotherapy: Contemporary applications*. Upper Saddle River, NJ: Merrill.

Belenky, M. F., B. M. Clinchey, N. R. Golberger and J. M. Tarule. 1986. *Women's ways of knowing: Development of self, voice, and mind*. New York: Basic Books.

Corey, G. 2009. *Theory and practice of counseling and psychotherapy*(7th ed.). Belmont, CA: Brooks/Cole, Cengage Learning.

Corsini, R. J. and D. Wedding(eds.). 2007. *Current psychotherapies*(7th ed.). Belmont, CA: ThomsonBrooks/Cole.

Dermer, S. B., C. W. Hemesath and C. S. Russell. 1998. "A feminist critique of solution-focused therapy." *American Journal of family Therapy*, Vol.26, pp.239~250.

Ellis, A. 1962. *Reason and emotion in psychotherapy.* New York: Lyle Stuart.

Enns, C. Z. 2004. *Feminist theories and feminist psychotherapies: Origins, themes, and diversity*(2nd ed.). New York: Haworth Press.

Fodor I. G. 1993. "A feminist framework for integrative psychotherapy." in G. Stricker and J. R. Gold(eds.). *Comprehensive handbook of psychotherapy integration.* New York: Plenum Press.

Gilligan, C. 1982. *In a different voice: Psychological theory and women's development.* Cambridge, MA: Harvard University Press.

Halbur, D. A. and K. V. Halbur. 2006. *Developing your theoretical orientation in counseling and psychotherapy.* Boston, MA: Pearson.

Herlihy, B. and V. McCollum. 2007. "Feminist theory." in D. Capuzzi and D. R. Gross(eds.). *Counseling and psychotherapy: Theories and interventions*(4th ed.). Columbus, OH: Merrill/Prentice Hall.

Hill, M. and M. Ballou. 1998. "Making therapy feminist: A practice survey." *Women & Therapy*, Vol.21, No.2, pp.1~16.

Murdock, N. L. 2004. *Theories of counseling and psychotherapy.* Upper Saddle River, NJ: Pearson.

Porter, N. 2005. "Location, location, location: Contributions of contemporary feminist theorists to therapy theory and practice." *Women & Therapy*, Vol.28, pp.143~160.

Psychotherapy Networker survey. 2007(March/April). "The top 10: The most influential therapists of the past quarter-century." *Psychotherapy Networker Magazine,* pp.24~37. http://www.psychotherapynetworker.org/component/content/article/81-2007-march april/219-the-top-10 (검색일: 2010.5.27).

Rogers, C. 1951. *Client-centered therapy.* Boston, MA: Houghton Mifflin.

Sharf, R. S. 2008. *Theories of psychotherapy and counseling: Concepts and cases*(4th ed.). Belmont, CA: Brooks/Cole, Cengage Learning.

Waterhouse, R. L. 1993. "Wild women don't have the blues: A feminist critique of 'person-centered' counseling and therapy." *Feminism and Psychology*, Vol.3, pp.55~72.

Worell, J. and P. Remer. 2003. *Feminist perspectives in therapy: Empowering diverse women*(2nd ed.). Hoboken, NJ: John Wiley & Sons.

11장

FTI[Feminist Therapy Institute]. 1999. *Feminist therapy code of ethics* (revised). www.feminist- therapy-institute.org (검색일: 2009.11.13).

찾아보기 ••

지은이

캐시 M. 에번스는 사우스캐롤라이나대학교의 부교수이며, 현재 상담교육 프로그램의 담당자이다. 7년 동안 뉴욕주와 메릴랜드주에서 석사 수준 상담자로 일한 후 펜실베이니아로 돌아가 여성주의상담을 발견했고, 펜실베이니아주립대학교에서 상담 심리학 박사 학위를 받았다. 졸업한 주부터 상담자 교육 교수로서 커리어를 시작했으며, 21년간 그 일을 즐겁게 해오고 있다. 에번스 박사는 국가 인정 상담자이며, 상담자 면허증과 심리학자 면허증을 가지고 있다. 그녀는 입문 수준과 박사 수준의 상담 학위 프로그램 학생들을 가르치며 사회 정의 기술, 상담과 슈퍼비전에서의 다문화적 유능성, 여성주의 과정을 강조한다. 에번스 박사의 연구적 관심과 출판은 다문화적, 커리어, 여성주의 이슈에 초점을 맞추고 있다. 그리고 이런 주제들에 대해 국내외에서 수백 번 강의를 했다. 에번스 박사는 상담자 교육과 슈퍼비전 남부학회의 회장이고, 카이 시그마 아이오타 국제명예협회의 사무총장이다. 그녀는 대학에서 여성을 옹호하고 멘토가 되는 것을 아주 좋아한다. 그녀는 자신과 같은 아프리카계 미국인 여성에게 멘토가 됨으로써 '되돌려줄' 문화적 의무를 이행할 때 가장 큰 만족을 느낀다. 개인적으로 에번스 박사는 열심히 일하고 열심히 노는 것을 좋아한다. 가르치거나 저술하거나 연구를 하지 않을 때는 자신의 푸들과 애견 스포츠를 하거나, 추리물과 모험 소설을 읽거나, 푸들을 산책시키거나, 자전거 수업을 듣거나, 여행을 한다.

엘리자베스 앤 킨케이드는 20년 이상 상담을 하고 상담과 심리학을 가르쳐온 여성주의상담자이다. 그녀는 온라인 수업을 하거나 교실에서 가르치며, 주로 '여성 심리학'과 다양한 집단 상담 이론과 실제 교과목을 가르친다. 그녀는 펜실베이니아 인디애나대학교의 부교수이며, 상담센터의 임상가이며 교수이다. 지난 18년간 여성 집단을 운영해 왔으며, 수많은 훈련생에게 여성주의 슈퍼바이저이고, 노동조합의 젠더 이슈 위원회의 회장이다. 상담센터에서는 학과장, 아웃리치와 자문 책임자, 집단 프로그램의 책임자이다. 그녀의 연구적 관심은 여성주의상담과 과정, 사회 정의 관점, 윤리적 관심사, 집단 역동이다. 강의 파트너인 에번스 박사, 심과 함께 여성주의상담의 이론과 실제에 대한 수많은 강의를 했다. 저술 파트너인 에번스 박사, 심, 마블리와는 「여성주의상담: 과거로부터 교훈과 미래를 위한 희망(Feminist Therapy: Lessons From the Past and Hope for the Future)」이라는 논문을 집필했다. 킨케이드 박사는 심리학자 면허증을 가지고 있다. 그녀는 1989년 펜실베이니아주립대학교에서 상담 심리학 박사 학위를 받았다. 그녀는 원래 매사추세츠주 보스턴에서 왔고, 비록 20년간 펜실베이니아주 서부에서 살았지만 여전히 매사추세츠주의 북해안을 집으로 여기고 있다. 그녀는 현재 숲속에 있는 작은 집에서 인생 파트너와, 크고 시끄러운 검은 고양이와 함께 살고 있다.

수전 레이철 심은 13년 동안 공동체와 정신건강 기관, 대학 상담센터에서 상담자로 일해왔고 현재 상담자 교육 프로그램의 책임자이다. 여성주의는 그녀가 교육자와 상담자로 일하는 데 영향을 미쳤다. 그녀는 뉴욕주립대학교 브록포트대학의 교수이다. 현재는 대학원 교육 및 장학금 교무부 처장이다. 여성주의는 그녀의 강의와 임상적 슈퍼비전에 영향을 끼쳤다. 그녀는 상담 이론, 집단 실습, 프랙티컴, 슈퍼비전, 인턴십 같은 과목을 가르쳤고 1994년부터 여성주의 슈퍼비전을 해왔다. 그녀는 여러 전문직 조직의 리더로 활동해 왔으며, 가장 잘 알려진 것은 상담과 관련된 교육 프로그램 인가 위원회(CACREP) 회장이다. 그녀는 또한 미국상담학회 인권위원회의 위원이고 상담에서 레즈비언, 게이, 양성애, 트랜스젠더 이슈를 다루는 학회의 이사회 이사와 CACREP 대표를 맡고 있다. 그녀의 연구적 관심은 여성주의상담, 임상적 판단에서의 젠더 편견, 여성주의 진단, 상담에서 개인적이고 사회적 변화의 관점으로 주변화된 집단의 관심사 다루기이다. 에번스, 킨케이드 박사와 동료 톰 허낸데즈(Tom Hernandez) 박사와 함께 수많은 강의를 했고 여성주의상담과 이론에 대한 책들을 집필했다. 심 박사는 정신건강 상담자 면허증을 가지고 있고, 국가 인정 상담자이며, 승인된 임상적 슈퍼바이저이다. 그녀는 1991년 펜실베이니아주립대학교에서 상담 심리학 박사 학위를 받았다. 그녀에게는 케이든이라는 손자가 있고, 가을과 걷기와 퀼팅을 즐긴다.

옮긴이

김민예숙은 1955년생으로 이화여자대학교 철학과(학사), 동 대학원 철학과(석사)와 심리학과(석사)를 졸업하고, 2004년 미국 세이브룩(Saybrook) 대학원 심리학과 박사 과정을 수학했다. 이화여자대학교 철학과 강사와 인천여성의전화 초대 회장 그리고 (사)대구이주여성인권센터 이사를 역임하고, 현재는 춘해보건대학교 교수로 재직하고 있다. 여성주의상담가로 2002년부터 김민예숙여성주의상담실을 운영하고 있다. 2012년에 창립된 한국여성심리학회 산하 여성주의상담연구회 초대 회장을 역임하고, 현재는 이사로 활동하고 있다.

저서로는 『외도, 결혼제도의 그림자인가』(1995), 『한국여성철학』(1995, 공저), 『여성과 철학』(1999, 공저), 『왜 여성주의상담인가』(2005, 공저), 『여성주의상담 구조화 모델 워크북』(2013) 등이 있다. 역서로는 『여성의 예속』(1986), 『중간지점에서 만나요: 평등한 남녀관계를 위하여』(1993), 『나는 이혼한다』(2001), 『정신통합』(2003), 『여성주의상담의 이론과 실제』(2004, 공역), 『모성의 재생산』(2008, 공역), 『여성주의와 상담』(2009, 공역), 『여성주의상담의 전복적 대화』(2012, 공역), 『성의 변증법』(2016, 공역) 등이 있다. 논문으로는 「여성주의 상담에 관한 소고」(1998), 「여성주의상담자 교육 모델에 관한 고찰」(2004, 공저), 「미국과 한국의 여성주의상담 역사 비교 분석」(2011) 등이 있다.

한울아카데미 2220

여성주의상담 개론
사회적·개인적 변화를 위한 전략

지은이 | 캐시 M. 에번스, 엘리자베스 앤 킨케이드, 수전 레이철 심
옮긴이 | 김민예숙
펴낸이 | 김종수
펴낸곳 | 한울엠플러스(주)
편집책임 | 이진경

초판 1쇄 인쇄 | 2020년 5월 1일
초판 1쇄 발행 | 2020년 5월 8일

주소 | 10881 경기도 파주시 광인사길 153 한울시소빌딩 3층
전화 | 031-955-0655
팩스 | 031-955-0656
홈페이지 | www.hanulmplus.kr
등록번호 | 제406-2015-000143호

Printed in Korea.
ISBN 978-89-460-7220-6 93330(양장)
      978-89-460-6882-7 93330(무선)